臺灣歷史與文化 研究輯刊

十七編

第 1 冊

清代臺灣儒學之研究（上）

李建德 著

花木蘭文化事業有限公司

國家圖書館出版品預行編目資料

清代臺灣儒學之研究（上）／李建德 著 — 初版 — 新北市：花木
蘭文化事業有限公司，2020〔民 109〕
目 2+224 面；19×26 公分
（臺灣歷史與文化研究輯刊 十七編：第 1 冊）
ISBN 978-986-518-065-2（精裝）
1. 儒學 2. 清代 3. 臺灣
733.08   109000543

ISBN-978-986-518-065-2

9 789865 180652

臺灣歷史與文化研究輯刊
十七編 第一冊   ISBN：978-986-518-065-2

清代臺灣儒學之研究（上）

作　　者　李建德
總 編 輯　杜潔祥
副總編輯　楊嘉樂
編　　輯　許郁翎、張雅淋　美術編輯　陳逸婷
出　　版　花木蘭文化事業有限公司
發 行 人　高小娟
聯絡地址　235 新北市中和區中安街七二號十三樓
　　　　　電話：02-2923-1455 ／傳真：02-2923-1452
網　　址　http://www.huamulan.tw 信箱 hml810518@gmail.com
印　　刷　普羅文化出版廣告事業
初　　版　2020 年 3 月
全書字數　403944 字
定　　價　十七編 11 冊（精裝）台幣 22,000 元

清代臺灣儒學之研究（上）

李建德　著

作者簡介

李建德，臺灣臺中人，祖籍福建省泉州府安溪縣，來臺第七代。髫齡入道，皈依青玄上帝、純陽呂祖門下，傳習霞府全眞齋醮科儀，於洞玄靈眞斗堂焚脩棲居。2004 年 9 月考入國立彰化師範大學國文學系，2017 年 6 月畢業於國立彰化師範大學國文學系博士班，現爲國立臺中科技大學、國立臺中教育大學通識教育中心兼任助理教授。博士班在學期間，從事傳統義理學、道教文學、道教科儀研究，撰有期刊論文 10 餘篇、會議論文 30 餘篇、執行校外服務案 10 項，近年在校內外教學、研究、服務外，另從事清代以降道教新出經籍文獻編纂。

提　要

　　「臺灣儒學」一詞始於 1983 年丁榕萍之〈清代教育與臺灣儒學〉，其發展亦即儒學在臺灣之形成、茁壯及演變。漢族先民有規模地遷入臺灣，始於鄭成功祖孫三代統治時期，在陳永華規劃下，促使「臺灣儒學」奠基。1895 年臺灣割讓日本後，臺灣民間陸續成立詩社、文社及鸞堂，賡續儒學與傳統漢文化。1945 年二戰結束，除中國大陸各省鴻儒來臺，執教於上庠文、哲學門外，民間詩社、鸞堂亦有存續、轉型發展者。在明鄭、日據間之清代，其 212 年之儒學發展，同樣具備承先啓後之歷史地位與應給予重視之可貴價值。因此，本書透過文獻研究、現地調查、歸納、分析等方法，對臺灣在清代 212 年之儒學發展，作一結構相對完整之考述與評析。

　　本書分爲六章，第一章言明研究動機、述評前行研究成果，並界定研究課題之時空斷限，進而陳述研究方法；第二章先分析清廷諸帝頒佈之教育政策，並就臺灣在清代先後建置之官方正式教育機構（儒學）、輔助機構（書院）之始末、學規、教學進程加以說明，臚列各行政區建置啓蒙機構（社學、義學）之數量，評析官方對原住民「同化」之教育政策；第三章說明臺灣民間建置之書院始末、教學進程，討論各地之文昌祠祀，以及敬字亭、旌表事蹟之價值觀；第四章對獎掖臺灣儒學發展有功之治臺賢宦、教育官員、重要科第人物及地方儒林人物、助學仕紳行誼加以述評；第五章則分析治臺賢宦、教育官員、寓臺文士、本土儒者在碑誌、序跋、著述、詩文呈現之儒學思想與儒者情懷，並歸納清代臺灣儒學發展之特色；第六章進行總結，坦言研究局限與從事調查發現之問題，並提出可持續從事之研究課題。

第一章　緒　論

　　清聖祖康熙二十二年（南明桂王永曆三十七年〔1683〕〔註1〕），施琅（1621～1696）於澎湖以海戰方式擊敗劉國軒（1629～1693）率領的鄭氏軍隊，導致鄭克塽（1670～1707）於同年七月投降，結束鄭成功（1624～1662）、鄭經（1642～1681）、鄭克𡒉（1664～1681）〔註2〕及鄭克塽祖孫三代在臺灣的 22 年（1662～1683）政權。然而，鄭氏投降之初，清廷對於孤懸海外的臺灣，是否應花費心力加以經營、開發？抑或仍舊給予荷蘭東度印公司的殖民政權統治？出現正反兩面的看法。施氏乃上〈臺灣棄留疏〉〔註3〕，使康熙（愛新覺羅・玄燁，1654～1722，1661～1722 在位）〔註4〕決定將臺灣納入領土，設

〔註1〕案：桂王朱由榔（1623～1662）實於永曆十六年（1662）遭吳三桂軍隊絞殺，但臺灣的鄭成功（1624～1662）、鄭經（1642～1681）、鄭克𡒉（1664～1681）、鄭克塽（1670～1707）祖孫三代的政權，仍維持使用永曆年號，未另立其他明朝宗室繼位，也未更改正朔，直到鄭克塽於康熙二十二年（1683）降清為止。

〔註2〕案：一般言及鄭成功祖孫三代，多僅稱鄭成功、鄭經、鄭克塽。然而，在鄭經率軍西征中國及其戰敗歸臺後，臺灣政務係由居「首輔」地位的諮議參軍陳永華（1634～1680）以及被冊封為「監國」的鄭經庶長子克𡒉負責。鄭克𡒉雖然在鄭經死後三日，即因「東寧之變」而橫死，由其異母弟克塽襲延平王爵，然克𡒉亦有治臺之功，不宜加以忽視。因此，鄭克𡒉雖未襲位，筆者仍將之列入鄭成功祖孫三代治理臺灣的政權中。

〔註3〕案：此疏又稱〈請留臺灣疏〉，收入〔清〕高拱乾纂輯：《臺灣府志》（臺北：臺灣銀行經濟研究室，1960 年 7 月），頁 231～234。又，筆者於 2013 年 6 月 20 日、2014 年 11 月 11 日分別前往澎湖縣馬公市施公祠及臺南市中西區油行尾福德爺廟等兩處供奉施琅的廟宇進行現地調查時發現，福德爺廟內有陳列施氏相關史蹟，而施公祠則無之。

〔註4〕案：在本研究行文中，清代歷任皇帝，僅在首次出現時，使用「廟號（姓名，生卒年，在位年份）」之組合，其餘均使用廟號或「年號」加帝，作為該皇帝之代稱，如逕稱清聖祖或康熙帝。

立府、縣等行政機構，〔註5〕而非以羈縻政策取得名義上的統治權。

自聖祖康熙二十三年（1684，甲子）〔註6〕決定設置官署統治臺灣的方針後，直到德宗光緒二十一年（1895，乙未），因清、日兩國在光緒二十年（1894，甲午）爆發朝鮮海戰敗績，於次年簽訂《下關條約》，〔註7〕將臺灣、澎湖及附屬島嶼割讓給日本為止，這 212 年間，居住於臺灣的人民，無論是平埔族原住民，或是陸續遷入的漢族各地移民，皆可受到傳統儒學思想的教育，因而形塑了清領時期之臺灣儒學。

臺灣在這 212 年的過程中，既有皇帝明定的尊儒崇道政策，在各級行政區中，亦有朝廷設置的府、縣儒學教育機構及教育官員，兼以官署出資及官民合辦的書院、祠廟，朝廷核准、民間興建的旌表牌坊，甚至也有民間自力興辦的書院，地方自組的崇祀文昌、倉頡社群，以及宣講《聖諭》、敬惜文字紙張的團體與建築，乃至於透過科舉制度而進階官身的進士，取得生員身分並在各地「坐館」講學的民間儒者，經商有成而能捐資助學促成地方文風

〔註5〕 在清領時期，臺灣的行政組織演變依序為：康熙二十三年（1684）設臺灣府、臺灣縣、諸羅縣、鳳山縣等「一府、三縣」，隸屬福建省臺廈道管轄。此後，雍正元年（1723）增設彰化縣，為「一府、四縣」，仍隸屬臺廈道。雍正五年（1727）增設澎湖廳，為「一府、四縣、一廳」，並改隸福建省臺灣道。雍正九年（1731）增設淡水廳，成為「一府、四縣、二廳」。乾隆五十二年（1787）因林爽文事變、表彰義民而改諸羅縣為嘉義縣。嘉慶十七年（1812）增設噶瑪蘭廳，為「一府、四縣、三廳」。光緒元年（1875）由臺灣府分出臺北府，下轄宜蘭縣、基隆廳、淡水縣、新竹縣；臺灣府下轄臺灣縣、嘉義縣、鳳山縣、彰化縣、澎湖廳、恆春縣、卑南廳、埔裏社廳，成為「二府、八縣、四廳」，仍屬臺灣道管轄。光緒十三年（1887）臺灣正式建省（案：光緒十一年〔1885〕雖已敕命建省，但部分行政業務仍與福建省相聯），設臺北、臺灣、臺南三府，臺北府下轄宜蘭縣、基隆廳、淡水縣、新竹縣；臺灣府下轄臺灣縣、彰化縣、埔裏社廳、苗栗縣、雲林縣；臺南府下轄嘉義縣、安平縣、鳳山縣、澎湖廳、恆春縣，並升卑南廳為臺東直隸州，成為「一省、三府、一直隸州、十一縣、三廳」，此行政組織延續到光緒二十一年（1895），臺灣改由日本統治為止。詳見王世慶編纂：《重修臺灣省通志》卷七《政治志・建置沿革篇》（臺中：臺灣省文獻委員會，1991 年 6 月），頁 24、35、50、90、108。

〔註6〕 案：由於清領時期的中國、臺灣民間，除了運用皇帝年號之外，有時也會使用傳統干支紀年，如「甲午戰爭」、「乙未割臺」、「戊戌變法」、「庚子拳亂」或「嘉慶戊寅科舉人」（新竹鄭用錫）、「光緒丙戌科進士」（嘉義徐德欽）等。因此，本研究對於清領時期的單一年份，會在西元年後另標出歲次，以方便閱讀、辨識。

〔註7〕 《下關條約》，又稱《馬關條約》、《日清媾和條約》、《中日講和條約》，於1895年 4 月 17 日簽訂，同年 5 月 8 日於中國山東威海衛換約批准施行。

發展的富人，從而豐富了清領時期臺灣在儒學方面之發展。因此，筆者即以「清代臺灣儒學之研究」爲題，先說明本論文的研究動機、問題意識爲何，並就學界前賢時哲之既有研究成果加以述評，進而界定本論文所研究之時間、空間範圍與運用之研究方法，期能對斯土斯民略抒一得之見、略盡一己之力。

第一節　研究動機與問題意識

在清領時期以前的臺灣，是否有儒學存在？這是毋庸置疑的。儒者出身的陳永華（1634～1680），便於永曆二十年（1665）建議鄭經「東寧已開闢就緒，屯墾略有成法，當速建聖廟、立學校」、「昔成湯以百里而王，文王以七十里而興，豈關地方廣闊？在國君好賢，求人才以相佐理耳！……今既足食，則當教之；使逸居無教，何異禽獸？須擇地建立聖廟、設學校，以收人材。庶國有賢士，邦本自固而世運日昌矣。」〔註8〕得到鄭經同意後，興建聖廟之任務遂能迅速推動，並於永曆二十一年（1666）落成。此後，陳氏復向鄭經建議，在各社設學校，延請儒者授教，並制訂一系列的授課、甄選規則。即：八歲入小學習經、史、文章者，始取得參加天興、萬年二州考試資格，中式者升入府學就讀，於府學中式後，復可升入學院就讀；通過學院策論考試者，升入太學就讀。每三年大試通過者，更能陞爲內閣六官僚屬，進而陞遷。〔註9〕在此同時，較早渡海來臺的浙東學者沈光文（1612～1688），則因作〈臺灣賦〉譏刺鄭經而先後避禍大崗山（今高雄市田寮區）、羅漢內門（今高雄市內門區）及目加溜灣社（今臺南市善化區），在當地教授漢人移民及原住民學童，並以醫藥濟人，〔註10〕可說是在臺灣推行平民教育及原住民漢化教育之第一人，遂有「海東文獻初祖」之譽。

而日據時期的臺灣，除晚期推行「皇民化運動」、禁止傳佈漢學之外，其實治臺初、中期，僅主張以新式教育機構、教材內容來取代傳統的教育設施、

〔註8〕〈延平王世家〉，收入黃典權等編纂：《重修臺灣省通志》卷九《人物志・人物傳篇》（南投：臺灣省文獻委員會，1998年6月），頁41。
〔註9〕《重修臺灣省通志》卷九《人物志・人物傳篇》，頁42。
〔註10〕《重修臺灣省通志》卷九《人物志・人物傳篇》，頁568。案：今日臺南市善化區在戰後多有設置紀念沈光文之遺蹟或建築存在。如沈光文紀念碑（由其墓址改建）、教學處遺址（善化國中前方）、供奉沈氏神像之慶安宮紀念廳等。見臺南市善化區現地調查所得資料（現地調查日期：2014年3月24日）。

教學方法，並未硬性否定傳統的儒學教育，部分總督甚至爲雅好儒風、文學之士。例如第四任總督兒玉源太郎（1852～1906）即在民政長官後藤新平（1857～1929）輔佐下，於明治三十三年（1900）3 月 15 日在臺北登瀛書院改稱之「淡水館」舉辦「揚文會」，發函邀請曾於清領時期獲得功名的舉人、貢生（副貢、優貢、拔貢、歲貢、恩貢）、廩生等臺灣知識分子參加，參加者共 79 人，分爲臺北縣、臺中縣、臺南縣、宜蘭廳四區。臺北縣由歲貢生李秉鈞（1873～1904）擔任總代表，臺中縣由曾在鹿港文開書院任教之鹿港舉人莊士勳（1856～1918 後）擔任總代表，臺南縣由曾擔任澎湖文石書院、臺南蓬壺書院山長並纂修《臺灣通志》之臺南舉人蔡國琳（1843～1909）擔任總代表，宜蘭廳則由曾擔任甘肅知州並在仰山書院任教的宜蘭舉人李望洋（1829～1901）擔任總代表。與會儒者應邀完成〈修保廟宇議〉、〈旌表節孝議〉、〈救濟賑恤議〉等三篇策論，分就修復、保存日軍領臺初期所毀壞或佔用的文廟、城隍廟、天后廟等祀典祠廟，表彰孝子、節婦之行爲與精神，評論養濟院、育嬰堂、義倉、義塚等價值之面向立論，會後並應邀參觀日本領臺之後的各種新式建設。筆者認爲，此次由臺灣總督府主辦之文學集會，雖係拉攏掌握話語權的前清儒者之舉，但也提供日本治臺初期文化政策之參考。〔註 11〕而在民間社會，傳統士人多有締結詩、文社團的情形。以彰化縣爲例，北彰化即有成立於大正六年（1917）的崇文社，擔荷重建聖廟、崇正學而黜外教、定期徵文弘揚儒風等任務；南彰化的興賢書院，則於大正十三年（1924）成立興賢吟社，維繫文風於不墜。〔註 12〕而其餘各地亦多有詩、文社團的成立，如北臺灣的瀛社（1909 年成立）、中臺灣的櫟社（1902 年成立）、南臺灣的南

〔註11〕 此次「揚文會」的參加者中較具盛名者，包括編纂《彰化節孝冊》並主修《彰化縣採訪冊》之彰化歲貢生吳德功（1850～1924）、曾參與「公車上書」反對割讓臺灣之嘉義舉人羅秀惠（1865～1943）、纂修《鳳山縣採訪冊》之廩生盧德嘉等，有關參與「揚文會」的臺灣本土儒者名單，及其三篇策論，詳見《揚文會策議文集》，收入黃哲永、吳福助主編：《全臺文》（臺中：文听閣圖書公司，2007 年 7 月），第卅、卅一冊。另外，吳德功對於參加此次「揚文會」活動始末及該會舉辦之實況，撰有《觀光日記》一書，詳見氏撰：《觀光日記》，收入黃哲永、吳福助主編：《全臺文》（臺中：文听閣圖書公司，2007 年 7 月），第五十四冊，頁 19、頁 24～25。

〔註12〕 有關彰化崇文社同人在日據時期的論述，詳見黃臥松編：《崇文社文集》，收入黃哲永、吳福助主編：《全臺文》（臺中：文听閣圖書公司，2007 年 7 月），第卅二至卅五冊；有關興賢吟社之發展，詳見張瑞和：《維繫傳統文化的命脈——員林興賢書院與吟社》（臺中：晨星出版有限公司，2009 年 11 月）。

社（1906 年成立），皆爲其卓犖大者。其餘或開設書房、私塾（俗稱「漢學仔」），則遍佈當時臺灣的各行政區，難以枚舉。此外，部分書院、文昌祠、家塾也轉型或兼具扶乩降筆的鸞堂，如南投境內的藍田、明新二書院，宜蘭的登瀛書院（前身爲陳氏家塾），苗栗的雲梯書院（前身爲劉氏家塾）、雲林的振文書院、新竹的文林閣等，在日據時期皆有透過扶鸞弘揚儒風正學的舉措。〔註13〕透過各種管道以傳承儒學命脈，並延續迄今。

　　至於戰後的臺灣，由於大時代的環境影響，包括兼末代「衍聖公」與首任「大成至聖先師奉祀官」於一身的曲阜孔達生（1920～2008）先生在內，瑞安林景伊（1910～1983）先生、高郵高仲華（1909～1992）先生、婺源潘石禪（1908～2003）先生、大冶程旨雲（1894～1975）先生、奉新熊翰叔（1895～1990）先生、無錫錢賓四（1895～1990）先生、桐城方東美（1899～1977）先生、浠水徐復觀（1904～1982）先生、棲霞牟宗三（1909～1995）先生、宜賓唐君毅（1909～1978）先生等眾多碩學鴻儒，或直接跟隨國民政府「轉進」，或由香港、美國等地陸續飛抵臺灣，並在臺灣各大學的文、哲學門執教，講授經學、儒學、小學、哲學等相關課程，亦形成了戰後以來臺灣學術界的儒學發展；且當時的南韓（大韓民國）、南越（越南共和國）亦久受儒學濡染，當其國內之政、學二界要員訪臺時，臺灣卻缺乏專門崇尚儒學的對口單位，故遂於 1960 年正式成立「中華民國孔孟學會」。〔註14〕而在民間儒學的區塊，日據時期的鸞堂、詩文社群亦有存續者，如南投藍田書院、草屯登瀛書院、員林興賢書院等，皆有詩社、吟社傳承；至於宗教儒學的層次，由楊士芳、李望洋等日據初期尚健在的前清科第人物一手開創之鸞堂，如新民堂、碧霞宮等，戰後亦有透過扶鸞方式藉以闡明聖學之舉措，在在持續完滿臺灣民間的儒學傳播。

　　既然鄭氏統治時期、日據時期、戰後國府時期的臺灣，無論是掌握話語權的知識分子，抑或是民間社會大眾，皆有儒學的存在與傳佈，那麼，界於鄭氏統治以後、日據之前的清領時期，臺灣是否具備儒學的存在與發展？答案應當是不言可喻的。

〔註13〕除筆者舉出的這些書院、家塾、文昌祠之外，有關臺灣民間儒學社團在日據時期的轉型與發展，可參閱李世偉：《日據時代臺灣儒教結社與活動》（臺北：文津出版社，1999 年 6 月）。

〔註14〕案：孔孟學會成立之淵源，係由太老師李威熊教授所講述。筆者不敢掠美，謹附註於此，並向威公致上謝忱。

　　筆者考取國立彰化師範大學國文學系博士班的第一年上學期，在修習李威熊教授開設之「中國經學專題研究」課程時，李老師曾在課堂感歎地說「若要從事臺灣的相關研究，其實臺灣儒學與臺灣經學，都是一個頗值得進行研究的課題，可惜中文學門較罕有人涉及。」〔註15〕筆者遂有志於斯，並開始思考「臺灣儒學」的可行性，從而尋找相關文獻。由於筆者在該課程撰寫之報告，係以清代中、晚葉四川儒者劉沅（1768～1855）對《孝經》的詮釋觀為論述對象，〔註16〕在翻查《清儒學案》時，除見該書未為有「川西夫子」之譽的劉氏立傳，亦赫然發現，臺灣歷經 212 年的清領時期，不乏簪纓、鴻儒，但徐世昌（1855～1939）在該書中，竟未收任何一位臺灣籍的在地儒者！即便與臺灣清代儒學發展有關之賢宦、教育官員，亦只收張伯行（1651～1725）、藍鼎元（1680～1733）、姚瑩（1785～1853）、謝金鑾（1757～1820）等寥寥數人〔註17〕，另一位名列《清儒學案》的李光地（1642～1718），則未曾涉足臺灣，僅因「開臺進士」鄭用錫（1788～1858）曾就李氏奉康熙敕撰之《易》學著作《欽定周易折中》加以發皇，撰寫《欽定周易折中衍義》一書〔註18〕而已。因此，筆者產生「在這 212 年的過程中，難道臺灣沒有一位足堪立傳或附傳之在地儒者？」的疑問，乃貞定以「清代臺灣儒學之研究」作為博士論文課題的想法。此後，筆者曾參與《媽祖文化志》編纂工作，執

〔註15〕筆者與舍妹於 2012 年 7 月 2 日一同拜訪太老師李威熊教授位於南投縣草屯鎮的「九峰書院」時，熊公也再次有這種感歎，筆者遂向熊公呈報，在彭師維杰、黃師忠慎共同指導下，有意願以「清代臺灣儒學之研究」為題，撰寫博士論文，並逐步進行相關調查；而舍妹則呈報，願意先由臺灣《詩經》學研究著手。後來，舍妹在黃師忠慎指導下，以「臺灣地區 1999 至 2012 年《詩經》學研究探論」為題，於 2014 年 6 月取得碩士學位，並考取本校國文學系博士班，現為國文學系兼任講師，並以「中國變動時期（1912～1949）之《詩經》學研究」作為修習博士學位期間之研究課題。

〔註16〕後撰成〈清代中晚葉四川地區的民間經典詮釋——以劉沅《孝經直解》為例〉，於 2012 年 11 月 2 日在嘉南藥理科技大學通識教育中心舉辦之「2012 年經典與文化學術研討會」宣讀，並曾會後修改為〈清儒劉沅《孝經直解》之民間經典詮釋觀探析〉，收入汪中文主編：《語文與文化教學論叢（三）》（新北市：新文京開發，2012 年 12 月），頁 33～57。

〔註17〕張伯行、藍鼎元、姚瑩、謝金鑾等人對清領時期臺灣儒學發展之思想與影響，筆者將於本研究第四、五章再行論述，此處不贅。

〔註18〕〔清〕朱材哲撰：〈皇清賜同進士出身誥授中憲大夫晉封通奉大夫恩給二品封典加四品銜賞戴花翎禮部鑄印局員外郎祉亭鄭君墓誌銘〉，收入〔清〕鄭用錫撰：《北郭園詩鈔》（臺北：臺灣銀行經濟研究室，1959 年 5 月），頁 87。

行「臺灣道教閻羅天子信仰研究調查」，並在國立臺中科技大學通識教育中心開設「臺灣民間宗教與社會」、「清代臺灣儒學與文化」課程，〔註19〕透過田野踏查、文獻研究、深度訪談等方式，藉此更加釐清臺灣在清領時期的儒學設施與儒林人物，益發認爲應當將清領時期之臺灣儒學，在硬體設施及人物、思想等層面，作一相對詳盡之論述。

　　以上，即爲筆者在撰寫本書之前的研究動機與問題意識所在。

第二節　前賢時哲之文獻與研究成果述評

　　就「清代臺灣儒學」此項課題之前行文獻而言，大底可分爲清代纂修、日據調查及國府遷臺後陸續編纂的方志及採錄文獻，學者與研究生撰寫之期刊論文、專書、學位論文等研究論述，以及投身文化古蹟、歷史建築調查之民間人士所進行之田野成果。茲臚列分述於下。

一、方志及採錄文獻

　　在方志及採錄文獻之類別，可再因年代而析爲清代纂修並陸續增補之原始文獻，日據時期調查所得之臺灣文獻，國府遷臺以後採訪所得之臺灣史料，與近年各縣市鄉鎮編纂之新修志書等四項。

〔註19〕 筆者自 2012 年 6 月加入「兩岸合編《媽祖文化志》」的第四卷團隊（主要成員爲國立臺中科技大學應用中文系），迄 2014 年 7 月，除負責 1945 至 2013 年的臺灣媽祖學術研究成果之撰寫工作外，亦自行調查臺灣 180 座於清領時期建廟或其歷史文化價值之媽祖廟；2012 年 10 月迄 2013 年 7 月，對 22 座臺灣道教供奉閻羅天子之立案廟宇進行調查，撰成〈臺灣道教閻羅天子信仰研究初探──以宮廟供祀及經懺文檢爲探討範圍〉一文，在「第七屆道教及民間宗教神祇學術研討會」（臺北：財團法人大龍峒保安宮，2013 年 10 月 7 日）宣讀，並獲得該廟頒發研究獎學金四萬元，後經會後調整爲〈臺灣道教閻羅信仰初探──以宮廟供祀及經懺文檢爲探討範圍〉，收入趙欽桂執行編輯：《道教與民間宗教神祇學術研討會論文集：保生文化祭.2013》（臺北：臺北保安宮，2015 年 1 月），頁 13～35；2013 年 9 月起，受魏師嚴堅之邀，在國立臺中科技大學通識教育中心開設「臺灣民間宗教與社會」課程，迄今已開設八次，共陸續講授臺灣媽祖信仰、王爺信仰、玄天上帝信仰、關帝信仰、醫藥神信仰、文昌信仰、閻羅信仰、財神崇拜、道教宗派傳播與發展等講題。「清代臺灣儒學與文化」則於 2016 年 9 月起開設，講授清領時期的臺灣官方儒學機構、官設書院、民間書院、文昌信仰、敬字習俗、科第人物等講題。

（一）清代纂修並陸續增補之原始文獻

臺灣被併入清廷版圖並設置府、縣等行政官署管轄後，因朝廷於翌年（康熙二十四年，1685，乙丑）下令纂修《大清一統志》，命各省將所管轄之府、州方志送入北京作爲修志參考資料，乃由時任臺灣知府蔣毓英會同諸羅知縣季麒光、鳳山知縣楊芳聲發起編纂《臺灣府志》，歷時三月完成初稿，並由蔣氏旁參博考兩月而告竣。蔣《志》共計 10 卷，爲臺灣於清領時期面世的第一部方志。〔註20〕不過，由於蔣《志》係朝廷爲修《大清一統志》並命福建巡撫進呈該省通志而爲，因此，亦有部分歷史學者認爲，此書不能視爲一般的方志。〔註21〕其後，陳夢林等人於康熙五十六年（1717，丁酉）完成《諸羅縣志》12 卷、首一卷，爲臺灣在清領時期的第一部縣志；〔註22〕歲貢生陳文達等人於康熙五十九年（1720，庚子）刊行《鳳山縣志》10 卷、首一卷；〔註23〕歲貢生陳文達等人於康熙五十九年完成《臺灣縣志》10 卷、首一卷，〔註24〕以上係爲臺灣最初「一府三縣」之方志文獻。而高拱乾於分巡臺廈道兼理學政任內，召集臺灣一府三縣首長及地方耆老、儒學官員、臺灣士子共同纂輯，並於康熙三十五年（1696，丙子）捐俸刊行的《臺灣府志》10 卷，則是清領時期第一部補充蔣《志》的臺灣方志，其綱目並影響臺灣在清領時期陸

〔註20〕爲避免行文冗長贅述，蔣毓英《臺灣府志》，以下皆簡稱蔣《志》。北京中華書局曾於 1985 年將蔣《志》與高拱乾《臺灣府志》、范咸《重修臺灣府志》之原刻本影印合刊。詳見〔清〕蔣毓英等撰修：《臺灣府志三種》（北京：中華書局，1985 年 5 月）；同年，廈門大學另出版蔣《志》之校注，見〔清〕蔣毓英撰，陳碧笙校注：《臺灣府志校注》（廈門：廈門大學出版社，1985 年 11 月）。

〔註21〕高志彬〈〔康熙〕《臺灣府誌》〉云：「蔣《志》之纂輯既爲『但羅列條目，詳載事蹟』，應屬採訪冊之屬」，又云「蔣《志》既有採訪、專論、志書之不同體裁；其歸類分卷，亦有勉強之處。……由此觀之，蔣《志》當係以已成之志稿、已定稿之篇目、專論及採訪志料纂組而成者，尚非爲一定稿之志書也。」收入曹永和、王世慶總編纂：《臺灣文獻書目解題》（臺北：國立中央圖書館臺灣分館，1987 年 11 月），第一冊，頁 189。

〔註22〕有關《諸羅縣志》之編纂及成書經過，詳見曹永和、王世慶總編纂：《臺灣文獻書目解題》（臺北：國立中央圖書館臺灣分館，1988 年 6 月），第二冊，頁 319～321、頁 331～332。

〔註23〕有關《鳳山縣志》之編纂及成書經過，詳見曹永和、王世慶總編纂：《臺灣文獻書目解題》（臺北：國立中央圖書館臺灣分館，1988 年 6 月），第三冊，頁 141～144、頁 149～150。

〔註24〕有關《臺灣縣志》之編纂及成書經過，詳見《臺灣文獻書目解題》，第三冊，頁 1～4，頁 10～12。

續纂修的方志體例。但高《志》亦因未載明徵引、參酌之文獻，而遭歷史學者方豪（1910～1980）神父譏爲剽竊、掠美。〔註25〕此後，鳳山知縣宋永清於康熙四十九年（1710，庚寅）延攬該縣儒學教諭施士嶽等人增補高《志》，但在刊行之前，宋氏即已離任；分巡臺廈道陳璸（1656～1718）、臺灣知府周元文，復就高、宋二《志》之不足加以增補，命府城士子加以編纂，成《重修臺灣府志》10卷、首一卷。〔註26〕乾隆五年（1740，庚申），時任分巡臺灣道的劉良璧，復因舉人陳邦傑等人所請，命士子、耆舊參加編撰方志，歷時八月成《重修福建臺灣府志》20卷、首一卷；〔註27〕乾隆十年（1745，乙丑），時任巡臺漢、滿御史〔註28〕的范咸、六十七，復在高、劉二《志》的基礎上加以增補，迄乾隆十二年（1747，丁卯），始成《重修臺灣府志》25卷、首一卷〔註29〕；而後，乾隆二十七年（1762，壬午），時任臺灣知府的余文儀（？～1782），同樣不滿高、劉二《志》的記載，而命儒者續修、增補，成《續修臺灣府志》26卷、首一卷，〔註30〕但直到余氏於乾隆三十九年（1774，甲午）任職福建巡撫期間，始加以刊行。此則爲清領時期自蔣《志》完成之後，陸續重修、增補、續修的情況。

〔註25〕爲避免行文冗長贅述，高拱乾《臺灣府志》，以下皆簡稱高《志》。有關高《志》對清修臺灣方志體例之影響，及其被歷史學者方豪批評有剽竊、掠美之嫌的原因，詳見《臺灣文獻書目解題》，第一冊，頁201、頁208。

〔註26〕爲避免行文冗長贅述，周元文《重修臺灣府志》，以下皆簡稱周《志》。有關周《志》之成書經過，詳見《臺灣文獻書目解題》，第一冊，頁211～214、頁217～219。

〔註27〕爲避免行文冗長贅述，劉良璧《重修福建臺灣府志》，以下皆簡稱劉《志》。有關劉《志》之成書經過，詳見《臺灣文獻書目解題》，第一冊，頁227～229、頁235～236。

〔註28〕由於臺灣在清領晚期建省之前，曾一度隸屬福建省之臺廈道、臺灣道管轄，因此，自康熙六十一年（1722，壬寅）起，朝廷援用各「道」成例，設置從五品滿、漢籍監察御史各一人，赴臺灣訪視，並具備對違法官員彈劾、審判及上奏地方施政弊端等權力。迄乾隆三十三年（1769，戊子）爲止，前後共計滿籍御史22人（含漢軍旗籍者3人）、漢籍御史25人。其名單及到任、解任年份，詳見鄭喜夫編纂：《重修臺灣省通志》卷八《職官志·文職表篇》（南投：臺灣省文獻委員會，1993年6月），頁12～16。

〔註29〕爲避免行文冗長贅述，范咸《重修臺灣府志》，以下皆簡稱范《志》。有關范《志》之成書經過，詳見《臺灣文獻書目解題》，第一冊，頁241～244、頁252～253。

〔註30〕爲避免行文冗長贅述，余文儀《續修臺灣府志》，以下皆簡稱余《志》。有關余《志》之成書經過，詳見《臺灣文獻書目解題》，第一冊，頁257～259、頁262～263。

　　隨著漢人墾殖範圍日漸擴大，臺灣的行政官署亦有所增設、調整，由是，這些新設置的官署，亦在有識儒者與地方官員規劃下，研議纂修方志。但各縣、廳未必在設治之後的近期，即開始修纂志書，如雍正元年（1723，癸卯）增設之彰化縣，直到113年後的道光十六年（1836，丙申），始由周璽等人完成《彰化縣志》12卷、首一卷；〔註31〕雍正五年（1727，丁未）增設之澎湖廳，雖曾有胡建偉《澎湖紀略》12卷、蔣鏞《澎湖續編》2卷等二種簡易方志，〔註32〕但亦至設治151年後之光緒四年（1878，戊寅），始由林豪（1831～1918）主修《澎湖廳志稿》未刊本15卷、首一卷，並因臺灣於光緒十三年（1887，丁亥）建省之故，時任臺灣巡撫邵友濂（1840～1901）於光緒十八年（1892，壬辰）開局修《臺灣通志》，林豪受聘於澎湖廳之修志分局，以其原稿續成，後經布政使唐景崧（1841～1903）等人刪訂，遂於光緒二十年（1894，甲午）刊行《澎湖廳志》14卷、首一卷；〔註33〕雍正九年（1731，辛亥）增設之淡水廳，前後雖有鄭用錫於道光十四年（1834，甲午）纂修《淡水廳志稿》2卷未刊本，林豪於同治六年（1867，丁卯）受淡水同知嚴金清命所纂修之《淡水廳志》15卷未刊本，卻直到同治十年（1871，辛未），始刊行楊浚（1830～1890）總纂並經陳培桂、黎兆棠刪訂之《淡水廳志》16卷，〔註34〕自設治迄方志成書，相距140年；嘉慶十七年（1809，壬申）增設之噶瑪蘭廳，雖曾有未及刊行之《噶瑪蘭志略》14卷、首一卷，但其正式志書則於道光十一年（1831，辛卯），由時任仰山書院山長的陳淑均始修，歷經董正官、李祺生的後續增補，始於咸豐二年（1852，壬子）刊行《噶瑪蘭廳志》8卷、首一卷；〔註35〕光緒元年（1875，乙亥）增設之恆春縣，因省垣開局修《臺灣通志》之故，乃於光緒十九年（1893，癸巳），由屠繼善等人纂修志書，並於光緒二十一年完成《恆春縣志》初稿22卷及卷首、末各一卷，因割讓而未

〔註31〕有關《彰化縣志》之編纂與成書經過，詳見《臺灣文獻書目解題》，第二冊，頁233～237、頁241～242。

〔註32〕有關《澎湖紀略》、《澎湖續編》之編纂與成書經過，詳見《臺灣文獻書目解題》，第三冊，頁269～271、頁281，頁287～290、頁296。

〔註33〕有關《澎湖廳志稿》、《澎湖廳志》之編纂與成書經過，詳見《臺灣文獻書目解題》，第三冊，頁301～303、頁319～320、頁327～329、頁339～340。

〔註34〕有關《淡水廳志》之編纂與成書經過，詳見《臺灣文獻書目解題》，第二冊，頁1～7、頁9～11、頁15～16。

〔註35〕有關《噶瑪蘭志略》、《噶瑪蘭廳志》之編纂與成書經過，詳見《臺灣文獻書目解題》，第二冊，頁55～57、頁64～65，頁69～75、頁81～82。

及刊行，遭恆春知縣陳文緯攜回中國，直到 1950 年，始爲方豪教授發現；〔註36〕臺灣建省後增設之苗栗縣，其志書《苗栗縣志》與前揭《恆春縣志》同樣受開《臺灣通志》局之政策促成，係由縣內舉人謝維岳等人修纂，計 16 卷，然亦因割讓而未刊行，由謝氏將書稿攜至中國。〔註37〕此外，在修《臺灣通志》同時，臺灣省轄下各地行政官署亦奉命先派遣儒者從事實地調查，並撰爲採訪冊，以供通志局作爲參考，因此，盧德嘉《鳳山縣採訪冊》、倪贊元《雲林縣採訪冊》、陳朝龍《新竹縣採訪冊》等由各地儒者實際從事田野調查的文獻，亦逐步完成。〔註38〕

此外，清領初期，浙江生員郁永河（1645～？）任福州幕僚時，曾渡海來臺，北上開採硫磺，將沿途見聞撰成《裨海紀遊》。〔註39〕郁氏在書中曾爲當時平埔族原住民受到夥長、通事等人欺壓的現象，發出不平之鳴，堪稱儒者襟抱之體現。擔任首位巡臺御史的黃叔璥（1666～1742）亦將見聞撰成《臺海使槎錄》，記錄了臺灣漢族移民與各地平埔族原住民之風俗、生活習慣，亦爲清領初期的重要文獻之一。

（二）日據時期調查所得之臺灣文獻

清廷於光緒二十一年（1895，乙未）將臺灣、澎湖割讓日本後，日方依照《下關條約》第五條「本約批准互換之後，限二年之內，日本准中國讓與地方人民願遷居讓與地方之外者，任便變賣所有產業，退去界外。但限滿之後，尚未遷徙者，酌宜視爲日本臣民」之規定，給予臺灣住民兩年時間選擇內渡中國抑或留在臺灣，迄兩年期滿後，仍留在臺灣居住之人民，即成爲日本之國民。此後，臺灣總督府之公部門及民間學者、文史工作者，亦透過文獻研究、實際訪談、田野實況等方式，整理出一批清領時期重要的臺灣史料。

〔註36〕 有關《恆春縣志》之編纂與成書經過，詳見《臺灣文獻書目解題》，第三冊，頁 201～205、頁 215。

〔註37〕 有關《苗栗縣志》之編纂與成書經過，詳見《臺灣文獻書目解題》，第二冊，頁 197～199、頁 205。

〔註38〕 有關《鳳山縣采訪冊》、《雲林縣采訪冊》、《新竹縣采訪冊》之編等與成書經過，詳見曹永和、王世慶總編纂：《臺灣文獻書目解題》（臺北：國立中央圖書館臺灣分館，1988 年 6 月），第四冊，頁 327～328、頁 335～336，頁 281～283、頁 288，頁 267～269、頁 275～277。

〔註39〕 〔清〕郁永河撰：《裨海紀遊》，收入黃哲永、吳福助主編：《全臺文》（臺中：文听閣圖書公司，2007 年 7 月），第五十一冊。

　　在公部門方面，例如臺灣總督府在兒玉源太郎、後藤新平規畫下，於明治三十三年（1900）成立臨時臺灣舊慣調查會，由法學博士岡松參太郎等人調查臺灣固有之私法性質舊慣，歷時十年，編成《臺灣私法》，其第一編第四章第四節，即涵括以學務爲主體之儒學、書院以及學會、樂局、賓興館之成立始末、持有學田等不動產以及管理制度等資料，並於戰後由臺灣省文獻委員會將全書轉譯爲中文，重新出版；〔註40〕總督府民政部學務課於明治三十五年（1902）編撰而成的《臺灣教育志稿》〔註41〕，則透過文獻研究法，對《福建通志》、臺灣各行政區之方志、采訪冊與《大清律例》、《科場條例》、各官廳調查報文等清領、日據時期文獻進行分析、整理，詳實地敘述臺灣在清領時期的學制、學校（區分爲府縣儒學、書院、義學、社學、土番社學），並分述各行政區之學校，進而標舉祀典、學費、民學、考試制度、聖諭與學規等面向，一一臚列其內容，該書第七章第四節〈碑記〉所收資料，更成爲臺灣銀行經濟研究室於戰後出版《臺灣教育碑記》〔註42〕的大部分內容。

　　在民間學者方面，曾任職於總督府民政局之人類學者伊能嘉矩（1867～1925），於明治三十九年（1906）辭職返回故鄉遠野（今岩手縣遠野市）後，以十九年時間撰成《臺灣文化志》，綜述從荷、西殖民到日據初期的臺灣，在文治武備、教學設施、社會政策、宗教信仰、經濟、民生職業、外力介入、拓殖開墾、番政、自然地理等方面之全貌與沿革。〔註43〕該書第五篇〈教學設施〉、第十五篇〈番政沿革〉所載，亦有助於吾人從事清領時期臺灣儒學發展研究之資糧。

　　而在文史工作者方面，臺灣總督府於大正四年（1915）命丸井圭治郎等人整理臺灣各地官方、祠廟寺院繳交之報告書、臺帳，於大正八年（1919）完成《臺灣宗教調查報告書》第一卷，而相良吉哉則運用丸井氏在臺南州（今臺南市、嘉義縣市及雲林縣）之祠廟臺帳爲基礎，於昭和五年（1930）撰成

〔註40〕陳金田譯：《臨時臺灣舊慣調查會第一部調查第三回報告書：臺灣私法第一卷》（臺中：臺灣省文獻委員會，1990年6月），頁516～548。

〔註41〕臺灣總督府民政部學務課編：《臺灣教育志稿》（臺北：臺灣總督府，1918年8月，二版）。

〔註42〕臺灣銀行經濟研究室編：《臺灣教育碑記》（臺北：臺灣銀行經濟研究室，1959年7月）。

〔註43〕〔日〕伊能嘉矩著，江慶林等譯：《臺灣文化志（中譯本）》（臺中：臺灣省文獻委員會，1991年6月）。

《臺南州祠廟名鑑》〔註44〕一書，交由臺灣日日新報社於昭和八年（1933）底出版，對臺南州轄內祠廟、寺院、齋堂、神明會等組織之建廟時間、事由、信徒範圍、管理概況、廟產及所在位置等概，加以說明。透過此書，吾人可瞭解清領時期臺南、嘉義、雲林等地之文昌信仰場域及組織（包括書院、文昌祠、神明會等）。但該書亦有部分值得商榷之內容，亦即另標「儒教」一目，將玉皇、王爺、媽祖、土地神及功國神靈等神祇，皆由道教劃歸不符合宗教學定義之「儒教」，是較不妥切之處。

（三）國府遷臺後採訪所得之臺灣史料

　　1948 年 6 月，臺北市成立「臺灣省通志館」，作為辦理《臺灣省通志》編纂事務的專責機構。然而，國民政府因國共內戰失利，隨即於 1949 年播遷來臺，該館遂在同年 7 月改組為「臺灣省文獻委員會」，負責臺灣文獻史料的採訪、整理、典藏及文獻書籍與志書出版等任務，由各界學者 62 人分工執筆，自 1950 年至 1965 年陸續完成《臺灣省通志稿》10 卷、首一卷，都 59 篇（每篇一冊）；並於 1968 年起，陸續出版《臺灣省通志》10 卷及首、尾各一卷，都 78 篇、一記、一表，1991 年則出版《重修臺灣省通志》。〔註45〕在此情況下，臺灣省政府轄下的各縣、市，亦陸續成立「文獻委員會」，從事該縣市之史料蒐集、田野調查、耆舊訪談、出版文獻刊物、編纂縣／市志書等任務。以未合併升格前的臺南縣為例，日據時期的「鹽份地帶」名士吳新榮（1907～1967），即曾擔任臺南縣文獻委員會編纂組長，除負責《南瀛文獻》刊物邀稿、編輯、出版等事務，亦須參與定期或不定期的下鄉行程，在該縣的古蹟、廟宇中，透過座談方式，向耆老、鄉紳蒐集重要史料，所得資料則作為編纂《臺南縣志稿》的重要資糧。〔註46〕而其他縣市亦多採取聘請當地學有專精的著名文人、知識分子，擔任文獻委員會的職務，進而委託編纂志書的途徑。如嘉義著名傳統詩人賴子清（1894～1988），除擔任嘉義縣文獻委員會顧問外，也是《嘉義縣志》的主要編纂者之一。〔註47〕此外，由周憲文（1907～

〔註44〕〔日〕相良吉哉編：《臺南州祠廟名鑑》（臺北縣永和市：臺灣大通書局，2002年 3 月，影印臺灣日日新報社臺南支局 1933 年 12 月本）。

〔註45〕有關《臺灣省通志稿》、《臺灣省通志》之編纂與成書經過，詳見《臺灣文獻書目解題》，第一冊，頁 111～114、頁 116～123、頁 142，頁 145～1163、頁 180～181。

〔註46〕有關《臺南縣志稿》之編纂與成書經過，詳見《臺灣文獻書目解題》，第三冊，頁 111～116、頁 133～134。

〔註47〕有關《嘉義縣志》之編纂與成書經過，詳見《臺灣文獻書目解題》，第二冊，頁 341～345、頁 368～370。

1989）教授主持之臺灣銀行經濟研究室，自 1957 年起，陸續出版《臺灣文獻叢刊》，迄 1972 年為止，共印行與臺灣有關之方志、檔案、別集等文獻 309種、595 冊，部分因清廷割讓臺灣而導致書稿遭人攜回中國的縣志、采訪冊等清末編纂《臺灣通志》之重要文獻，亦被收錄其中，為從事清領時期臺灣儒學研究提供部分資糧。

（四）各縣市鄉鎮近年出版之新修方志

由於社會結構轉型、在地意識抬頭、修志年代久遠、缺乏早期志書等因素，臺灣各縣市政府，乃至於各鄉鎮市區公所，在晚近三十年以來，亦多有委託學界或民間文史工作者執行志書編纂的現象，且陸續完成者，亦不在少數。如苗栗縣苑裡鎮，其早期志書《苑裏志》係完成於日據時期的明治三十年（1897），由櫟社「創社九老」之一的前清秀才蔡啓運（1855～1911）以一個月的時間完成，此後 100 年，苑裡未曾再次出版志書。因此，苑裡鎮公所遂於 1998 至 2001 年，委託在地出身的朝陽技術學院王振勳教授擔任《苑裡鎮志》總編纂，2002 年成書，計兩冊、12 篇；而清領時期即已見諸史志、文人筆記、專書〔註 48〕的南投縣魚池鄉，在清領、日據甚至是戰後初期，皆未出版方志，遂由魚池鄉公所在 2001 年出版新修志書 7 篇。至於各縣市在近年新修的志書，亦所在多有，如彰化縣政府在 2014 年陸續出版的《新修彰化縣志》，除卷首、卷尾外，預計分為九志、34 篇，而這部《彰化縣志》與清領時期刊行之《彰化縣志》相比，亦已間隔 178 年。

透過這些方志文獻，吾人可以瞭解臺灣在清領時期的官方儒學建置沿革、民間興辦教育之設施與活動、獎掖儒學之治臺賢宦與本土培養之儒林人物、受旌表者之多寡，對於本研究之進行，有一定程度的貢獻。

二、研究論述

在研究論述的類別，可再因登載途徑不同，而析為期刊論文、專書及學位論文等三項。

（一）期刊論文

在期刊論文的範疇，亦可因論述重點之差異，而再加以分類。首先，係討論臺灣在清領時期各級官署所設之儒學教育機構及其選才制度者。在這方

〔註48〕如藍鼎元〈紀水沙連〉、郁永河《裨海記遊》、高拱乾《臺灣府志》、鄧傳安《蠡測彙鈔》等筆記、方志、專書，皆已提及「水沙連」。

面，就筆者所經眼者，包括金燦（1912〜1986）與吳振芝（1917〜2001）合撰之〈清代臺灣地方科舉之研究〉、丁榕萍〈清代教育與臺灣儒學〉、黃淑清〈談臺灣孔廟與清代儒學〉、葉憲峻〈清代臺灣儒學教育設施〉、王惠琛〈清代臺灣府縣廳學的設立與發展〉、彭煥勝與吳正龍合撰之〈清代彰化縣儒學的建置與組織〉、彭煥勝與吳正龍合撰之〈清代彰化縣儒學的生員教育〉、葉憲峻〈清代臺灣儒學與孔廟之設置〉、何振良〈略論孔廟與閩臺文化交流〉、陳名實〈臺南孔廟與儒學傳承〉等篇章。〔註49〕

　　在這些期刊論文中，早期歷史學者金燦、吳振芝討論臺灣各地「學額」在不同年代的提高具備之意義，挑選貢生年份間隔及貢生等第之優劣，鄉試制度沿革與臺灣歷年成進士之名單等；丁榕萍於 1983 年即提出「臺灣儒學」與清代教育之關涉；黃淑清聚焦於臺灣各府縣於清領時期建造的孔廟及其教育發展；王惠琛討論各府、縣、廳等官署所設學官之年代與發展流變；葉憲峻著墨於臺灣各地建置之聖廟、儒學官署與教育設施；彭煥勝、吳正龍專就彰化縣儒學（今彰化孔子廟）之建置與通過鄉試之「生員」（即俗稱「秀才」）教育立論；而陳名實、何振良等兩位中國大陸學者，則分別討論「全臺首學」臺南孔廟及各地孔廟與福建省之間的關涉。

　　其次，係聚焦於書院範疇之研究成果。這方面的前行研究較多，包括張勝彥〈清代臺灣書院制度初探（上、下）〉、黃秀政〈書院與臺灣社會〉、林文龍〈彰化白沙書院興廢考〉、郭嘉雄〈清代臺灣書院沿革初稿〉、吳學明〈北臺第一書院——泰山明志書院沿革之研究〉、李南海與趙家慶合撰之〈大肚趙氏家族之遷臺與磺溪書院的建立〉、潘亦江〈玉峰書院與徐德欽〉、潘朝陽〈書

〔註49〕 金燦、吳振芝：〈清代臺灣地方科舉之研究〉，《國立成功大學歷史學報》5 期（1978 年 7 月），頁 1〜48；丁榕萍：〈清代教育與臺灣儒學〉，《花蓮師專學報》14 期（1983 年 10 月），頁 11〜35；黃淑清：〈談臺灣孔廟與清代儒學〉，《臺北文獻》直字 91（1990 年 3 月），頁 95〜104；葉憲峻：〈清代臺灣儒學教育設施〉，《臺中師院學報》14 期（1999 年 6 月），頁 187〜203；王惠琛：〈清代臺灣府縣廳學的設立與發展〉，《南臺科技大學學報》26 期（2002 年 3 月），頁 167〜185；彭煥勝、吳正龍：〈清代彰化縣儒學的建置與組織〉，《教育研究集刊》49 輯 3 期（2003 年 9 月），頁 113〜141；彭煥勝、吳正龍：〈清代彰化縣儒學的生員教育〉，《教育研究集刊》51 輯 3 期（2005 年 9 月），頁 53〜82；葉憲峻：〈清代臺灣儒學與孔廟之設置〉，《社會科教育研究》13 期（2008 年 12 月），頁 185〜206；何振良：〈略論孔廟與閩臺文化交流〉，《泉州師範學院學報（社會科學）》28 卷 1 期（2010 年 1 月），頁 14〜19；陳名實：〈臺南孔廟與儒學傳承〉，《福建史志》2010 年 4 期，頁 50〜54。

院：儒教在地方的傳播形式〉、李芳如〈雲林地區清代書院研究〉、林孟輝〈從書院學規看清代臺灣書院的儒學教育宗旨〉、楊護源〈北市書院初探──以學海書院爲中心〉、林孟輝〈清代臺灣書院的儒學教育內涵試探〉、陳昭瑛〈臺灣書院學規中的朱子學〉、劉振維〈宜蘭仰山書院之始末及其基本精神〉、陳炎正〈文英書院探源〉、吳進安〈清領時期臺灣書院教育的儒學思想〉、黃麗生〈清代邊區儒學的發展與特質：臺灣書院與內蒙古書院的比較〉、劉振維〈彰化鹿港文開書院儒學精神之研究〉、劉振維〈論臺北艋舺學海書院的儒學精神〉、劉振維〈臺南海東書院之始末及其基本精神〉、劉振維〈論清代臺灣書院學規的精神及其對現代教育的啓示〉、葉憲峻與吳俊瑢合撰〈清代北投堡登瀛書院之組織與經費〉、林朝成與盧其薇合撰〈從鰲峰書院到海東書院：論清代臺灣朱子學的二個向度〉、劉振維〈彰化白沙書院之始末及其基本精神〉、劉振維〈澎湖文石書院的始末及其基本精神〉、蔣素芝〈康雍乾時期臺灣書院教育探究〉、林慶弧〈臺灣儒學與書院的藏書：以清代方志爲中心〉等篇章。〔註50〕

〔註50〕 張勝彥：〈清代臺灣書院制度初探（上）〉，《食貨月刊》6 卷 3 期（1976 年 6月），頁 95～107；張勝彥：〈清代臺灣書院制度初探（下）〉，《食貨月刊》6卷 4 期（1976 年 7 月），頁 144～154；黃秀政：〈書院與臺灣社會〉，《臺灣文獻》31 卷 3 期（1980 年 9 月），頁 10～18；林文龍：〈彰化白沙書院興廢考〉，《臺灣文獻》35 卷 3 期（1984 年 9 月），頁 11～35；郭嘉雄：〈清代臺灣書院沿革初稿〉，《臺灣文獻》38 卷 2 期（1987 年 6 月），頁 165～216；吳學明：〈北臺第一書院──泰山明志書院沿革之研究〉，《臺北文獻》直字 86 期（1988年 12 月），頁 103～118；李南海、趙家慶：〈大肚趙氏家族之遷臺與磺溪書院的建立〉，《史聯雜誌》13 期（1988 年 12 月），頁 43～47；潘亦江：〈玉峰書院與徐德欽〉，《嘉義市文獻》8 期（1992 年 8 月），頁 69～70；潘朝陽：〈書院：儒教在地方的傳播形式〉，《鵝湖》21 卷 5 期（1995 年 11 月），頁 27～38；李芳如：〈雲林地區清代書院研究〉，《社會科教學研究》5 期（1995 年 12 月），頁 44～84；林孟輝：〈從書院學規看清代臺灣書院的儒學教育宗旨〉，《孔孟月刊》37 卷 6 月（1999 年 2 月），頁 10～19；楊護源：〈北市書院初探──以學海書院爲中心〉，《臺北文獻》直字 128 期（1999 年 6 月），頁 87～106；林孟輝：〈清代臺灣書院的儒學教育內涵試探〉，《中華文化月刊》233 期（1999 年8 月），頁 58～80；陳昭瑛：〈臺灣書院學規中的朱子學〉，《孔學與人生》27期（2004 年 2 月），頁 57～63；劉振維：〈宜蘭仰山書院之始末及其基本精神〉，《漢學研究》22 卷 1 期（2004 年 6 月），頁 253～280；陳炎正：〈文英書院探源〉，《中縣文獻》10 期（2004 年 6 月），頁 97～102；吳進安：〈清領時期臺灣書院教育的儒學思想〉，《漢學研究集刊》1 期（2005 年 12 月），頁 111～131；黃麗生：〈清代邊區儒學的發展與特質：臺灣書院與內蒙古書院的比較〉，《臺灣師大歷史學報》34 期（2005 年 12 月），頁 97～135；劉振維：〈彰化鹿港文開書院儒學精神之研究〉，《朝陽人文社會學刊》3 卷 2 期（2005 年 12 月），

　　在這些期刊論文中，張勝彥著重於制度面之探討，黃秀政分析書院的設置與社會之間的關係；張嘉雄稽考各書院之沿革；李南海、趙家慶討論趙順芳設置礦溪書院之始末；潘亦江介紹玉峰書院與晚清嘉義進士徐德欽（1853～1889）之關係；林孟輝討論書院教育之內容以及透過書院學規所彰顯之儒學宗旨；李芳如就雲林縣在清領時期建造的龍門、奎文、振文、修文等書院立論；陳炎正介紹神岡呂家創辦的文英書院；吳進安分析書院教育所蘊藏的儒學義理；陳昭瑛由書院學規追溯與朱子學之間的學脈淵源、義理異同；林慶弧藉由清代所纂修之方志來分析各處學宮、書院藏書之異同；楊護源側重於艋舺學海書院的討論，並兼及曾存在過的樹人、登瀛、明道等書院；吳學明追溯北臺灣在清領時期建設的第一座書院「明志書院」；林文龍分析彰化白沙書院的建造、發展與廢棄之流變；蔣素芝以臺灣在清領時期康、雍、乾三朝（1684～1795）建設之書院教育制度為討論對象；黃麗生將臺灣與內蒙古兩個位處清疆域邊陲地區所建造之書院進行比較研究；林朝成、盧其薇討論清領時期臺灣繼承的朱子學，從省垣榕城鰲峰書院轉變到府治臺南海東書院之向度異同；葉憲峻、吳俊瑯討論由社學轉變而成的南投縣草屯鎮登瀛書院之前身組織與其經費來源；而劉振維撰成之篇章較多，分別討論了臺南海東書院、彰化白沙書院、鹿港文開書院、澎湖文石書院、艋舺學海書院、宜蘭仰山書院之沿革與儒學精神，並分析這些書院學規對於現當代教育之價值與啟發。

　　第三，屬於討論社學、義學、原住民漢化教育等範疇。相較於書院研究的熱烈程度，這方面的研究成果較少，筆者經眼者，僅有孫準植〈清代臺灣

頁 27～56；劉振維：〈論臺北艋舺學海書院的儒學精神〉，《朝陽人文社會學刊》5 卷 2 期（2007 年 12 月），頁 59～93；劉振維：〈臺南海東書院之始末及其基本精神〉，《朝陽人文社會學刊》6 卷 1 期（2008 年 6 月），頁 279～322；劉振維：〈論清代臺灣書院學規的精神及其對現代教育的啟示〉，《哲學與文化》35 卷 9 期（2008 年 9 月），頁 107～127；葉憲峻、吳俊瑯：〈清代北投堡登瀛書院之組織與經費〉，《社會科教育研究》13 期（2008 年 12 月），頁 223～243；林朝成、盧其薇：〈從鰲峰書院到海東書院：論清代臺灣朱子學的二個向度〉，《東華漢學》9 期（2009 年 6 月），頁 281～324；劉振維：〈彰化白沙書院之始末及其基本精神〉，《止善》6 期（2009 年 6 月），頁 89～110；劉振維：〈澎湖文石書院的始末及其基本精神〉，《止善》7 期（2009 年 12 月），頁 71～98；蔣素芝：〈康雍乾時期臺灣書院教育探究〉，《船山學刊》2010 年 1 期，頁 155～158；林慶弧：〈臺灣儒學與書院的藏書：以清代方志為中心〉，《臺灣文獻》66 卷 2 期（2015 年 6 月），頁 1～37。

之義學〉、葉憲峻〈清代臺灣的社學與義學〉、蔣素芝〈清代臺灣土番社學再
探討〉、張耀宗〈晚清時期臺灣「番秀才」形成與功能之研究〉、張耀宗〈牡
丹社事件後清代臺灣原住民義學的發展〉等篇章。〔註51〕

　　孫準植由方志文獻所載，討論臺灣在清領時期出現的「義學」設施；葉
憲峻將義學與兼具地方教育與對平埔族原住民施以漢化教育等兩重功能的
「社學」加以綜合討論；蔣素芝專就對平埔族原住民進行漢化教育的「社學」
展開論述；而張耀宗則聚焦於晚清——特別是同治十年（1874，辛未）爆發
「牡丹社事件」之後，臺灣地方官署對原住民漢化教育之補強。

　　第四，討論治臺賢宦政績、科第人物生平及其作品所呈現之思想的範疇。
這部分的論述亦較多，與書院研究的數量不相上下。包括林文龍〈開臺翰林
曾維楨與白沙坑福神〉、何培夫〈楊廷理知府治臺風範〉、何培夫〈楊廷理開
蘭治績及其風範〉、劉曉東〈「紫薇郎」探說——兼探述先賢陳維英生平〉、邱
敏勇〈大稻埕舉人陳霞林事蹟考〉、張德南〈學界山斗鄭用鑑〉、湯熙勇〈清
代臺灣教育研究之一——巡臺御史對臺灣科舉教育的貢獻〉、詹德隆〈臺灣知
府蔣元樞政績述略〉、林文龍〈臺灣兩會魁——黃驤雲與許南英〉、林文龍〈周
鍾瑄被誣案及其諸羅任內政績〉、蔡志展〈鹿港清代碑記及科名人物之研究〉、
黃美娥〈明志書院的教育家——鄭用鑑〉、林耀潾〈陳璸的儒學思想與實踐—
—以臺灣縣及臺廈道任內為範圍的考察〉、林耀潾〈清臺灣縣學教諭鄭兼才的
儒學思想與實踐〉、陳運棟〈山城文獻初祖——芸閣山人吳子光舉人〉、謝碧
連〈府城臺南父子雙進士——施瓊芳、施士洁〉、林淑慧〈竹塹文人鄭用錫、
鄭用鑑散文的文化意涵及其題材特色〉、謝貴文〈清代鳳山知縣宋永清的政
績〉、王月華〈清代宦臺謝金鑾的史學與文學作品〉、田啓文〈文章與人品並
臻——鄭用鑑散文的道德理念與實踐〉、黃麗生〈近代臺灣客家儒紳海洋意識
的轉變：從吳子光到丘逢甲〉、張靜茹〈試論鄧傳安建構在臺儒學系譜的意圖
——以倡建鹿港文開書院始末為例〉、楊齊福〈清代臺灣舉人之概論〉、林淑
慧〈儒教與風俗——施瓊芳、施士洁散文所呈現的文化面向〉、林美秀〈清領

〔註51〕孫準植：〈清代臺灣之義學〉，《國史館館刊》15 期（1993 年 12 月），頁 22～
　　　　44；葉憲峻：〈清代臺灣的社學與義學〉，《臺中師院學報》18 卷 2 期（2004
　　　　年 12 月），頁 45～69；蔣素芝：〈清代臺灣土番社學再探討〉，《樂山師範學院
　　　　學報》22 卷 7 期（2007 年 7 月），頁 83～85；張耀宗：〈晚清時期臺灣「番秀
　　　　才」形成與功能之研究〉，《高雄師大學報》35 期（2013 年 12 月），頁 91～104；
　　　　張耀宗：〈牡丹社事件後清代臺灣原住民義學的發展〉，《市北教育學刊》46
　　　　期（2014 年 12 月），頁 79～96。

時期吳德功儒學價值觀念的形成〉、楊齊福〈試論清代臺灣舉人之詩歌〉、王幼華〈清代竹塹流寓文人查元鼎考述〉、張清芳〈儒家知識份子理想與政府官員職責的較完美結合——評陳璸的臺灣文教實踐活動對今人的啓示〉、洪素香〈試由碑記探論陳璸對清代臺灣府縣學與書院之貢獻及影響——以《臺灣教育碑記》、《臺灣南部碑文集成》爲研究範圍〉、邱惠芬〈胡承珙宦臺事蹟及書寫研究〉等篇章。〔註52〕

〔註52〕 林文龍:〈開臺翰林曾維楨與白沙坑福神〉,《臺灣文獻》27 卷 4 期（1976 年 12 月）,頁 103〜106；何培夫:〈楊廷理知府治臺風範〉,《高雄文獻》13 期（1983 年 1 月）,頁 63〜97；何培夫:〈楊廷理開蘭治績及其風範〉,《臺灣文獻》34 卷 3 期（1983 年 9 月）,頁 93〜114；劉曉東:〈「紫薇郎」探說——兼探述先賢陳維英生平〉,《臺北文獻》直字 66 期（1983 年 12 月）,頁 57〜76；邱敏勇:〈大稻埕舉人陳霞林事蹟考〉,《臺北文獻》直字 87 期（1989 年 3 月）,頁 189〜204；張德南:〈學界山斗鄭用鑑〉,《臺北文獻》直字 93 號（1990 年 9 月）,頁 131〜140；湯熙勇:〈清代臺灣教育研究之一——巡臺御史對臺灣科舉教育的貢獻〉,《史聯雜誌》17 期（1990 年 9 月）,頁 99〜117；詹德隆:〈臺灣知府蔣元樞政績述略〉,《臺灣文獻》42 卷 2 期（1991 年 6 月）,頁 225〜240；林文龍:〈臺灣兩會魁——黃驤雲與許南英〉,《臺南文化》34 期（1992 年 12 月）,頁 1〜17；林文龍:〈周鍾瑄被誣案及其諸羅任內政績〉,《臺南文化》41 期（1996 年 7 月）,頁 1〜25；蔡志展:〈鹿港清代碑記及科名人物之研究〉,《社會科教育研究》1 期（1996 年 12 月）,頁 53〜85；黃美娥:〈明志書院的教育家——鄭用鑑〉,《竹塹文獻》5 期（1997 年 10 月）,頁 53〜74；林耀潾:〈陳璸的儒學思想與實踐——以臺灣縣及臺廈道任內爲範圍的考察〉,《孔孟學報》75 期（1998 年 3 月）,頁 93〜114；林耀潾:〈清臺灣縣學教諭鄭兼才的儒學思想與實踐〉,《成大中文學報》6 期（1998 年 5 月）,頁 129〜148；陳運棟:〈山城文獻初祖——芸閣山人吳子光舉人〉,《苗栗文獻》1 期（2001 年 3 月）,頁 80〜82；謝碧連:〈府城臺南父子雙進士——施瓊芳、施士洁〉,《臺南文化》53 期（2002 年 10 月）,頁 43〜63；林淑慧:〈竹塹文人鄭用錫、鄭用鑑散文的文化意涵及其題材特色〉,《中國學術年刊》26 期（2004 年 9 月）,頁 173〜204、頁 238；謝貴文:〈清代鳳山知縣宋永清的政績〉,《高市文獻》18 卷 1 期（2005 年 3 月）,頁 29〜39；王月華:〈清代宦臺謝金鑾的史學與文學作品〉,《臺灣文獻》56 卷 3 期（2005 年 9 月）,頁 243〜263；田啓文:〈文章與人品並臻——鄭用鑑散文的道德理念與實踐〉,《興國學報》5 期（2006 年 1 月）,頁 279〜295；黃麗生:〈近代臺灣客家儒紳海洋意識的轉變:從吳子光到丘逢甲〉,《海洋文化學刊》2 期（2006 年 12 月）,頁 123〜173；張靜茹:〈試論鄧傳安建構在臺儒學系譜的意圖——以倡建鹿港文開書院始末爲例〉,《國文學報》41 期（2007 年 6 月）,頁 37〜72；楊齊福:〈清代臺灣舉人之概論〉,《臺灣研究》2007 年 5 期,頁 60〜64；林淑慧:〈儒教與風俗——施瓊芳、施士洁散文所呈現的文化面向〉,《東華漢學》8 期（2008 年 12 月）,頁 141〜173；林美秀:〈清領時期吳德功儒學價值觀念的形成〉,《興大人文學報》44 期（2010 年 6 月）,頁 111〜138；楊齊福:〈試論清代臺灣舉人之詩歌〉,

在這些篇章中，已被討論的治臺賢宦有陳璸（在臺之最高官職為分巡臺灣廈門兵備道〔1710～1715〕）、楊廷理（1747～1813，曾五任擔次臺灣知府，在臺最高官職為分巡臺灣兵備道〔1791～1795〕）、蔣元樞（1738～1781，在臺最高官職為臺灣知府〔1775～1778〕，並曾護理分巡臺灣兵備道〔1776～1777〕）、周鍾瑄（1671～1763，在臺最高官職為諸羅知縣〔1714～1719〕、臺灣知縣〔1722～1726前？〕）、宋永清（在臺最高官職為鳳山知縣〔1704〕，並曾署理諸羅知縣〔1704～1705，1708～1712〕）、鄧傳安（數次擔任臺灣知府，在臺最高官職為臺灣知府署理分巡臺灣兵備道〔1830～1831〕）、胡承珙（1776～1832，在臺最高官職為分巡臺灣兵備道〔1821～1824〕），來臺遊宦或設館任教的儒者有謝金鑾（歷任彰化、臺灣、嘉義等三縣儒學教諭）、鄭兼才（1758～1822，任臺灣縣儒學教諭）、吳子光（1819～1883）、查元鼎（1804～1886？），而臺灣本土儒者則有鄭用錫、鄭用鑑（1789～1867）、黃驤雲、曾維楨、陳維英（1811～1869）、施瓊芳（1815～1867）、施士洁（1853～1922）、吳德功（1850～1924）、許南英（1855～1917）以及丘逢甲（1864～1912）等人。

第五，討論「敬惜字紙」之社會教育與其衍生儀式之範疇。這部分的論述相較少了一些，包括林文龍〈記臺灣的敬惜字紙民俗〉、周宗賢〈龍潭聖蹟亭小史〉、卓克華〈石頭營聖蹟亭與南部古道之歷史研究〉、卓克華〈鹿谷聖蹟亭與古道碑碣的研究〉、傅寶玉〈文教與社會力：敬字亭與客家社會意象的建構〉、施順生〈臺灣地區敬字亭稱謂之探討〉、黃新憲〈清代臺灣「敬惜字紙」習俗探討〉、施順生〈臺北市的敬字亭及其恭送聖蹟之儀式〉、邱延洲〈鳳山地區送書灰儀式的初步考察〉、吳煬和〈敬字崇文——苗栗客家敬字風俗〉等篇章。〔註53〕

《福建師範大學學報（哲學社會科學版）》2010年5期，頁86～94；王幼華：〈清代竹塹流寓文人查元鼎考述〉，《聯大學報》11卷1期（2014年6月），頁27～49；張清芳：〈儒家知識份子理想與政府官員職責的較完美結合——評陳璸的臺灣文教實踐活動對今人的啟示〉，《人文研究學報》49卷1期（2015年4月），頁19～26；洪素香：〈試由碑記探論陳璸對清代臺灣府縣學與書院之貢獻及影響——以《臺灣教育碑記》、《臺灣南部碑文集成》為研究範圍〉，《人文社會學報》49卷1期（2015年4月），頁27～47；邱惠芬：〈胡承珙宦臺事蹟及書寫研究〉，《中國文哲研究通訊》25卷2期（2015年6月），頁23～56。

〔註53〕林文龍：〈記臺灣的敬惜字紙民俗〉，《臺灣風物》34卷2期（1984年6月），頁29～60；周宗賢：〈龍潭聖蹟亭小史〉，《史化》23期（1994年6月），頁41～47；卓克華：〈石頭營聖蹟亭與南部古道之歷史研究〉，《高市文獻》7卷3期（1995年3月），頁1～54；卓克華：〈鹿谷聖蹟亭與古道碑碣的研究〉，《南

　　這方面的論述，大多以單一地區（如苗栗、臺北、鳳山）或個體建築（如龍潭聖蹟亭、枋寮石頭營聖蹟亭、鹿谷聖蹟亭）進行討論，間有涉及臺灣在清領時期的此一習俗概況。

　　第六，爲討論清領時期臺灣儒學外延的文化現象。在這範疇的期刊論文，包括周宗賢〈清代臺灣節孝烈婦的旌表研究〉、楊仁江〈臺北市黃氏及周氏節孝坊之研究（上、下）〉、劉正一〈清朝六堆貞節孝婦系列專題〉、潘朝陽〈地方儒士興學設教的傳統及其意義──以臺灣爲例的詮釋〉、陳昭瑛〈臺灣的文昌帝君信仰與儒家道統意識〉、單文經〈一八九五年以前鹿港教育史初探〉、潘朝陽〈從儒家的雙元對峙性論清代臺灣儒家的性質〉、許惠玟〈清代臺灣詩中儒學傳承與文昌信仰的關係〉、吳進安〈清朝臺灣儒學中的朱子學意涵與詮釋〉、李祖基〈冒籍：清代臺灣的科舉移民〉及顧敏耀〈臺灣清領時期經學發展考察〉等篇章。〔註54〕

投文獻叢輯》41 期（1996 年 12 月），頁 2～21；傅寶玉：〈文教與社會力：敬字亭與客家社會意象的建構〉，《思與言》43 卷 2 期（2005 年 6 月），頁 77～118；施順生：〈臺灣地區敬字亭稱謂之探討〉，《中國文化大學中文學報》15 期（2007 年 10 月），頁 117～168；黃新憲：〈清代臺灣「敬惜字紙」習俗探討〉，《東南學術》2009 年 5 期，頁 143～151；施順生：〈臺北市的敬字亭及其恭送聖蹟之儀式〉，《中國文化大學中文學報》24 期（2012 年 4 月），頁 63～98；邱延洲：〈鳳山地區送書灰儀式的初步考察〉，《高雄文獻》3 卷 3 期（2013 年 9 月），頁 111～126；吳煬和：〈敬字崇文──苗栗客家敬字風俗〉，《苗栗文獻》52 期（2013 年 11 月），頁 59～87。

〔註54〕　周宗賢：〈清代臺灣節孝烈婦的旌表研究〉，《臺北文獻》35 期（1976 年 3 月），頁 113～155；楊仁江：〈臺北市黃氏及周氏節孝坊之研究（上）〉，《臺北文獻》85 期（1988 年 9 月），頁 1～62；楊仁江：〈臺北市黃氏及周氏節孝坊之研究〉，《臺北文獻》86 期（1988 年 12 月），頁 119～134；劉正一：〈清朝六堆貞節孝婦系列專題〉，《六堆風雲雜誌》44 期（1993 年 2 月），頁 6～12；潘朝陽：〈地方儒士興學設教的傳統及其意義──以臺灣爲例的詮釋〉，《鵝湖學誌》17 期（1996 年 12 月），頁 1～40；陳昭瑛：〈臺灣的文昌帝君信仰與儒家道統意識〉，《臺大文史哲學報》46 期（1997 年 6 月），頁 173，175～197；單文經：〈一八九五年以前鹿港教育史初探〉，《教育研究集刊》40 輯（1998 年 1 月），頁 113～142；潘朝陽：〈從儒家的雙元對峙性論清代臺灣儒家的性質〉，《臺灣東亞文明研究學刊》3 卷 1 期（2006 年 6 月），頁 97～134；許惠玟：〈清代臺灣詩中儒學傳承與文昌信仰的關係〉，《東海大學文學院學報》46 卷（2007 年 7 月），頁 95～120；吳進安：〈清朝臺灣儒學中的朱子學意涵與詮釋〉，《漢學研究集刊》8 期（2009 年 6 月），頁 53～75；李祖基：〈冒籍：清代臺灣的科舉移民〉，《廈門大學學報（哲學社會科學版）》2011 年 1 期，頁 62～69；顧敏耀：〈臺灣清領時期經學發展考察〉，《興大中文學報》29 期（2011 年 6 月），頁 193～212。

這些篇章涵括了清領時期的臺灣經學研究、文昌信仰、地方教育史、因應科舉「學額」而產生之巧門，以及對於守節、殉死婦女精神之表彰等項目。然而，單就旌表節孝此目而言，雖有綜觀清領時期之通論性質篇章，但其餘兩篇仍就單一地區或個案加以論述，而臺南、彰化、澎湖等三處現存節孝祠皆頗具代表性，〔註55〕則未受到期刊論文撰者之青睞。

（二）專書

有關涉及清領時期臺灣儒學發展之專書，截至目前，計有十餘本，茲臚列述評於次。

（1）馬肇選《臺灣書院小史》〔註56〕

在清領時期臺灣儒學發展之領域，「書院」的建置，無疑係一大重點，而臺灣書院之研究，又以曾在中國醫藥學院（今中國醫藥大學）任教的馬肇選（1911～）教授於 1971 年所撰《臺灣書院小史》為最早。此書篇幅雖較短，亦僅單獨舉出泰山明志書院、彰化白沙書院與鹿港文開書院加以論述，但在書院分佈情況、學規、型態等三方面，皆具有發凡起例之功。

（2）莊金德《清代臺灣教育史料彙編》〔註57〕

曾擔任臺灣省文獻委員會編纂的莊金德先生，於 1973 年陸續出版《清代臺灣教育史料彙編》三冊。該書與清領時期臺灣儒學有關之史料，包括政策、儒學、考舉、書院、義學、社學、社會教育等項，就原始文獻之梳理而言，有極高之價值。此書之撰成，得力於莊氏在歷史學門的養成訓練，以及負責《臺灣省通志》卷五《教育志》之《教育行政篇》（三冊）、《制度沿革篇》（二

〔註55〕臺南節孝祠位於臺南市孔廟（昔日之臺灣府儒學）內，是臺灣現存清領時期所建聖廟中，唯一一座保留節孝祠之案例（其餘如鳳山縣、嘉義縣、淡水廳、噶瑪蘭廳之聖廟，皆於日據時期毀壞，而今日宜蘭孔廟雖有節孝祠，但亦為戰後移地重建的情形）；彰化節孝祠原在彰化城隍廟旁，係由進士蔡德芳、進士丁壽泉、彰化縣儒學訓導劉鳳翔、拔貢生林淵源、歲貢生吳德功等人，對今日之臺中、彰化、南投、雲林等縣市節孝婦女名單加以採錄，計 462 人，並由臺灣知府程起鶚、陳文騄、彰化知縣李嘉棠等人於光緒 12（1886，丙戌）年向朝廷請旨立祠，後因日據時期市街改正而移地重建，具有時代性的意義；澎湖節孝祠則位於馬公天后宮右龕，由澎湖廳通判魏彥儀於道光 18（1838，戊戌）年正月設置，奉祀《澎湖紀略》所載 11 人、《澎湖續編》所載 120 人，係臺灣現今唯一一座附屬於媽祖廟之節孝祠。

〔註56〕馬肇選著：《臺灣書院小史》（彰化：臺灣省立彰化社會教育館，1971 年 11 月）。

〔註57〕莊金德編著：《清代臺灣教育史料彙編》（臺中：臺灣省文獻委員會，1973 年 4 月）。

冊)、《教育設施篇》（三冊）、《文化事業篇》（二冊）之增修、整修工作，故能對清領時期方志所載之教育史料運用嫻熟。

（3）黃得時《臺灣的孔廟》〔註58〕

曾於臺灣大學中國文學系任教之黃得時（1909～1999）教授，爲北部瀛社詩人黃純青（1875～1956）之哲嗣。黃教授受其尊翁影響，大力推崇「孔教」，故在受臺灣省政府新聞處長鍾振宏邀請下，於 1981 年編著《臺灣的孔廟》一書，除敘述孔子生平、聖廟體制與釋奠儀節外，並對臺灣在清領、日據、戰後三階段由官方、民間建造的 15 處孔廟之始末加以介紹，再持論《臺灣寺廟概覽》登錄主祀孔子的 23 處廟宇，其宗教性質不應被誤認爲道教，進而指出，應將孔廟之主管機關，由內政部劃歸教育部社會教育司及縣市政府之教育局，方能表示孔廟之特色與孔子之權威。筆者認爲，本書在敘述各地孔廟之始末與現況的部分，最能嘉惠學界與社會大眾，但黃教授引用《臺灣寺廟概覽》所載主祀孔子之 23 處廟宇，則略有商榷處。蓋因除西湖修省堂原爲雲梯書院，彰化聖廟爲彰化縣儒學，內門萃文書院爲文昌祠，高樹啓聖祠爲大陳移民特殊奉祀，杉林至聖廟原爲民間私塾性質的育英書院，池上闡德宮爲一貫道發一崇德組之道場外，其餘 17 處皆爲鸞堂性質，孔子僅是主神之一，故被認列爲道教，誠非主管機關之誤植；且道教早在六朝時期的上清派，即有崇奉孔子並納入神譜之載，《洞玄靈寶眞靈位業圖》稱孔子爲「太極上眞公孔丘」，將之與黃帝、顓頊帝、帝嚳、帝堯、帝舜、夏禹及「明晨侍郎三天司眞」顏回等上古聖王、儒家賢哲，同列於第三左位。〔註59〕因此，黃教授認爲不應將民間主祀孔子之廟宇視爲道教性質，實肇因於對道教神譜不夠熟悉所致。

（4）王鎮華《書院教育與建築──臺灣書院實例之研究》〔註60〕

建築學門出身，並曾於中原大學建築學系執教之王鎮華教授，於 1986 年撰成《書院教育與建築──臺灣書院實例之研究》一書，除了梳理臺灣文教

〔註58〕黃得時編著：《臺灣的孔廟》（臺中：臺灣省政府新聞處，1981 年 9 月）。

〔註59〕〔南朝梁〕陶宏景纂，〔唐〕閻丘方遠校定：《洞玄靈寶眞靈位業圖》，收入〔明〕張宇初等編纂：《正統道藏》（北京：文物出版社，上海：上海書店，天津：天津古籍出版社聯合影印上海涵芬樓藏北京白雲觀所藏明刊本，1988 年 3 月），洞眞部譜錄類鷹字號，第三冊，頁 275 中。

〔註60〕王鎮華著：《書院教育與建築──臺灣書院實例之研究》（臺北：故鄉出版社，1986 年 7 月）。

發展之歷史淵源，科舉、書院制度之形成流變外，亦透過自身學術專業，論述臺灣書院建築的各項空間、配置、結構、建材、裝飾等，係發前人所未發之作。

（5）王啟宗《臺灣的書院》〔註61〕

曾於成功大學歷史學系任教之王啓宗（1928～2012）教授，於 1987 年出版《臺灣的書院》一書，對於臺灣在清領時期的書院起源、由來、設置經過、學規制度、建築等項，皆加以敘述，而〈臺灣各書院簡介〉一節，更對清領時期臺灣陸續出現的 62 座書院進行說明，復附以書院現址，就現地研究之進路而言，有其貢獻。

（6）郭伶芬《清代臺灣知識份子社會參與之研究》〔註62〕

歷史學門出身，並於靜宜大學通識教育中心、師資培育中心任教的郭伶芬教授，在 1993 年撰成《清代臺灣知識份子社會參與之研究》一書，對於清領時期臺灣傳統知識份子捐資興學、賑濟災情、修築公益設施等投身社會活動之現象，有較爲深入的論述。

（7）林文龍《臺灣的書院與科舉》〔註63〕

於臺灣省文獻委員會擔任研究員之林文龍先生，在 1999 年撰成《臺灣的書院與科舉》一書，此書分爲三輯，分別爲〈書院及詩文社〉、〈科舉在臺灣〉、〈科舉的相關習俗〉。書中列出臺灣在清領時期陸續建置的 63 座書院，並梳理 29 所書院歷年講席名單與生平事略，再整理歷科進士、舉人之名錄，介紹敬惜字紙的習俗，進而舉出竹山社寮聖蹟亭、鹿谷新寮聖蹟亭、龍潭聖蹟亭及澎湖送聖蹟儀式，對於文獻、田野這兩方面的資料，皆具有極高的價值。

（8）陳昭瑛《臺灣儒學——起源、發展與轉化》〔註64〕

於臺灣大學中國文學系任教的陳昭瑛教授，在 2000 年撰有《臺灣儒學——起源、發展與轉化》一書，收入〈儒學在臺灣的移植與發展：從明鄭

〔註61〕王啓宗著：《臺灣的書院》（臺中：臺灣省政府新聞處，1987 年 6 月）。

〔註62〕郭伶芬著：《清代臺灣知識份子社會參與之研究》（臺中：必中出版社，1993年 10 月）。

〔註63〕林文龍著：《臺灣的書院與科舉》（臺北：常民文化事業股份有限公司，1999年 9 月）。

〔註64〕陳昭瑛著：《臺灣儒學——起源、發展與轉化》（臺北：正中書局，2000 年 3月；臺北：國立臺灣大學出版中心，2008 年 4 月，再版）。

到日據時代〉、〈清代臺灣教育碑文中的朱子學〉、〈臺灣的文昌帝君信仰與
儒家道統意識〉、〈清代臺灣鳳山縣的儒學教育〉、〈《臺灣通史‧吳鳳列傳》
中的儒家思想〉、〈連雅堂的《臺灣通史》與儒家的春秋史學〉及〈儒家詩
學與日據時代的臺灣：經典詮釋的脈絡〉、〈吳濁流《亞細亞的孤兒》中的
儒學思想〉等 8 篇論文。與清領時期臺灣儒學範疇有關之篇章，則是〈儒
學在臺灣的移植與發展：從明鄭到日據時代〉、〈清代臺灣教育碑文中的朱
子學〉、〈臺灣的文昌帝君信仰與儒家道統意識〉、〈清代臺灣鳳山縣的儒學
教育〉等 4 篇。

（9）潘朝陽《明清臺灣儒學論》〔註65〕

　　於臺灣師範大學地理學系任教之潘朝陽教授，在 2001 年撰有《明清臺灣
儒學論》一書，共收〈書院：儒教在地方的傳播形式〉、〈地方儒士興學設教
的傳統及其意義——以臺灣爲例的詮釋〉、〈論臺灣儒家政教傳統的創建——
鄭成功的抗清與治臺〉、〈從閩學到臺灣的傳統文化主體〉、〈抗拒與復振的臺
灣儒學傳統——明鄭至乙未〉、〈論孔子的宗教觀並略談臺灣民間宗教——依
儒家思想略論清初治臺儒吏陳璸的宗教思想〉、〈康熙時代臺灣社會區域與儒
家理想之實踐〉、〈臺灣關帝信仰的文教內涵：以苗栗區域爲例之詮釋〉等 8
篇論文，與清領時期臺灣儒學有關之篇章，係〈書院：儒教在地方的傳播形
式〉、〈地方儒士興學設教的傳統及其意義——以臺灣爲例的詮釋〉、〈從閩學
到臺灣的傳統文化主體〉、〈抗拒與復振的臺灣儒學傳統——明鄭至乙未〉、〈論
孔子的宗教觀並略談臺灣民間宗教——依儒家思想略論清初治臺儒吏陳璸的
宗教思想〉、〈康熙時代臺灣社會區域與儒家理想之實踐〉等 6 篇。

（10）黃新憲《臺灣書院與鄉學》〔註66〕

　　於福建師範大學教育學院任教的黃新憲教授，在 2002 年撰成《臺灣書院
與鄉學》一書，共分書院、鄉學兩篇，前者對於書院沿革、組織結構、教學
活動、經費收支、建築、匾聯、惜字習俗、科第人物、治臺賢宦等項進行介
紹，並對臺灣各縣市之書院與附設於佛寺中的書院特例展開敘述；後者討論
鄉學、義學、社學、私塾、書房、原住民漢化教育、特定地區之啓蒙教材等
項目。綜觀兩篇的敘述方式，係屬於文獻梳理進路，較欠缺現地研究之搭配，
因而產生部分敘述上的「誤區」，例如將文英、鰲文兩書院界定爲彰化的書院，

〔註65〕潘朝陽著：《明清臺灣儒學論》（臺北：臺灣學生書局，2001 年 10 月）。
〔註66〕黃新憲著：《臺灣書院與鄉學》（北京：九州出版社，2002 年 11 月）。

忽略了兩書院之現址分別位於臺中市神岡區、清水區。

（11）張子文等合撰：《臺灣歷史人物小傳：明清暨日據時期（修訂版）》〔註67〕

任職於國家圖書館特藏組的張子文、郭啓傳、林偉洲等三先生，自 1999 年 9 月承命開始籌備「臺灣歷史人物小傳」之撰寫計畫，至 2001 年 6 月初步完成明清時期部分之成果，於同年 12 月出版；復由張子文先生於 2002 年 12 月出版日據時期部分之成果。此後，又在 2006 年將前述兩時期成果進行增刪、訂補，遂成《臺灣歷史人物小傳：明清暨日據時期（修訂版）》一書，計收 1800 餘位臺灣自鄭氏三代統治迄日據時期（1662～1945）之歷史人物小傳，吾人從中可以得知治臺賢宦、科第人物、興學鄉紳等與清領時期臺灣儒學發展有關之人物生平事略。

（12）潘朝陽《臺灣儒學的傳統與現代》〔註68〕

潘朝陽教授在《明清臺灣儒學論》之後，復於 2008 年撰有《臺灣儒學的傳統與現代》一書，共收〈從儒家憂患意識看甲申和乙未兩慘變後儒士的反省及回應〉、〈從儒家的雙元對峙性論清代臺灣儒家的性質〉、〈丘逢甲在臺灣的儒家實踐〉、〈日據臺灣的雙層儒學與外來思想：以吳濁流、洪棄生、賴和為中心〉、〈戰後臺灣儒家研究的幾個側面：問題及其意義〉等 5 篇論文。與清領時期臺灣儒學範疇有關之篇章，則為〈從儒家的雙元對峙性論清代臺灣儒家的性質〉、〈丘逢甲在臺灣的儒家實踐〉等 2 篇。

（13）陳名實《閩臺儒學源流》〔註69〕

於泉州師範學院閩南文化生態研究中心擔任研究員的陳名實先生，於 2008 年撰成《閩臺儒學源流》一書，除緒論、結語外，分為〈宋元明時期的福建儒學〉、〈鄭成功收復臺灣後閩臺儒學的傳承〉、〈清朝統一臺灣後閩臺儒學的發展〉、〈鴉片戰爭後閩臺儒學的演變〉等四章。此書在文獻梳理上較紮實，特別是第三章〈清朝統一臺灣後閩臺儒學的發展〉，對於清領時期臺灣儒學繼承朱子學的脈絡，有較妥切的論述。

〔註67〕張子文、郭啓傳、林偉洲合撰：《臺灣歷史人物小傳：明清暨日據時期（修訂版）》（臺北：國家圖書館，2006 年 12 月）。
〔註68〕潘朝陽著：《臺灣儒學的傳統與現代》（臺北：國立臺灣大學出版中心，2008 年 9 月）。
〔註69〕陳名實著：《閩臺儒學源流》（福州：福州人民出版社，2008 年 12 月）。

（14）林文龍《彰化書院與科舉》〔註70〕

現任國史館臺灣文獻館研究員的林文龍先生，於 2012 年撰成《彰化書院與科舉》一書，除導言、結論之外，分爲〈臺灣書院類型〉、〈歷史彰化書院〉、〈現存彰化書院〉、〈書院講席彙錄〉、〈彰化書院的延伸——南投藍田與登瀛書院〉、〈書院基礎——文社、詩社及書房〉、〈書院與科舉〉等七章。林氏將清領時期臺灣的書院分爲高等教育及基礎教育（並界定爲義學、特殊教育、試館、文昌祠等四子項），再介紹現已消失的白沙、正音、主靜、螺青等四座彰化縣內書院，以及現存的文開、道東、興賢等三座書院，整理白沙、文開、道東、興賢等四座書院歷年師資之生平事略，具有頗爲可觀的文獻價值。然而，書中將論述觸角延伸到今南投縣境內的藍田、登瀛兩書院，而清領時期同屬彰化縣管轄之文英、鰲文（或稱鰲峰、鰲山）、磺溪、超然等四座臺中市境內書院，則未加以介紹，是較可惜之處。

（15）林慶彰、蔣秋華主編《清領時期臺灣儒學參考文獻》〔註71〕

中央研究院中國文哲研究所研究員林慶彰教授、蔣秋華教授於 2013 年編成《清領時期臺灣儒學參考文獻》一書，此書分上、下編，上編對科舉、府縣儒學、聖廟、書院、義學、社學、社會教育、學規、藏書等 9 項加以臚列，下編則分爲中國宦臺儒者與臺灣本土儒者之著作選錄，前者計收陳璸、謝金鑾、鄭兼才、胡承珙、姚瑩、徐宗幹（1796～1866）、林樹梅（1808～1851）等 7 人之著作，後者則收章甫（1760～1816）、鄭用錫、鄭用鑑、施瓊芳、黃敬（？～1888）、吳子光、楊浚、施士洁等 8 人之著作。對於清領時期之臺灣儒學研究，有極大的文獻貢獻。

（16）《臺灣儒學國際學術研討會論文集》〔註72〕

成功大學中國文學系曾分別於 1997 年 4 月、1999 年 12 月、2002 年 9 月舉辦三屆「臺灣儒學國際學術研討會」，並出版論文集。《第一屆臺灣儒學國

〔註70〕林文龍著：《彰化書院與科舉》（臺中：晨星出版有限公司，2012 年 2 月）。

〔註71〕林慶彰、蔣秋華主編：《清領時期臺灣儒學參考文獻》（新北市板橋區：華藝學術出版，2013 年 11 月）。

〔註72〕宋鼎宗總編輯：《第一屆臺灣儒學國際學術研討會論文集》（臺南：國立成功大學中國文學系，1997 年 6 月）；廖美玉主編：《第二屆臺灣儒學國際學術研討會論文集》（臺南：國立成功大學中國文學系，1999 年 12 月）；吳文璋主編：《儒學與社會實踐：第三屆臺灣儒學國際學術研討會論文集》（臺南：國立成功大學中國文學系，2003 年 2 月）。

際學術研討會論文集》收入 40 篇論文，與清領時期臺灣儒學有關之篇章，包括莊萬壽〈臺灣平埔族的儒化〉、林耀潾〈由《臺灣教育碑記》看臺灣儒學〉、陳昭瑛〈文昌帝君的信仰與儒家道統意識：臺灣儒學研究之一〉、宋光宇（1949～2016）與李世偉合撰之〈臺灣的書房、書院及其善書著作活動——從清代到現在〉、莊進宗《《彰化節孝冊》研究〉、林登順〈從臺南市清代寺廟匾聯蠡測其儒學精神〉等 6 篇；《第二屆臺灣儒學國際學術研討會論文集》收入 26 篇論文，與清領時期臺灣儒學有關之篇章，包括宋鼎宗〈清領時期：臺灣的儒學思想〉、潘朝陽〈康熙時代臺灣社會區域與儒家理想之實踐〉、林孟輝〈清代臺灣書院教育的儒學教化〉等 3 篇；《儒學與社會實踐：第三屆臺灣儒學國際學術研討會論文集》收入 21 篇論文，與清領時期臺灣儒學有關之篇章，包括林孟輝〈謝金鑾之學術思想試探〉、林耀潾〈清代臺籍儒學教官的詩文與事功——以施世榜、陳震曜、陳維英、楊克彰為例的研究〉等 2 篇。

（17）《臺灣儒學與現代生活國際學術研討會論文集》〔註73〕

由於 2000 年適逢朱子（1130～1200）逝世 800 週年紀念，因此，臺北市政府文化局、淡江大學中國文學系遂於同年 11 月舉辦「臺灣儒學與現代生活國際學術研討會」，計發表 20 篇論文，並於同年 12 月出版論文集。書中與清領時期臺灣儒學有關之篇章，計有潘朝陽〈從閩學到臺灣的傳統文化主體〉、曾守正〈沐浴涵濡，海東鄒魯——清代臺灣教育與朱熹〉等 2 篇。

（三）學位論文

有關清領時期臺灣儒學範疇之學位論文，可依關注之焦點而再加區分，析為書院與義學研究、文昌信仰研究、儒學政策與教育制度研究、綜論及區域儒學研究、惜字風俗研究等五項，茲臚列於次。

（1）書院、義學研究

截至目前，以清領時期臺灣建置的書院、義學作為學位論文者，在前揭五個子目中，為數最多，包括許世穎《清代臺灣書院之研究》、許楓萱《清代明志書院研究》、林姵君《板橋大觀書社之探究》、陳紫屏《清代臺灣學海書院研究》、廖堂智《清代臺灣書院文化場域研究》、周民慧《清代大觀義學》、黃淑怡《清代臺灣海東書院之研究》、周惠豐《清代在臺書院（1683～1895）

〔註73〕淡江大學中國文學系主編：《臺灣儒學與現代生活國際學術研討會論文集》（臺北：臺灣學生書局，2000 年 12 月）。

之研究》、陳瑞霞《從書院到鸞堂：以苗栗西湖劉家的地方精英角色扮演爲例
（1752～1945）》、施玉柔《臺灣的書院之社會功能及文化特色》、吳俊瑯《草
屯登瀛書院之研究》、何治萱《從書院教育到公學校教育：清末到日據時期苗
栗地方社會的變遷（1889～1927）》、黃君名《臺灣書院的功能性研究》、潘豐
慶《清代臺灣書院的儒學教育及其影響之研究》、趙文君《礦溪書院之研究》、
楊秀靜《由臺灣書院祭祀觀察儒學與民間祭拜之交涉》、王上丘《清代臺灣中
部書院之研究》、蔡佳純《現代書院的文化特色與社會功能——以員林鎮興賢
書院爲例》、陳露棻《清領時期臺灣書院的儒學思想研究》等，計 19 本，皆
爲碩士學位論文，撰寫者之系所，則涵括教育、歷史、中文、思想、客家、
經學、社會科教育、臺灣文化、漢學、史地、設計等學科。〔註74〕

〔註74〕　許世穎：《清代臺灣書院之研究》（臺北：臺北市立師範學院初等教育研究所
　　　　碩士論文，1996 年 6 月）；許楓萱：《清代明志書院研究》（臺北：國立臺灣師
　　　　範大學教育研究所碩士論文，2004 年 6 月）；林姵君：《板橋大觀書社之探究》
　　　　（臺北：中國文化大學史學研究所碩士論文，2004 年 6 月）；陳紫屛：《清代
　　　　臺灣學海書院研究》（臺北：國立臺灣師範大學教育研究所碩士論文，2004
　　　　年 6 月）；廖堂智：《清代臺灣書院文化場域研究》（臺中：國立中興大學中國
　　　　文學系碩士論文，2006 年 7 月）；周民慧：《清代大觀義學》（花蓮：國立花蓮
　　　　教育大學語文科教育學系教學碩士論文，2006 年 6 月）；黃淑怡：《清代臺灣
　　　　海東書院之研究》（嘉義縣民雄鄉：國立中正大學教育學研究所碩士論文，2008
　　　　年 7 月）；周惠豐：《清代在臺書院（1683～1895）之研究》（臺北縣石碇鄉：
　　　　華梵大學東方思想研究所碩士論文，2008 年 1 月）；陳瑞霞：《從書院到鸞堂：
　　　　以苗栗西湖劉家的地方精英角色扮演爲例（1752～1945）》（新竹：國立交通
　　　　大學客家社會與文化在職專班碩士論文，2008 年 6 月）；施玉柔：《臺灣的書
　　　　院之社會功能及文化特色》（高雄：國立高雄師範大學經學研究所碩士論文，
　　　　2009 年 7 月）；吳俊瑯：《草屯登瀛書院之研究》（臺中：國立臺中教育大學社
　　　　會科教育學系碩士論文，2009 年 6 月）；何治萱：《從書院教育到公學校教育：
　　　　清末到日據時期苗栗地方社會的變遷（1889～1927）》（新竹：國立交通大學
　　　　客家社會與文化在職專班碩士論文，2009 年 6 月）；黃君名：《臺灣書院的功
　　　　能性研究》（臺南：國立臺南大學臺灣文化研究所教學碩士論文，2010 年 6
　　　　月）；潘豐慶：《清代臺灣書院的儒學教育及其影響之研究》（高雄：國立高雄
　　　　師範大學國文學系碩士論文，2010 年 6 月）；趙文君：《礦溪書院之研究》（彰
　　　　化縣大村鄉：大葉大學設計暨藝術學院在職專班碩士論文，2011 年 6 月）；楊
　　　　秀靜：《由臺灣書院祭祀觀察儒學與民間祭拜之交涉》（雲林縣斗六市：國立
　　　　雲林科技大學漢學資料整理研究所碩士論文，2011 年 6 月）；王上丘：《清代
　　　　臺灣中部書院之研究》（嘉義：國立嘉義大學史地學系碩士論文，2012 年 7
　　　　月）；蔡佳純：《現代書院的文化特色與社會功能——以員林鎮興賢書院爲例》
　　　　（彰化縣大村鄉：大葉大學設計暨藝術學院在職專班碩士論文，2013 年 6
　　　　月）；陳露棻：《清領時期臺灣書院的儒學思想研究》（雲林縣斗六市：國立雲
　　　　林科技大學漢學資料整理研究所碩士論文，2014 年 1 月）。

這方面的研究成果，或就清領時期臺灣的書院建置情形立論，或著墨於其思想、教育特色及社會功能，或對苗栗、西湖、中臺灣等單一區域之書院建置加以論述，或對海東書院、學海書院、明志書院、登瀛書院、磺溪書院、興賢書院、大觀義學等書院個案展開文獻梳理，皆有一定程度的價值存在。

（2）文昌信仰

在文昌信仰方面，亦有數本學位論文產出，包括吳依倫《清代臺灣地區文昌廟的調查研究》、李朝凱《清代至日據時期臺灣文昌信仰與地方社會》、黃琮禾《北部臺灣文昌祠之研究》、徐婉翊《臺南市文昌帝君信仰之研究》、蔣嫣娟《臺灣文昌信仰與考試文化之研究——以新莊文昌祠爲例》、廖錦梅《犁頭店文昌祠信仰與文教活動研究》、張伊琮《苗栗文昌祠之研究》、詹竣凱《大甲溪流域文昌信仰暨寺廟踏查研究》等 8 本，皆爲碩士論文，撰寫者之系所，則涵括建築、歷史、民俗藝術、臺灣文化、臺灣文學、宗教等學科。〔註75〕

在此方面，或援用自身學門專業展開祭禮與祭祀空間之討論，或引證日據時期報章雜誌報導以彰顯當時臺灣文昌信仰之熱烈，或專就一特定區域——如北臺灣各縣市、臺南市、大甲溪流域之文昌信仰展開調查，或聚焦於新莊、犁頭店、苗栗等單一個案之文昌祠加以立論，亦有一定的價值，唯詹氏田野調查式的論述，將大甲溪區域內主祀、配祀、從祀文昌帝君與「泛文昌神系」的情形一併臚列，且未梳理部分文昌帝君供祀現況與清領時期該區域內文祠、書院、義學之關係，較爲可惜。在此方面，筆者邇近撰有〈清代臺灣官方與民間之文昌信仰場域及其現況探析〉〔註76〕，透過文獻研究與現地

〔註75〕吳依倫：《清代臺灣地區文昌廟的調查研究》（臺北：國立臺北科技大學建築與都市設計研究所碩士論文，2006 年 6 月）；李朝凱：《清代至日據時期臺灣文昌信仰與地方社會》（臺中：逢甲大學歷史與文物管理研究所碩士論文，2006 年 7 月）；黃琮禾：《北部臺灣文昌祠之研究》（臺北縣三峽鎮：國立臺北大學民俗藝術研究所碩士論文，2008 年 1 月）；徐婉翊：《臺南市文昌帝君信仰之研究》（臺南：國立臺南大學臺灣文化研究所碩士論文，2008 年 6 月）；蔣嫣娟：《臺灣文昌信仰與考試文化之研究——以新莊文昌祠爲例》（臺北：國立臺北教育大學臺灣文化研究所碩士論文，2009 年 1 月）；廖錦梅：《犁頭店文昌祠信仰與文教活動研究》（臺中：國立中興大學臺灣文學研究所碩士論文，2010 年 6 月）；張伊琮：《苗栗文昌祠之研究》（新竹：玄奘大學宗教學系在職專班碩士論文，2011 年 5 月）；詹竣凱：《大甲溪流域文昌信仰暨寺廟踏查研究》（新竹：玄奘大學宗教學系在職專班碩士論文，2013 年 6 月）。

〔註76〕拙撰：〈清代臺灣官方與民間之文昌信仰場域及其現況探析〉，收入梓潼旅遊文化研究中心編：《中華文昌文化——第二屆海峽兩岸學術研究論文集》（成

調查之雙管齊下，可補渠不足之處。

（3）儒學政策與教育制度研究

在清領時期儒學政策與教育制度方面，同樣有數本學位論文進行探討，計有王惠琛《清代臺灣科舉制度的研究》、林孟輝《清代臺灣學校教育與儒學教化研究》、曾蕙雯《清代臺灣啓蒙教育研究（1684～1895）》、葉憲峻《清代臺灣教育之建置與發展》、邱紲伶《清代臺灣教化思維與施爲——以《臺灣教育碑記》爲中心之研究》等 5 本，除葉氏所撰爲博士論文外，其餘四本皆爲碩士論文，而撰寫者之系所，則包括歷史、中文、教育等三種學科。〔註77〕

在此方面，或針對科舉取士制度更革立論，或就清領時期學校教育、教育設施之建置開展，或以蒙學爲關注焦點，亦有透過單一文獻所收碑誌來觀察教育政策推行之用心，皆具有值得取法之處。

（4）綜論與區域儒學研究

在清領時期綜論與個別區域之儒學發展方面，亦有蘇純婉《清代臺灣儒學中「氣類」意識的轉化與在地實踐——以鳳山縣爲考察範圍》、陳照明《清代噶瑪蘭儒學發展之研究》、尤隨終《明鄭至日據時期（1661～1945）臺灣儒學之研究》、張懷文《清代竹塹儒學發展之研究》、洪素香《清代臺灣儒學詩研究》等 5 本，除洪氏所撰爲博士論文外，其餘四本皆爲碩士論文，而撰寫者所屬系所，則包括中文、社會科教育、思想等三種學科。〔註78〕

　　都：成都時代出版社，2016 年 12 月），頁 383～414。

〔註77〕 王惠琛：《清代臺灣科舉制度的研究》（臺南：國立成功大學歷史語言研究所碩士論文，1990 年 7 月）；林孟輝：《清代臺灣學校教育與儒學教化研究》（臺南：國立成功大學中國文學系碩士論文，1999 年 6 月）；曾蕙雯：《清代臺灣啓蒙教育研究（1684～1895）》（臺北：國立臺灣師範大學教育學系碩士論文，2000 年 6 月）；葉憲峻：《清代臺灣教育之建置與發展》（臺北：中國文化大學史學研究所博士論文，2003 年 6 月）；邱紲伶：《清代臺灣教化思維與施爲——以《臺灣教育碑記》爲中心之研究》（高雄：國立高雄師範大學臺灣歷史文化及語言研究所碩士論文，2012 年 7 月）。

〔註78〕 蘇純婉：《清代臺灣儒學中「氣類」意識的轉化與在地實踐——以鳳山縣爲考察範圍》（臺南：國立成功大學中國文學系碩士論文，2010 年 7 月）；陳照明：《清代噶瑪蘭儒學發展之研究》（臺北：臺北市立師範學院社會科教育研究所碩士論文，2004 年 7 月）；尤隨終：《明鄭至日據時期（1661～1945）臺灣儒學之研究》（臺北縣石碇鄉：華梵大學東方人文思想研究所碩士論文，2005 年 5 月）；張懷文：《清代竹塹儒學發展之研究》（臺北：臺北市立教育大學社會科學教育學系碩士論文，2008 年 1 月）；洪素香：《清代臺灣儒學詩研究》（高雄：國立高雄師範大學國文學系博士論文，2011 年 6 月）。

在此方面，或以鳳山縣、噶瑪蘭廳、淡水廳治等單一區域立論，或專就清領時期儒者詩作進行探討，皆有助於吾人對當時臺灣之個別區域儒學發展之認識，至於尤氏在章節取捨上，較難以看出其代表性，反而突顯受陳昭瑛教授前行著述篇章影響之處。

（5）惜字風俗研究

在惜字風俗方面，截至目前，僅有蔡慧怡《臺灣惜字風俗之研究——以南部六堆客家村為例》、吳煬和《文教、信仰與文化傳播——臺灣六堆敬字風俗研究》等 2 本學位論文〔註 79〕，吳氏所撰為博士論文，另一本則為碩士論文，撰寫者所屬系所，則包括臺灣文化及民間文學兩種。這兩本論文皆以位處今日高雄市、屏東縣的「六堆」地區〔註 80〕作為觀察範圍，可以看出客家族群在敬惜字紙習俗之特色所在。唯筆者在從事「臺灣民間社會與宗教」課程備課之田野調查時，亦在傳說由鳳山縣舉人卓肇昌逝世後赴任的高雄梓官中崙城隍廟等部分非客家聚落的祠廟中，發現存在「恭送聖蹟」的「執事牌」〔註 81〕，可以知曉「惜字紙」、「送聖蹟」之風俗，係臺灣傳統社會的共相，而非客家聚落的特性。

三、田野成果

在田野調查成果的範圍，目前以遠足文化出版之《臺灣的書院》與《臺灣的敬字亭》二書，較具代表性，以下，茲就此二書略作述評。

李鎮岩《臺灣的書院》〔註 82〕，此書除〈總論〉對臺灣於清領時期建置書院之發展歷程、制度、建築、祭祀神明、年例祭典加以介紹外，另對臺灣尚存的 20 座書院進行普查式的介紹，將這些書院區分為北部、中部、南部離

〔註 79〕蔡慧怡：《臺灣惜字風俗之研究——以南部六堆客家村為例》（臺南：國立臺南大學鄉土文化研究所碩士論文，2003 年 6 月）；吳煬和：《文教、信仰與文化傳播——臺灣六堆敬字風俗研究》（花蓮縣壽豐鄉：國立東華大學民間文學研究所博士論文，2010 年 6 月）。

〔註 80〕「六堆」之範圍，包括右堆（今高雄市美濃、六龜、杉林、甲仙、旗山等區，以及屏東縣高樹鄉、里港鄉）、左堆（今屏東縣新埤鄉、佳冬鄉）、前堆（今屏東縣長治鄉、麟洛鄉、屏東市、九如鄉、鹽埔鄉）、後堆（今屏東縣內埔鄉）、中堆（今屏東縣竹田鄉）、先鋒堆（今屏東縣萬巒鄉）等地區。

〔註 81〕高雄市梓官區中崙城隍廟現地調查（調查日期：2015 年 6 月 16 日）。

〔註 82〕李鎮岩著：《臺灣的書院》（臺北縣新店市：遠足文化事業股份有限公司，2008 年 1 月）。

島等三部分，每座書院則敘述其建造簡史，並繪製空間配置圖，筆者從事現
地調查時，曾得益於此書之部分記載。唯此書收入淡水理學堂大書院（由加
拿大傳教士馬偕〔George Leslie Mackay，1844～1901〕於光緒八年〔1882，
壬午〕創設，位於今日新北市淡水區眞理大學內部）一例，而此個案與其他
儒學性質之書院較不符合，宜作爲附錄而非置入正文之中。

張志遠《臺灣的敬字亭》〔註 83〕，此書除〈總論〉對敬惜字紙習俗之起
源、敬字亭裝飾、名稱、楹聯、分布、功能、奉祀神祇、送聖蹟儀式、造型
藝術、敬字亭與金爐之區別、客家族群與惜字文化等項加以介紹外，另對臺
灣當時存在的 112 座敬字亭，進行普查式的介紹，並將之區分爲臺北、桃苗、
高雄、屛東與其他地區等五章，每一個敬字亭則列出建造年代、供奉神祇、
建築形式、所在位置，並加以簡述，筆者從事現地調查時，亦曾得益於此書
之部分記載。唯部分個案在位置或建置沿革的論述上，容或有手民之誤，且
未載明各標的之文獻依據，是較可惜之處。

此外，詹雅能《明志書院沿革志》、許錫專《登瀛書院的歷史》〔註 84〕分
別對新竹市明志書院之沿革、相關儒林人物傳略、史料彙編，以及南投縣草
屯鎮登瀛書院之歷史沿革、重要文物、倡捐興學人物名錄與其事略、歷年舉
辦活動等項進行敘寫，亦有助於吾人對清領時期臺灣書院個案發展及其現況
之認識。

透過以上文獻成果的回顧，吾人當可再加印證，清領時期臺灣儒學之發
展，確實有其論述之可行性，值得加以進行研究。

第三節　研究範圍

由於筆者以「清代臺灣儒學之研究」作爲博士論文之題目，亦必對其研
究範圍之義界進行明確之定義。

在時間條件的界定上，既明言「清代」二字，表面看來，應係由入關取
得中國統治權的清世祖順治元年（明思宗崇禎十七年，1644）開始，迄遜帝

〔註 83〕張志遠著：《臺灣的敬字亭》（臺北縣新店市：遠足文化事業股份有限公司，
　　　　2006 年 5 月）。

〔註 84〕詹雅能著：《明志書院沿革志》（新竹：新竹市政府，2002 年 10 月）；許錫專
　　　　編：《登瀛書院的歷史》（南投縣草屯鎮：草屯鎮公所，2002 年 8 月）。

宣統三年（1912）宣布退位〔註85〕、中華民國臨時政府成立爲止，計268年。然而，由於清代直到康熙二十二年（1683）始攻佔臺灣，於翌年正式在臺灣設置各級官署，並於光緒二十一年（1895）割讓給日本，因此，本書在時間方面的指涉範圍，係始於清聖祖康熙二十二年，迄德宗光緒二十一年爲止，計212年。

　　在空間條件的界定上，既明言「臺灣」二字，表面看來，應係統括今日的臺灣、澎湖、金門、馬祖及其他附屬島嶼等《中華民國憲法增修條文》第2條所言之「中華民國自由地區」。〔註86〕然而，金門、馬祖兩地，不僅在今日隸屬福建省政府管轄，且若回溯到清領時期，金門隸屬福建省泉州府同安縣，馬祖則隸屬福建省福州府連江縣，並未與臺灣所隸屬的福建省臺廈道、福建省臺灣道及臺灣省有關。因此，筆者雖然在2011年6月26至28日前往馬祖的南竿、北竿二島進行田野調查，也在2014年8月26至28日前往金門縣進行田野調查與現地研究，且朱子於任職同安主簿期間，曾赴金門視學，而金門在歷史上亦曾創設燕南、浯江、浯洲、金山等四座書院，被譽爲「海濱鄒魯」，但本書在空間方面的指涉範圍，僅爲臺灣、澎湖而不包括金門、馬祖兩處。

　　綜合上述的時空限制條件，筆者係以臺灣與澎湖在清領時期（1683～1895）這212年的儒學發展，作爲本書之研究範圍。

第四節　研究方法

　　本書在研究方法的使用上，筆者共使用文獻研究法、現地研究法、訪談法、歸納法、分析法等數種，茲說明於下：

　　文獻研究法、歸納法、分析法：筆者先以清代纂修的方志、采訪冊，配合國民政府甫遷臺不久時，各縣市文獻會陸續編修的縣、市志稿，以及近年各縣、市政府或鄉、鎮公所新修志書爲藍圖，尋找臺灣在清領時期的官方儒

〔註85〕此後，因民國政府《清室優待條件》規定，遜帝溥儀（1906～1967）仍可住在北京紫禁城，且紫禁城亦保留「清」國號，成爲「國中之國」。後又於1917年，在張勳（1854～1923）、康有爲（1858～1927）等人鼓動下，一度復辟，爲時12日即失敗，並再次遜位。後因馮玉祥（1882～1948）派軍隊於1924年包圍紫禁城，溥儀遂在壓力下取消帝號，並離開紫禁城。

〔註86〕查詢自「全國法規資料庫」網站（網址：http://law.moj.gov.tw/Index.aspx，最後查詢日期：2015年8月1日）。

學設施、祀典祠廟、民間儒學設施、儒學結社與儒林人物、旌表牌坊，以便按圖索驥。進而閱讀相關的前行研究成果，以資借鑑，並加以歸納、分析，安排在課堂教學、個人研究及執行校外委託專案之餘的時間，進行實際的現地研究與訪談。

　　現地研究法、訪談法：在撰寫論文的相關章節之前，筆者對於臺灣在清領時期的儒學設施、祀典祠廟、重要儒林人物住居、旌表牌坊，盡可能地親自前往現地，進行實際調查。在尋找到這些地點之前，也會以電話訪問方式，向該設施、該人物住居所在縣市政府的文化局諮詢相關資訊。若抵達調查標的現場之後，筆者則視情況搭配口頭訪問方式，向鄰近居民或廟宇、機關設施請益相關資訊。〔註87〕此外，筆者也會依據案例的實際情況，搭配地理資訊系統（Geographic Information System，縮寫簡稱：GIS）、網路衛星地圖、歷史地圖〔註88〕以進行跨學門的運用。

〔註87〕舉例而言：筆者於 2013 年 4 月 14 日、2014 年 1 月 10 日、2015 年 6 月 17 日，三次前往高雄市鳳山區鳳儀書院進行調查，第一次適逢仍在修復階段，遂前往附近的曹公廟，向廟方人員詢問曹謹（1787～1849）與鳳儀書院、五夫子祠的相關資訊；又於 2013 年 6 月 21 日、2015 年 8 月 1 日，兩次前往澎湖縣馬公市蔡廷蘭進士第進行調查，第一次適逢仍在修復階段，遂前往附近民居，詢問蔡氏相關資訊，第二次則與進士第內的志工交談，得知該宅第一旁民居，係蔡氏幼年讀書之地點；並於 2014 年 4 月 8 日、2014 年 10 月 21 日、2016 年 8 月 28 日，三次前往宜蘭縣宜蘭市楊士芳故居及其進士第進行調查，得到鑑湖堂文化協會理事長陳文隆先生及楊士芳進士第附近耆老提供協助、告知相關資訊，第三次則向楊士芳進士之後人進行深度訪談及拍攝進士第內相關文物照片。其他例證眾多，不贅述於此。

〔註88〕包括「GOOGLE 地圖」網站、中央研究院文人社會科學研究中心地理資訊科學研究專題中心架設之「臺灣百年歷史地圖」網站（網址：http://gissrv4.sinica.edu.tw/gis/twhgis/，最後查詢日期：2015 年 8 月 1 日）等可查詢衛星地圖、歷史地圖之網站。

第二章　清領時期臺灣官方儒學設施與教學內容

臺灣儒學在清領時期之發展，可先區分為硬體（物質）與軟體（非物質）兩方面。在硬體設施部分，可由官方設置之各級教育機構、書院、義學、旌表碑坊，以及民間倡建之書院、義學等方面窺其堂奧。而皇帝頒發之儒學政策、官設書院之學規與教學進程、對原住民施行的「同化」教育政策，雖應劃歸「非物質」層面，但前者係「由上至下」的「最高指導原則」，學規與教學進程可以窺見學派認同，後者則與原住民教育設施「徹上徹下」、「互為表裏」，故亦合併於本章加以論述。

第一節　清領時期之欽定儒學政策

儒學興起於「禮崩樂壞」之東周衰世，曾成為與墨家分庭抗禮之顯學，[註1] 後雖一度遭李斯（？～208）建議、秦始皇（嬴政，259B.C.～210B.C.，247B.C.～210B.C.在位）同意所頒之〈挾書令〉「非博士官所職，天下敢有藏《詩》、《書》、百家語者，悉詣守、尉雜燒之，有敢偶語《詩》、《書》者，棄市。」[註2] 禁止，但自漢武帝（劉徹，157B.C.～87B.C.，141B.C.～87B.C.在位）接受董仲

〔註 1〕《韓非子・顯學》云：「世之顯學，儒、墨也。」見〔清〕王先慎撰，鍾哲點校：《韓非子集解》（北京：中華書局，1998 年 7 月），頁 456。

〔註 2〕《史記・秦始皇本紀》載：「臣請史官非秦《記》皆燒之。天下敢有藏《詩》、《書》、百家語者，悉詣守、尉雜燒之，有敢偶語《詩》、《書》者，棄市。以古非今者族。吏見知不舉者與同罪。令下三十日不燒，黥為城旦。」見〔漢〕司馬遷撰：《史記》（北京：中華書局，1959 年 9 月），第一冊，卷六，頁 255。

舒（179B.C.~104B.C.）〈天人三策〉之第三策〔註3〕建議，「獨尊儒術，罷黜百家」以來，儒學已成為傳統漢民族文化心理層面的一大組成要素，而儒家典籍中，《論語・八佾》「夷狄之有君，不如諸夏之亡也」、漢代《公羊》學提倡之「內其國而外諸夏，內諸夏而外夷狄」，〔註4〕也成為後世「華夷之辨」、「華夷之防」的濫觴。至南宋祥興二年（1279）的厓山（今廣東新會）之戰，帝昺（趙昺，1272~1279，1278~1279 在位）、陸秀夫（1237~1279）、張世傑（？~1279）等君臣投海殉國，天下混一於蒙元，遂成為後世部分民族主義論者「厓山之後無中國」史觀之張本。

　　然而，除持論民族主義史觀者之外，亦有本諸「夷狄入中國，則中國之」〔註5〕此一文化認同立場史觀者，認為「華夷之辨」並非由先天的民族、血統決定，而是由對道德、仁義、禮樂等儒家基本價值之認同與否作為判準。衡諸蒙元之世，仁宗（愛育黎拔力八達，1285~1320，1312~1320 在位）即位之初，便詔告天下「國子監師儒之職，有才德者，不拘品級，雖布衣亦選用。」並命國子監祭酒劉賡代詣曲阜、祭孔子以太牢禮，接受其師李孟（1265~1321）等人進用儒者之建議；改元皇慶以後，先將濂、洛、關、閩五先生及百源（邵

〔註3〕《漢書・董仲舒傳》載：「《春秋》大一統者，天地之常經，古今之通誼也。今師異道，人異論，百家殊方，指意不同，是以上亡以持一統；法制數變，下不知所守。臣愚以為諸不在六藝之科、孔子之術者，皆絕其道，勿使並進，邪辟之說滅息，然後統紀可一而法度可明，民知所從矣！」見〔漢〕班固撰，〔唐〕顏師古注：《漢書》（北京：中華書局，1962 年 6 月），第八冊，卷五六，頁 2523。

〔註4〕《論語・八佾》云：「夷狄之有君，不如諸夏之亡也。」見〔宋〕朱熹撰：《四書章句集注》（北京：中華書局，1983 年 10 月），頁 62；《春秋公羊傳・成公十五年》云：「《春秋》內其國而外諸夏，內諸夏而外夷狄。」見〔漢〕何休注，〔唐〕徐彥疏，浦衛忠整理：《春秋公羊傳注疏》（北京：北京大學出版社，2000 年 12 月），第二冊，頁 462。案：「夷狄之有君，不如諸夏之亡也。」此二句，歷來解釋有二，一指孔子傷時感歎中原各國君臣失序，反不如夷狄，如小程子所言之「夷狄且有君長，不如諸夏之僭亂，反無上下之分也。」（《四書章句集注》，頁 62 引。）一指孔子認為即便夷狄有君主制度卻不施禮義，亦不如華夏即便國君滅亡仍保有禮樂制度。如錢賓四先生對宋儒、清儒解此章義理反覆辨證後所言之「夷狄雖有君，仍不如諸夏之無君。」詳見錢穆撰：《論語新解》（臺北：聯經出版事業公司，1994 年 9 月，《錢賓四先生全集》本），頁 66~67。

〔註5〕〔唐〕韓愈〈原道〉云：「孔子之作《春秋》也，諸侯用夷禮，則夷之；進於中國，則中國之。」見氏撰，馬其昶校注，馬茂元整理：《韓昌黎文集校注》（上海：上海古籍出版社，1986 年 12 月），頁 17。

雍，1011～1077）、涑水（司馬光，1019～1086）、東萊（呂祖謙，1137～1181）、南軒（張栻，1133～1180）、魯齋（許衡，1209～1281）等宋、元儒者從祀孔廟，並下詔以宋儒——特別是朱子學系統之經傳爲考試定本而恢復科舉，奠定朱子學在明、清兩代的重大發展。〔註6〕

　　至於清代，在入關之初，曾在揚州、嘉定等地發生屠城之舉，定鼎以後，復大興文字獄以箝制知識分子，但在聖祖、世宗（愛新覺羅・胤禛，1678～1735，1722～1735 在位）、高宗（愛新覺羅・弘曆，1711～1799，1735～1795 在位）祖孫三代統治期間，也有大舉揄揚儒學、朱子學之舉動與論述。如康熙二十三年（1684，甲子）首次南巡時，曾親詣曲阜孔廟並向孔子行三跪九叩禮；〔註7〕在〈《日講四書解義》序〉中，康熙亦揭示「道統在是，治統亦

〔註6〕《元史》卷廿四〈元仁宗本紀〉載：「三月……庚寅，即皇帝位於大明殿」、「夏四月……辛酉，敕：『國子監師儒之職，有才德者，不拘品級，雖布衣亦選用。』」、「閏七月辛丑，命國子祭酒劉賡詣曲阜，以太牢祠孔子。」、「閏七月……丁卯，完澤、李孟等言：『方今進用儒者，而老成日以凋謝，四方儒士成才者，請擢任國學、翰林、秘書、太常或儒學提舉等職，俾學者有所激勵。』帝曰：『卿言是也。自今勿限資級，果才而賢，雖白身亦用之。』」、「六月……甲申……以宋儒周敦頤、程顥、顥弟頤、張載、邵雍、司馬光、朱熹、張栻、呂祖謙及故中書左丞許衡從祀孔子廟庭。」、「十一月……甲辰，行科舉。詔天下以皇慶三年八月，天下郡縣興其賢者、能者，充貢有司，次年二月，會試京師，中選者親試于廷，賜及第出身有差。帝謂侍臣曰：『朕所願者，安百姓以圖至治，然匪用儒士，何以致此。設科取士，庶幾得眞儒之用，而治道可興也。』」又《元史》卷八一〈選舉志・科目〉載「考試程式：蒙古、色目人，第一場經問五條，《大學》、《論語》、《孟子》、《中庸》內設問，用朱氏章句集注。其義理精明，文辭典雅者爲中選。第二場策一道，以時務出題，限五百字以上。漢人、南人，第一場明經經疑二問，《大學》、《論語》、《孟子》、《中庸》內出題，並用朱氏章句集注，復以己意結之，限三百字以上；經義一道，各治一經，《詩》以朱氏爲主，《尚書》以蔡氏爲主，《周易》以程氏、朱氏爲主，已上三經，兼用古註疏，《春秋》許用《三傳》及胡氏《傳》，《禮記》用古註疏，限五百字以上，不拘格律。第二場古賦詔誥章表內科一道，古賦詔誥用古體，章表四六，參用古體。第三場第一道，經史時務內出題，不矜浮藻，惟務直述，限一千字以上成。蒙古、色目人，願試漢人、南人科目，中選者加一等注授。蒙古、色目人作一榜，漢人、南人作一榜。第一名賜進士及第，從六品，第二名以下及第二甲，皆正七品，第三甲以下，皆正八品，兩榜並同。」參〔明〕宋濂等撰：《元史》（北京：中華書局，1976 年 4 月），第二冊，頁539、541、545～546、557、頁558；第七冊，頁2019。

〔註7〕《清史稿》卷七〈聖祖本紀二〉載：「二十三年甲子，……十一月，……戊寅，上次曲阜。己卯，上詣先師廟，入大成門，行九叩禮。至詩禮堂，講《易經》。上大成殿，瞻先聖像，觀禮器。……詣孔林墓前酹酒，書『萬世師表』額。……

在是」的立場，並在〈理學論〉提出「自宋儒起而有理學之名，至於朱子能擴而充之，方爲理明道備，後人雖雜出議論，總不能破萬古之正理」的觀點；而在《《朱子全書》序〉中，康熙更感歎地說自己「讀書五十載，只認得朱子一生居心行事」，認爲「朱子之道，五百年未有辯論是非，凡有血氣，皆受其益」，清代後儒之著作「萬不及朱子，而各出己見，每有駁雜，反爲有玷宋儒之本意。」〔註8〕進而在康熙五十一年二月丁巳日，諭示大學士等官員以「朕自沖齡篤好讀書，諸書無不覽誦，每見歷代文士著述，即一句一字於理義稍有未安者，輒爲後人指摘。惟宋儒朱子註釋羣經、闡發道理，凡所著作及編纂之書，皆明白精確，歸於大中至正。經今五百餘年，學者無敢疵議。朕以爲孔孟之後，有裨斯文者，朱子之功，最爲弘鉅。應作何崇禮表彰？爾等會同九卿、詹事、科道詳議具奏。」後由大學士會同禮部等衙門研議，遂將朱子由東廡先賢升祀於大成殿十哲之次，以昭表彰。〔註9〕可見康熙帝對朱子之推崇。

雍正亦於登基改元不久的三月甲午日，諭示內閣與禮部「至聖先師孔子，道冠古今，德參天地；樹百王之模範，立萬世之宗師。其爲功於天下也，至矣！」要求閣臣商議追封孔子五代先祖之封爵名稱。同年四月丁卯日，雍正又諭示「自古師道無過於孔子，誠首出之至聖也。我皇考崇儒重道，超軼千古，凡尊崇孔子典禮，無不備至。朕蒙皇考教育，自幼讀書，心切景仰；欲再加尊崇，更無可增之處，故勅部追封孔子先世五代。今部議封公，⋯⋯王、公雖俱屬尊稱，朕意以爲王爵較尊。孔子五世應否封王之處？著詢問諸大臣具奏。」經內閣、禮部研議後，至六月己未日，遂正式決定追封孔子五代祖先爲王爵。雍正五年（1727，丁未）七月癸酉日，又諭示禮部尊崇孔子，認

免曲阜明年租賦。」參趙爾巽等撰：《清史稿》（北京：中華書局，1977 年 12月），第二冊，頁 216。

〔註8〕〔清〕聖祖御製，張玉書等奉敕編：《聖祖仁皇帝御製文集》卷十九〈《日講四書解義》序〉，收入〔清〕永瑢、紀昀等纂修：《景印文淵閣四庫全書》（臺北：臺灣商務印書館，1986 年 3 月），集部別集類，第一二九八冊，頁 185；〔清〕聖祖御製，允祿等奉敕編：《聖祖仁皇帝御製文第四集》卷二十一〈理學論〉，收入《景印文淵閣四庫全書》，集部別集類，第一二九九冊，頁 532；《聖祖仁皇帝御製文第四集》卷二十一〈《朱子全書》序〉，收入《景印文淵閣四庫全書》，集部別集類，第一二九九冊，頁 535。

〔註9〕〔清〕馬齊等奉敕修：《聖祖仁皇帝實錄（三）》卷二四九〈康熙五十一年正月至三月〉，收入《清實錄》（北京：中華書局，1985 年 9 月），第六冊，頁466～467。

爲「使非孔子立教垂訓，則上下何以辨？理制何以達？此孔子所以制萬世之天下，而爲生民以來所未有也。使爲君者，不知尊崇孔子，亦何以建極於上而表正萬邦乎？人第知孔子之教，在明倫紀、辨名分、正人心、端風俗，亦知倫紀既明，名分既辨、人心既正、風俗既端，而受其益者，尤在君上也哉！朕故表而出之，以見孔子之道之大，而孔子之功之隆也。」〔註10〕確立國家尊孔基調，從而拉攏漢族士子之向心力。

　　而在《清高宗實錄》中，亦記載乾隆對儒學、朱子學的盛讚。如乾隆三年（1738，戊午）正月癸亥日諭示禮部舉行經筵時所主張之「《四子》、《六經》，爲群聖傳心之要典，帝王馭世之鴻模。君天下者，將欲以優入聖域、茂登上理，舍是無由。」又如乾隆五年（1740，庚申）十月己酉日〈訓諸臣研精理學〉一目，提出「治統原於道統，學不正則道不明」的觀點，並稱濂、洛、關、閩五子「於天人性命、大本大原之所在，與夫用功節目之詳，得孔、孟之心傳，而於理欲、公私、義利之界，辨之至明。循之則爲君子，悖之則爲小人；爲國家者，由之則治，失之則亂。實有裨於化民成俗，脩己治人之要，所謂入聖之階梯、求道之塗轍也。」認爲「學者精察而力行之，則蘊之爲德行，學皆實學；行之爲事業，治皆實功。此宋儒之書所以有功後學，不可不講明而深究之也！」至若曾流於「狂禪」的王學末流，被乾隆目爲「僞者託於道德性命之說，欺世盜名，漸啓標榜門戶之害」，但乾隆認爲，並不能因爲這些王學末流獲罪於名教，「遂置理學於不事，此何異於因噎而廢食乎？」〔註11〕皆可見乾隆對儒學中的朱子學一系之重視。

　　透過上揭康熙、雍正、乾隆祖孫三代在《實錄》、《文集》中的言論，吾人當可明瞭，滿清作爲漢民族以外的「異族」，在定鼎中原之後，爲遂行其「以道統爲治統」、「一道同風」的目標，乃有尊崇儒學、表彰理學與朱子學的現象出現。

〔註10〕〔清〕鄂爾泰等奉敕修：《世宗憲皇帝實錄（一）》卷五〈雍正元年三月〉，收入《清實錄》（北京：中華書局，1985 年 10 月），第七冊，頁 118；卷六〈雍正元年四月〉，《清實錄》，第七冊，頁 135～136；卷八〈雍正元年六月〉，《清實錄》，第七冊，頁 155；卷五九〈雍正五年七月〉，《清實錄》，第七冊，頁 905～906。

〔註11〕〔清〕慶桂等奉敕修：《高宗純皇帝實錄（二）》卷六十〈乾隆三年正月上〉，收入《清實錄》（北京：中華書局，1985 年 12 月），第十冊，頁 3；卷一二八〈乾隆五年十月上〉，《清實錄》，第十冊，頁 876。

　　除此之外，清初至盛清之皇帝，亦多有欽定之儒學政策，以作爲基本國策。試觀清世祖（愛新覺羅・福臨，1638～1661，1643～1661 在位）於順治九年（1652，壬辰）制訂，並下令禮部頒布直隸及各省、府、州、縣，命刊刻樹立於學宮之〈臥碑文〉所載：

> 朝廷建立學校，選取生員，免其丁糧、厚以廩膳，設學院、學道、學官以教之，各衙門官以禮相待，全要養成賢才，以供朝廷之用。諸生皆當上報國恩，下立人品。所有教條，開列於後：
>
> 一、生員之家，父母賢智者，子當受教；父母愚魯，或有非爲者，子既讀書明理，當再三懇告，使父母不陷於危亡。
>
> 二、生員立志，當學爲忠臣、清官。書史所載忠清事蹟，務須互相講究；凡利國愛民之事，更宜留心。
>
> 三、生員居心忠厚正直，讀書方有實用，出仕必作良吏。若心術邪刻，讀書必無成就，爲官必取禍患；行害人之事者，往往自殺其身，常宜思省。
>
> 四、生員不可干求官長、結交勢要，希圖進身；若果心善德全，上天知之，必加以福。
>
> 五、生員當愛身忍性，凡有司官衙門不可輕入。即有切己之事，止許家人代告，不許干與他人詞訟；他人亦不許牽連生員作證。
>
> 六、爲學當尊敬先生，若講說，皆須誠心聽受；如有未明，從容再問，毋妄行辯難。爲師者，亦當盡心教訓，勿致怠惰。
>
> 七、軍民一切利病，不許生員陳言；如有一言建白，以違制論，黜革治罪。
>
> 八、生員不許糾黨多人，立盟結社，把持官府，武斷鄉曲。所作文字，不許妄行刊刻。違者，聽提調官治罪。〔註12〕

〈臥碑文〉爲明、清兩代的教育政策，此例淵源自明太祖（朱元璋，1328～1398，1368～1398 在位）於洪武十五年（1382）命禮部頒布於國子監之十二

〔註12〕〔清〕世祖御製：〈臥碑文〉，收入〔清〕嵇璜等奉敕編：《欽定皇朝文獻通考》卷六九〈學校志・直省鄉黨之學〉，《景印文淵閣四庫全書》，史部政書類，第六三三冊，頁 645。案：原文各條編號皆作「一、」，爲方便後文討論，筆者自行調整其編號。

條禁例「鐫立臥碑，置明倫堂之左。」〔註13〕而上引清順治九年〈臥碑文〉較明洪武十五年〈臥碑文〉而言，有繼承其理路者（如第一、五、六、七等四條），有詳加敘述者（如第二、三、四等三條），亦有限制愈深者（如第八條）。此篇〈臥碑文〉雖頒行於順治年間，係臺灣進入清領時期之前，原不應納入本書之討論範圍，然臺灣在清領時期先後設置之〈臥碑〉——即諸羅縣儒學（知縣周鍾瑄於康熙五十四年〔1715，乙未〕所立）、鳳山縣儒學（鳳山縣儒學教諭黃人龍、儒學訓導王之楫於嘉慶二十五年〔1820，庚辰〕所立）、彰化縣儒學（彰化縣儒學教諭蔡吉全於道光四年〔1824，甲申〕所立）、淡水廳儒學（署理淡水同知嚴金清於同治六年〔1867，丁卯〕所立）、臺灣府儒學（同治七年〔1868，戊辰〕所立）、宜蘭縣儒學（同知銜知宜蘭縣事馬桂芳於光緒七年〔1881，辛巳〕所立）〔註14〕，其內容皆為順治九年頒行之〈臥碑文〉，因此，筆者亦將之納入本書之範疇。這八條規定之遵守對象，為各級官設學校「生員」（即俗稱之「秀才」）及其以上之士子，衡諸頒訂〈臥碑〉之

〔註13〕《明史》卷六九〈選舉志・學校・儒學〉，參〔清〕張廷玉等撰：《明史》（北京：中華書局，1974 年 4 月），第六冊，頁 1686。案：此十二條禁例，見諸《明太祖實錄》卷一四七〈洪武十八年八月〉所載：「一曰：生員事非干己之大者，毋輒訴于官。二曰：生員父母有過，必懇告于再三，毋致陷父母于危辱。三曰：軍國政事，生員毋出位妄言。四曰：生員有學優才贍、深明治體、年及三十願出仕者，許敷陳王道、講論治化，述為文辭，先由教官考較，果有可取，以名上于有司，然後赴闕以聞。五曰：為學之道，必尊敬其師，凡講說，須誠心聽受，毋恃己長，妄為辯難。六曰：為師者當體先賢，竭忠教訓，以導愚蒙。七曰：生員勤惰，有司嚴加考較，獎其勤敏，斥其頑惰，斯為稱職。八曰：在野賢人君子，果能練達治體、敷王道，許其赴京面奏。九曰：民間冤抑等事，自下而上陳訴，不許蹭越。十曰：江西、兩浙、江東之民，多有代人訴狀者，自今不許。十一曰：有罪充軍安置之人，毋妄建言。十二曰：十惡之事有干朝政，實跡可驗者，許密以聞，其不遵者，以違制論。」見〔明〕王景等奉敕編修，黃彰健校勘：《明太祖實錄》（臺北：中央研究院歷史語言研究所，1984 年 5 月），頁 2301～2302。

〔註14〕〔清〕周鍾瑄編纂：《諸羅縣志》（臺北：臺灣銀行經濟研究室，1962 年 12 月），頁 67～68；《新竹縣采訪冊》卷五〈碑碣・竹塹堡碑碣・欽定臥碑〉，收入〔清〕陳朝龍撰：《新竹縣采訪冊》（臺北：臺灣銀行經濟研究室，1958 年 10 月），頁 167～169。鳳山縣儒學臥碑，現存放於高雄市左營區舊城國民小學崇聖祠碑林（現地調查日期：2015 年 6 月 16 日）；臺灣府儒學臥碑，現存放於臺南市中西區孔子廟明倫堂（現地調查日期：2015 年 8 月 3 日）；彰化縣儒學臥碑，現存放於彰化縣彰化市孔子廟戟門內側（現地調查日期：2015 年 11 月 7 日）；宜蘭縣儒學臥碑，現存放於宜蘭縣宜蘭市孔子廟（現地調查日期：2015 年 7 月 24 日）。

時空背景，順治當時甫親政第二年，兼之滿人入關時日尚淺，南明桂王（朱由榔，1623～1662，1646～1662 在位）及東南沿海鄭成功勢力仍存，朝廷未能通盤掌控中原「漢文化圈」知識份子的人心歸向，故上揭規定整體而言，較明代〈臥碑〉之限制益發嚴密。

在順治〈臥碑文〉之後，康熙在親政滿三年（即康熙九年〔1670，庚戌〕）的十月初九日，亦頒〈上諭〉十六條予禮部，其規條曰：

> 朕維至治之世，不以法令為亟，而以教化為先。其時人心醇良、風俗朴厚，刑措不用、比屋可封。長治久安，茂登上理。蓋法令禁于一時，而教化維於可久。若徒恃法令而教化不先，是舍本而務末也。近見風俗日敝、人心不古，囂淩成習、僭濫多端，狙詐之術日工、獄訟之興靡已，或豪富淩轢孤寒，或劣紳武斷鄉曲。或惡衿出入衙署，或蠹棍詐害善良。萑苻之劫掠時聞，讐忿之殺傷疊見。陷罹法網，刑所必加。誅之則無知可憫，宥之則憲典難寬。念茲刑辟之日繁，良由化導之未善。朕今欲法古帝王，尚德緩刑、化民成俗，舉凡（一）敦孝弟以重人倫、（二）篤宗族以昭雍睦、（三）和鄉黨以息爭訟、（四）重農桑以足衣食、（五）尚節儉以惜財用、（六）隆學校以端士習、（七）黜異端以崇正學、（八）講法律以儆愚頑、（九）明禮讓以厚風俗、（十）務本業以定民志、（十一）訓子弟以禁非為、（十二）息誣告以全良善、（十三）誡窩逃以免株連、（十四）完錢糧以省催科、（十五）聯保甲以弭盜賊、（十六）解讐忿以重身命。以上諸條，作何訓迪勸導？及作何〔引者案：此處疑有闕文〕？責成內外文武該管各官、督率舉行。爾部詳察典制，定議以聞。〔註15〕

這篇上諭同樣係頒佈於臺灣清領時期之前，原亦不應置入本書之討論範圍，然因禮部將研議結果覆奏後，於康熙二十五年（1686，丙寅）正式頒行，且臺灣當時已進入清領時期，故《續修臺灣府志》將之收入，本書自當加以分析。在這十六條上諭中，第六、七條屬於學校教育範疇，第一、二、十一條屬於家庭教育範疇，第三、八、九條屬於社會教育範疇，而第四、五、十、

〔註15〕〔清〕馬齊等奉敕修：《聖祖仁皇帝實錄（一）》卷三四〈康熙九年九月至十二月〉，收入《清實錄》（北京：中華書局，1985 年 9 月），第四冊，頁 461。引文中之各項編號，為筆者自行增加，以便後文討論。

十二、十六等條則與約定俗成之德目有關，且須透過公開「講讀」之方式而傳佈，具有一定程度的影響力。其後，雍正於元年（1723，癸卯）將這十六條鄉約推擴徵引，成萬言《聖諭廣訓》，其〈序〉則載諸《世宗憲皇帝御製文集》之中。〔註16〕

　　而在社會整體結構中，由於傳統「四民」意識之根深柢固，掌握較多話語權與影響力者，毫無疑問地，當屬「士」階級之知識份子。因此，康熙、雍正、乾隆祖孫三代，又透過頒發〈上諭〉之方式，以「御撰」、「欽定」力量限制士子。如康熙四十一年（1702，壬午）六月戊午日頒給禮部，命其在國子監刻石膽錄之〈御製訓飭士子文〉所示：

> 國家建立學校，原以興行教化，作育人材，典至渥也！朕臨馭以來，隆重師儒、加意庠序，復慎簡學使，釐別弊端，務期風教修明，賢材蔚起，庶幾「棫樸作人」之意。乃比來士習未端、儒效罕著，雖因內外臣工奉行未能盡善，亦由爾諸生積錮已久，猝難改易之故也。茲特親製訓言，再加警飭，爾諸生，其敬聽之：
>
> 從來學者，先立品行，次及文學，學術、事功，源委有敘。爾諸生，幼聞庭訓，長列宮牆，朝夕誦讀，寧無講究？必也躬修實踐，砥礪廉隅，敦孝順以事親、秉忠貞以立志。窮經考義，勿雜荒經之談；取友親師，悉化憍盈之氣。文章歸於醇雅，毋事浮華；軌度式於規繩，最防蕩軼。子矜佻達，自昔所譏，苟行止有虧，雖讀書何益？……或蜚語流言，脅制官長；或隱糧包訟，出入公門；或唆撥姦猾，欺孤凌弱；或招呼朋類，結社要盟。乃如之人，名教不容、鄉黨弗齒……況乎鄉、會科名，乃掄才大典，關係尤鉅。士子果有真才實學，何患因不逢年？顧乃標榜虛名，暗通聲氣，夤緣詭遇，罔顧身家；又或改竄鄉貫，希圖進取，囂凌騰沸，網利營私。種種弊情，深可痛恨！且夫士子出身之始，尤貴以正。若茲厥初拜獻，便已作姦犯科，則異時敗檢踰閑，何所不至？又安望其秉公持正，為國家宣猷樹績，膺後先疏附之選哉？……一切痛加改省，爭自濯磨，積行勤學，以圖上進。……若乃視為具文，玩愒勿儆，毀方躍冶，暴棄自甘，則是爾等冥頑無知，終不能率教也。既負栽培，復干咎戾，王章具在，

〔註16〕〔清〕世宗撰：〈《聖諭廣訓》序〉，收入《世宗憲皇帝御製文集》卷六，《景印文淵閣四庫全書》，集部別集類，第一三〇〇冊，頁67～68。

朕亦不能爲爾等寬矣！自茲以往，内而國學，外而直省鄉校，凡學臣師長，皆有司鐸之責者，並宜傳集諸生，多方董勸，以副朕懷；否則，職業弗修，咎亦難逭，勿謂朕言之不預也。爾多士，其敬聽之哉！〔註17〕

上文先以挺立德行而後次及文學之語立論，係繼承孔門「行有餘力，則以學文」之教而發。接著，再揭示「躬行實踐」勝過「徒口誦讀」的立場，提出「行止有虧，讀書無益」的觀點，並列舉當時部分無行士人參加科舉之前以及取得功名以後的弊病，認爲若讀書人一開始便壞了心術，使其出身不正，日後爲官將無法福國裕民，要求士子應加以改正，各處學官亦應宣講督導，否則，也有怠忽職守的罪責。揆諸時空背景，當時朝廷官員分爲索額圖（1636～1703）爲首之「索黨」以及納蘭明珠（1635～1708）爲首之「明黨」，彼此兩相傾軋，而李光地、高士奇（1644～1703）等士子出身之廷臣，或不孝無義，或結黨營私，上層朝臣如此，寧免士子不會「風行草偃」。於是，康熙在〈御製訓飭士子文〉中，亟力要求士子應當嚴守分際，莫立錯志向，方能有益於家國。而這篇〈訓飭士子文〉也與順治〈臥碑文〉共同成爲府、縣儒學教官每月召集諸生講誦之重要規誡。〔註18〕

同樣地，世宗也在雍正四年九月丁巳日，發〈上諭〉給內閣，要求端正士習。其文曰：

爲士者，乃四民之首、一方之望。凡屬編氓，皆尊之、奉之；以爲讀聖賢之書、列膠庠之選，其所言、所行，俱可以爲鄉人法則也。故必敦品勵學、謹言慎行，不愧端人正士；然後以聖賢《詩》、《書》之道，開示愚民，則民必聽從其言、服習其教，相率而歸於謹厚。……則民風何患不淳？世道何患不復古？即朕觀今日之士，雖不乏閉戶勤修、讀書立品之人，而蕩檢踰閑、不顧名節者，亦復不少。或出入官署，包攬詞訟；或武斷鄉曲，欺壓平民；或抗違錢糧，藐視國法；或代民納課，私潤身家。種種卑污下賤之事，難以悉數。彼爲民者，見士子誦讀聖賢之書而行止尚且如此，則必薄待讀書之人，

〔註17〕〔清〕聖祖撰：〈訓飭士子文〉，收入〔清〕張玉書等奉敕編：《聖祖仁皇帝御製文第三集》卷二十五，《景印文淵閣四庫全書》，集部別集類，第一二九九冊，頁195～196。

〔註18〕《清史稿》卷一○六〈選舉志一・府州縣衛儒學・教官考校之法〉，《清史稿》，第十二冊，頁3116。

而並且輕視聖賢之書矣。士習不端，民風何由而正？其間關係，極
爲重大！……而內外諸臣條奏中，臚列諸生之劣蹟，請行嚴懲者甚
多。朕思轉移化導之法，當先端其本原。教官者，多士之儀型也；
學臣者，教官之表率也。教官多屬中材，又或年齒衰邁，貪位竊祿，
與士子爲朋儔，視考課爲故套；而學臣又但以衡文爲事，任教官之
因循怠惰、苟且塞責，漫不加察。所以倡率之本不立，無怪乎士習
之不端、風俗之未淳也。……故特簡督學之臣、慎重教官之職，欲
使自上而下端本澄源，以收實效也。凡爲學臣者，務須持正秉公，
宣揚風化。於教官之稱職者，即加薦拔；溺職者，即行參革。爲教
官者，訓誨士子，悉秉誠心，如父兄之督課子弟。至於分別優劣，
必至公、至當，不涉偏私。如此各盡其道，則士子人人崇尚品詣、
砥礪廉隅；不但自淑其身，而群黎百姓日聞善言、日觀善行，必共
生感發之念。風俗之丕變，庶幾其可望也。〔註19〕

這篇〈上諭〉先以士人受各方尊敬，理應在品德、學問等兩方面作爲鄉人楷
模立論，隨之，雍正對當時無行士子之種種弊端嚴加抨擊，認爲士人所作所
爲一旦敗壞，必將受到一般社會大眾之鄙視，常民更會輕賤儒家歷代聖經賢
傳所建構出之價值觀，民風勢必將日益澆漓。其後，雍正細數自己即位以後，
對培育人才的付出，與廷臣奏對士人素習不良的結果，存在著極大落差。雍
正認爲，若欲正本清源，當由督導各府、縣儒學之學政及負責培養地方士子
之教官著手。由於這些儒學教官或已年邁而貪求仕祿，或與士子結黨營私，
未能透過固定的考核制度甄別生員，僅流於因循苟且，而學政則僅知以八股
文之撰作標準取士，未能一併考量士子之品行，也未能實際考核地方儒學教
官之育士績效。因此，雍正強力要求各省學政及地方儒學教官應恪盡職責，
方能達到風行草偃、化民成俗之功。

　　表面看來，這篇〈上諭〉似乎爲偶發之舉。然而，吾人若衡諸史乘，即
可發現，該〈上諭〉實肇端於清代部分士人涉及之黨爭。雍正四年三月壬戌
日，任翰林院侍講學士職之錢名世（1660～1730）作詩頌美年羹堯（1679～
1726）事被內閣大學士、九卿等廷臣奏報，雍正甚感震怒，將錢氏革除職務，
發回原籍江蘇武進，並手書「名教罪人」四字，命當地官員製成匾額，懸於

〔註19〕《世宗憲皇帝實錄（一）》卷四八〈雍正四年九月〉，收入《清實錄》，第七冊，
　　頁732～733。

錢家門外，復命科舉出身並在京師任職之官員，作詩譏刺錢氏，〔註 20〕且本年歲次丙午，正逢清代科舉制度「子午卯酉」之鄉試年，〔註 21〕先後受隆科多（？～1728）、蔡珽（？～1743）薦舉而陞至禮部左侍郎之查嗣庭（？～1727），於六月戊寅日奉命擔任江西鄉試正考官，甫返京不久，即因「命題心懷怨望、譏刺時事之意」兼以「日記有悖亂荒唐、怨誹捏造之語」而革職下獄，交三法司嚴審。〔註 22〕吾人所知，年羹堯、隆科多與廉親王胤禩（1681～1726，雍正繼位後，改名允禩）皆是雍正即位後嚴密打擊之對象，並先後於雍正三年（1725，乙巳）至六年（1728，戊申）失勢、死亡，且此三人任官期間，亦有為數不少的士子結黨阿附。因此，雍正這篇〈上諭〉，表面上雖痛斥無行士人與官箴不佳之學政、教官，但亦有其政治上之考量。正因胤禩、年羹堯、錢名世、查嗣庭等案，皆與士人有一定程度的關係，而雍正施行的「攤丁入畝」、「火耗歸公」、「官紳一體當差納糧」等政策，也會打擊鄉紳、士人之既得利益，於是，雍正遂以此上諭「藉題發揮」，以求能掌控知識份子的話語權。

乾隆五年（1740，庚申）十月丙寅日，也有前往國子監訓飭士習流弊、申明「為己之學」的論述。其說曰：

> 士為四民之首，而太學者，教化所先，四方於是觀型焉。比者，聚生徒而教育之，董以師儒，舉古人之成法規條，亦既詳備矣。獨是科名聲利之習，深入人心，積重難返。士子所為汲汲皇皇者，惟是之求，而未嘗有志於聖賢之道。不知國家以經義取士，使多士由聖賢之言、體聖賢之心，正欲使之為聖賢之徒，而豈沾沾焉文藝之末哉？朱子〈同安縣諭學者〉云：「學以『為己』。……諸君苟能致思於科舉之外，而知古人之所以為學，則將有欲罷不能者矣。」觀朱子此言，洵古今通患。夫「為己」二字，乃入聖之門。知「為己」，則所讀之書，一一有益於身心，而日用事物之間，存養省察，闇然

〔註 20〕《世宗憲皇帝實錄（一）》卷四三〈雍正四年三月〉，《清實錄》，第七冊，頁626。

〔註 21〕《清史稿》卷一○八〈選舉志・文科〉載：「順治元年，定以子午卯酉年鄉試，辰戌丑未年會試。鄉試以八月，會試以二月。」見《清史稿》，第十二冊，頁3147。

〔註 22〕《世宗憲皇帝實錄（一）》卷四五〈雍正四年六月〉，《清實錄》，第七冊，頁685：卷四八〈雍正四年九月〉，《清實錄》，第七冊，頁730～732。

自修；世俗之紛華靡麗，無足動念，何患詞章、聲譽之能奪志哉！
況即爲科舉，亦無礙於聖賢之學。朱子云：「非是科舉累人，人累科
舉。若高見遠識之士讀聖賢之書，據吾所見爲文以應之，得失置之
度外，雖日日應舉亦不累也。居今之世，雖孔子復生，也不免應舉；
然豈能累孔子耶？」朱子此言，即是科舉中「爲己」之學。誠能「爲
己」，則《四書》、《五經》皆聖賢之精蘊。體而行之，爲聖賢而有餘。
不能「爲己」，則雖舉經義治事而督課之，亦糟粕陳言，無裨實用，
浮僞與時文等耳。故學者莫要於辨志：志於「爲己」者，聖賢之徒
也；志於科名者，世俗之陋也。國家養育人材，將用以致君澤民、
治國平天下；而囿於積習，不能奮然求至於聖賢，豈不謬哉？朕膺
君、師之任，有厚望於諸生。適讀朱子書，見其言切中士習流弊，
故親切爲諸生言之，俾司教者知所以教而爲學者知所以學。〔註23〕
經過雍正年間諸大案對政壇、士林的「清洗」，乾隆初年朋黨較爲罕見，因此，
這篇訓飭之文，遂肇端於「古之學者爲己，而今之學者爲人」，自隋唐實施科
舉制度以來，部分士人僅見到科場及第所帶來之各種利益，遂奮發於場屋，
而將修齊治平等聖賢之道拋諸腦後。其次，復說明朝廷以八股文取士之出發
點，在於希望士子能「由聖賢之言、體聖賢之心」，進而成爲「聖賢之徒」，
而非取決於應試文辭之優美與否。再者，則節錄、引用朱子〈同安縣諭學者〉
證明宋代士子同樣也爲科舉表象所惑，但朱子則提出若能「致思於科舉之
外」，去體會古人治學之法，將會有欲罷不能之成效。由是，乾隆由朱子之語
拈出「爲己」二字，認爲若能以「爲己」之法讀書，在日用生活躬行踐履，
所讀之書皆有益於身心性命，舉業售否也就不能奪其心志了。其後，又再引
用《朱子語類・學七・力行》之語，認爲即便參加科舉之士子，亦能運用「爲
己」之學。若能效之，則可從聖經賢傳中涵泳浹洽，並推擴於實際生活，亦
可成德入聖，反之，則所學所言，盡皆流於浮僞無用之糟粕。因此，乾隆認
爲士子當先辨志，究竟係有志於聖賢之道，抑或貪求科第名次，方能符合國
家設學造士之大方針。

　　至於乾隆四十四年（1779，己亥）八月甲寅日，復對士人八股制藝之內
容筆法，提出己見，加以規定。其文曰：

〔註23〕《高宗純皇帝實錄（二）》卷一二九〈乾隆五年十月下〉，《清實錄》，第十冊，
　　　頁 887～888。

制義所以代聖賢立言，雖古今時會不同，而中國語言相沿未改，無難會意追求。乃今之所爲時文，朕覽之多不能解。朕雖不喜作時文，然向在書齋中，于明季及國初名家大家之文，亦曾誦習。其中如歸有光、黃淳耀，純乎古文，讀之心喜。餘亦理精義正，足供玩味。柰何今之作者，相戾若此。至於文體之變，固不始於今時。曩者魏晉六朝，習尚浮靡，斯文極敝。韓愈出而起衰八代，約《六經》之旨以成文，人見之轉以爲怪。故其言曰「作俗下文字，下筆令人慚。及示人，必以爲好。小慚者謂之小好，大慚者即以爲大好。」是文士趨向之壞。在韓愈時且然，何況今之距唐，又將千載乎！夫文風遞降，說者每以比之江河日下，然聽其流而不返，甘甚一日，伊於何底？昔韓愈尚思回狂瀾於既倒，矧有移風易俗之責者乎！文以明道，宜以清眞雅正爲宗。朕曾屢降諭旨，諄諄訓誡。無如聽之藐藐，恬不爲怪。讀書人於此理尚不能喻，安望他日之備國家任使乎？大抵近來習制義者，祗圖速化而不循正軌。每以經籍束之高閣，即先正名作，亦不究心，惟取庸陋墨卷，勦襲挦撦，效其浮詞，而全無精義。師以是教，弟以是學，舉子以是爲揣摩，試官即以是爲去取。且今日之舉子，即異日之試官，不知翻然悔悟，豈獨文風日敝，即士習亦不可問矣。嗣後作文者，務宜沉潛經義，體認儒先傳說，闡發聖賢精蘊，務去陳言，詞達理舉，以蘄合於古人立言之道，慎毋掉以輕心。試官閱卷，亦當嚴爲甄別。一切膚詞爛調，概擯不錄。庶幾共和謹凜，文治蒸蒸日上，以副朕崇雅黜華之至意。〔註24〕

乾隆坦言自己不愛寫八股文，但也舉自身讀明末、清初名家所作制藝爲例，認爲八股文若寫得好，亦能「純乎古文」，令人讀之心喜，其次也能「理精義正，足供玩味」，但當代士子卻僅在浮華字面下工夫。因此，乾隆遂引韓愈〈與馮宿論文書〉爲例，認爲韓氏能起八代之衰，力抗六朝浮靡文風，但當世卻罕見以雍正十年（1732，壬子）七月壬子日諭示禮部之「清眞雅正」態度〔註25〕而作制藝者，只肯因襲各科試卷，而不思「文以明道、代聖賢立言」之理。

〔註24〕《高宗純皇帝實錄（十四）》卷一〇八八〈乾隆四十四年八月〉，收入《清實錄》（北京：中華書局，1986年5月），第二二冊，頁613。

〔註25〕《世宗憲皇帝實錄（二）》卷一二一〈雍正十年七月〉，收入《清實錄》（北京：中華書局，1985年11月），第八冊，頁602。

如斯士子，一旦科舉及第，並於日後成為掄才之鄉試主考、會試房師，以其昔日所學之專務字面華美為取士標準，則文風必將日漸衰弱，而士人素習也隨之沉淪了。因此，乾隆要求作制藝之士人，應從先儒著作沉潛經義，革去陳言，藉以闡發聖賢微言，而鄉、會二試之總裁、主考及房師，亦應把持刪汰陳腔爛調之衡文標準，方能挽救日漸傾頹之文風。

而在輔助地方官設教育機構不足之處的書院方面，雍正帝的態度，可說是「前後不同」的。起初，雍正四年（1726，丙午）四月乙亥日，禮部在議覆江西巡撫裴緯度（1668～1741）奏疏請求揀選各省孝廉方正或詞臣之文行兼優者為白鹿洞書院掌教時，作出反對的裁示：

> 朕臨御以來，時時以教育人材為念。但期實有益於學校，不肯虛務課士之美名。蓋欲使士習端方，文風振起，必賴大臣督率所司，躬行實踐，倡導於先，勸學興文，孜孜不倦。俾士子觀感奮勵，立品勤學，爭自濯磨。此乃為政之本。至於設立書院，擇一人為師，如肄業者少，則教澤所及不廣；如肄業者多，其中賢否混淆，智愚雜處，而流弊將至於藏垢納汙。若以一人教授，即能化導多人，俱為端人正士，則此一人之才德，即可以膺輔弼之任，受封疆之寄而有餘。此等之人，豈可易得？當時孔子至聖，門弟子三千餘人，而史稱身通六藝者，僅七十有二，其餘不必皆賢。況後世之以章句教人者乎？是以朕深嘉部議，不肯草率從裴緯度之請也。〔註26〕

雍正指出，地方官學之設，行政官員應以身作則，倡導當地士子勤奮向學，方可使士習端方、文風振興。至於設置書院，延經明行修者講學其中，藉以化導士民的舉措，雍正不以為然。雍正認為，設置書院後，若就讀者較少，則會形成教育資源浪費；倘若「師生比」太高，學子之賢愚善惡難以確知，容易導致使書院成為藏汙納垢之地，況且，孔門身通六藝者尚且有限，後世徒知章句詁訓者，是否確能化導士人，使之變化氣質、品行端正？倘若確有此人，則其才德即足以擔任內閣廷臣、封疆大吏，豈能僅以書院掌教之職委之？因此，雍正支持禮部駁回裴氏奏疏設置書院、延師課士之請求。

然而，到了雍正十一年（1733，癸丑）正月壬辰日，世宗發給內閣的〈上諭〉中，對設置書院的態度，則改為肯定、支持的正面立場。其文云：

〔註26〕《世宗憲皇帝實錄（一）》卷四三〈雍正四年四月〉，收入《清實錄》，第七冊，頁631。

各省學校之外，地方大吏每有設立書院，聚集生徒講誦肄業者。朕臨御以來，時時以教育人材爲念，但稔聞書院之設，實有裨益者少，浮慕虛名者多。是以未嘗敕令各省通行，蓋欲徐徐有待，而後頒降諭旨也。近見各省大吏漸知崇尚實政，不事沽名邀譽之爲。而讀書應舉者，亦頗能屏去浮囂奔競之習，則建立書院，擇一省文行兼優之士，讀書其中，使之朝夕講誦，整躬勵行，有所成就，俾遠近士子觀感奮發，亦興賢育材之一道也。督撫駐箚之所，爲省會之地，著該督撫商酌舉行，各賜帑金一千兩，將來士子羣聚讀書，須豫爲籌畫，資其膏火，以垂永久，其不足者在於存公銀內支用。封疆大臣等，並有化導士子之職，各宜殫心奉行，黜浮崇實，以廣國家菁莪棫樸之化，則書院之設，於士習文風，有裨益而無流弊，乃朕之所厚望也。〔註27〕

在這篇上諭中，雍正明確指出，繼位之初反對設置書院，係因當時地方行政官員歆慕設學美名者太多，而能切實辦學者太少，遂未通令各省興建書院。若書院可以輔助應舉士子摒除浮囂陋習，則設置書院，也是培育人才的一種方法。因此，雍正遂各賜金千兩予各省督撫，命其作爲在省會設置書院及供給士子膏火費用之需。並告諭封疆大臣，應切實奉行化導士子的職責，使境內士子黜虛崇實，方能有益於士習文風。

在以皇權對知識份子行爲加以制約之外，康熙五十三年（1714，甲午）四月乙亥日〔註28〕，更諭示禮部頒佈禁止刊行、販售小說這類「非聖之書」之命令。其文曰：

朕惟治天下、以人心風俗爲本。欲正人心、厚風俗，必崇尚經學而嚴絕非聖之書，此不易之理也。近見坊間多賣小說淫辭，荒唐俚鄙，殊非正理。不但誘惑愚民，即縉紳士子，未免遊目而盪心焉。所關

〔註27〕《世宗憲皇帝實錄（二）》卷一二七〈雍正十一年正月〉，收入《清實錄》，第八冊，頁665～666。

〔註28〕案：臺灣的清修方志及戰後的志書，多將此篇上諭誤植爲乾隆五十三年所發，有明顯的問題，筆者覆覈《聖祖仁皇帝實錄》及《高宗純皇帝實錄》原典後，發現這些志書皆係將康熙五十三年誤植爲乾隆五十三年，時間相差七十餘年。如清領晚期刊行的《苗栗縣志》卷九〈學校志〉，即以節錄方式登載此道〈上諭〉「朕惟治天下以人心風俗爲本……所在書坊仍賣小說淫辭者，從重治罪。」見〔清〕沈茂蔭纂輯：《苗栗縣志》（臺北：臺灣銀行經濟研究室，1962年12月），頁144～145。

於風俗者，非細。應即行嚴禁！其書作何銷毀？市賣者作何問罪？
著九卿、詹事、科道會議具奏。尋議：凡坊肆市賣一應小說淫辭，
在內交與八旗都統、都察院、順天府；在外交與督撫，轉行所屬文
武官弁嚴查禁絕，將板與書一併盡行銷毀。如仍行造作刻印者，系
官、革職。軍民杖一百、流三千里，市賣者杖一百、徒三年。該管
官不行查出者，初次罰俸六個月，二次罰俸一年，三次降一級調用。
從之。〔註29〕

「小說」在中國文學的發展上，具有不同時代的意義，無論是劉向（77B.C.
～6B.C.）、劉歆（50B.C.～23）父子及班固（32～92）認為之「街談巷語、道
聽塗說者之所造也」〔註30〕這種先秦兩漢小說，強調「確有其人、其事」、「明
神道之不誣」〔註31〕的六朝志人、志怪小說，「始有意為小說」〔註32〕的唐人
傳奇、宋元話本，乃至於明清章回小說，站在文學的立場上，皆有其可觀之
處。不過，若站在傳統教育或社會規範的出發點而言，則部分涉及「誨淫誨
盜」的小說，的確容易對人心產生負面的影響。因此，雖然滿清在入關前，
即以《三國演義》譯為滿文，並頒賜給文武大臣，作為臨政規範及軍事策略
所取法〔註33〕，但《水滸傳》、《金瓶梅》等小說，則因情節的比重問題，其
勸善懲惡的用意，常流於勸百諷一，是以康熙遂下令禁毀侈言淫辭、非聖之
小說，而其後的錢大昕（1728～1804）更提出「小說之教」〔註34〕的觀點，
反對部分小說文本的流通。

〔註29〕 《聖祖仁皇帝實錄（三）》卷二五七〈康熙五十三年正月至四月〉，收入《清
　　　 實錄》，第六冊，頁552。

〔註30〕 《漢書》卷三十〈藝文志·諸子略·小說〉，參《漢書》，第六冊，頁1745。

〔註31〕 〔晉〕干寶撰：《《搜神記》序》，收入〔晉〕干寶、陶潛撰，李劍國輯校：《新
　　　 輯搜神記、新輯搜神後記》（北京：中華書局，2007年3月），上冊，頁19。

〔註32〕 魯迅云：「小說亦如詩，至唐代而一變，雖尚不離于搜奇記逸，然敘述宛轉、
　　　 文辭華豔，與六朝之粗陳梗概者較，演進之跡甚明，而尤顯者乃在是時則始
　　　 有意為小說。」收入氏撰：《中國小說史略·唐之傳奇文（上）》（北京：人民
　　　 文學出版社，1973年12月，《魯迅全集》本），第九卷，頁211。

〔註33〕 〔清〕徐珂編撰：《清稗類鈔》（北京：中華書局，1986年3月），第八冊，頁
　　　 4030。

〔註34〕 錢大昕云：「古有儒、釋、道三教，自明以來又多一教，曰小說。小說，演義
　　　 之書也，未嘗自以為教也；而士大夫、農工商賈無不習聞之，以至兒童、婦
　　　 女、不識字者，亦皆聞而如見之，是其教較儒、釋、道而廣也。」見〔清〕
　　　 錢大昕撰：《潛研堂文集》卷十七〈正俗〉，收入氏撰，陳文和主編：《嘉定錢
　　　 大昕全集》（南京：江蘇古籍出版社，1997年12月），第九冊，頁272。

　　此外，尚有針對特殊地域語言教育用途之上諭。雍正六年（1728，戊申）八月甲申日，即發上諭予內閣，要求福建、廣東兩省士子，須習北京語音系統之「官話」。其文曰：

> 官員有涖民之責，其語言必使人人共曉，然後可以通達民情而辦理
> 無誤。是以古者六書之制，必使諧聲、會意，嫺習語音；所以成遵
> 道之風、著同文之治也。朕每引見大小臣工，凡陳奏履歷之時，惟
> 有福建、廣東兩省之人，仍係鄉音，不可通曉。夫伊等以見登仕籍
> 之人，經赴部演禮之後，其敷奏對揚，尚有不可通曉之語；則赴任
> 他省，又安能於宣讀訓諭、審斷詞訟，皆歷歷清楚，使小民共知而
> 共解乎？官民上下語言不通，必使吏胥從中代爲傳述；於是添飾假
> 借，百弊叢生，而事理之貽誤者，多矣。且此兩省之人，其語言既
> 皆不可通曉，不但伊等歷任他省，不能深悉下民之情；即伊等身爲
> 編氓，亦必不能明白官長之意。是上下之情，扞格不通，其爲不便
> 實甚。但語言自幼習成，驟難改易；必徐加訓導，庶幾歷久可通。
> 應令福建、廣東兩省督、撫，轉飭所屬各府、州、縣有司及教官，
> 遍爲傳示、多方教導；務期語言明白，使人通曉，不得仍前習爲鄉
> 音。則伊等將來引見，殿陛奏對可得詳明；而出仕地方，民情亦易
> 於通達矣。〔註35〕

明儒陳第（1541～1617）曾提出「時有古今，地有南北，字有更革，音有轉移」〔註36〕之論，中國幅員遼闊，自然產生不少語音區域，各地多少難免有約定俗成之鄉音，這是「勢所必至」之理。然而，雍正以其引見閩、粵二省臣僚之經驗立論，因難以聽懂鄉貫隸屬二省者之奏對，遂推而擴之，認爲如此一來，閩、粵出身之官員，若依清代慣例派駐他省任官，其語音勢必難以使當地百姓瞭解，導致胥吏有從中上下其手的可能性。因此，雍正遂命令兩省總督、巡撫將此命令責成所屬各州、府、縣的民政、教育官員（儒學教授、教諭、訓導），應教導當地士子官話，才能收致奏對詳明、通達民情的效果。由是，當時的臺灣、鳳山、諸羅、彰化等四縣，遂紛紛於雍正七年（1729，

〔註35〕《世宗憲皇帝實錄（一）》卷七二〈雍正六年八月〉，收入《清實錄》，第七冊，頁1074。

〔註36〕〔明〕陳第撰：《毛詩古音攷・自序》，收入《景印文淵閣四庫全書》，經部小學類，第二三九冊，頁407上。

己酉）奉文設置「正音書院」，作爲士人的「正音班」。〔註37〕不特臺灣如此，筆者覆覈由陳壽祺（1771～1834）於道光九年（1829，己丑）總纂，並經魏敬中（1778～1860）於道光十五年（1835，乙未）纂修之《福建通志》〔註38〕，在卷六十二至六十六〈學校〉中，亦記載各府、縣之學校興廢始末、詳目。各縣皆有奉文設置的正音書院，有些縣分甚至僅有縣學及正音書院，欠缺其他官設教育機構。〔註39〕

　　然而，正音書院在臺灣推行的成效並不理想。《續修臺灣縣志》即載臺灣縣的正音書院「尋廢」。〔註40〕此後，蒞臺任職之行政官員，多仍需依靠書吏、幕僚居中翻譯。舉例而言，江蘇南通籍的福建分巡臺灣兵備道兼理學政徐宗幹，便曾於〈發《聖諭廣訓》札〉述及「及巡臺時，土民言語不通，則以土音譯誦。」〔註41〕可見道、咸年間，行政官員與臺灣士子之間的語言溝通問題仍未解決。筆者認爲，出身吳語區的徐氏，與操持閩、粵口音的臺灣士子，兩者皆非以北京官話爲母語，故正音書院廢止之後，臺灣並未再度出現類似的「京腔正音班」，遂需透過臺灣當地之書吏轉譯。

　　平心而論，雍正此項政策出發點甚佳，但他並未考慮到的是：閩、粵二省士子以鄉音讀書，但其他地區的士子亦並非完全使用官話系統，倘若此政策係屬於全國性的一體推動，而非單純針對特定地域，或有成功之可能；但若僅針對特定地域，即便當地士子習得一口流利的官話，但亦有被吏部分發到較不流通官話的地區任官之可能性，故此政策之失敗，可說是必然之舉。

〔註37〕《重修福建臺灣府志》卷十一〈學校・書院〉載「臺灣縣正音書院：在縣治左。雍正七年奉文設。鳳山縣正音書院：在縣治東門內。雍正七年奉文設。諸羅縣正音書院：在縣治東南。雍正七年奉文設。彰化縣正音書院：□□□□□□（闕文）。」見〔清〕劉良璧纂輯：《重修福建臺灣府志》（臺北：臺灣銀行經濟研究室，1961 年 3 月），頁 332。

〔註38〕案：此《福建通志》於道光九年由陳壽祺總纂，因陳氏於道光十四年逝世，翌年遂由魏敬中接續纂修，但因經費有限，遲至同治七年始進行覆刊。故其內容所記載者，大底成於道光年間。

〔註39〕〔清〕陳壽祺等撰：《福建通志》（臺北：華文書局股份有限公司，1968 年 10 月，影清同治十年重刊本），第三冊，頁 1268～1363。

〔註40〕《續修臺灣縣志》卷一〈地志・勝蹟〉云：「又有正音書院，在東安坊舊縣署之左，雍正七年建，尋廢。」見〔清〕謝金鑾、鄭兼才合纂：《續修臺灣縣志》（臺北：臺灣銀行經濟研究室，1962 年 6 月），頁 27。

〔註41〕〔清〕徐宗幹撰：《斯未信齋文編》，收入黃哲永、吳福助主編：《全臺文》（臺中：文听閣圖書公司，2007 年 7 月），第五冊，頁 217。

第二節　府、縣、廳各級儒學的設置

　　由於《欽定大清會典》卷三十二〈學校〉載「凡學校之制，京師立國子監，日太學。直省府州縣衛，各於所治立學，皆祀先師，以崇矩範。闢黌舍以聚生徒，時肄習以廣術業，勤訓迪以儲人材。」〔註42〕因此，清領時期的臺灣，也仿照中國本土之慣例，依行政區域之劃分而先後設置十四處官方教育機構，稱作「儒學」。在儒學之中，又分立聖廟與明倫堂，前者即「祀先師、崇矩範」之祭祀區域，後者則為「聚生徒、時肄習、儲人材」的教學區域，兩區域復有「左學右廟」、「左廟右學」之不同建築方式。〔註43〕本節即依照設置時代的先後，先將各級儒學製成下表，並就各處儒學之相關始末進行說明、分析。

表1：清領時期臺灣官方儒學設置資料表

序號	名稱	設置年代與人物	設置地點與存廢	備註
一	臺灣縣儒學	康熙二十三年 知縣沈朝聘	東安坊 已廢，現址即今臺南地方法院。	光緒十三年，改稱安平縣儒學。 光緒十五年，另於彰化設臺灣縣儒學。
二	鳳山縣儒學	康熙二十三年 知縣楊芳聲	興隆莊 已廢，現址即今高雄左營舊城國小。	乾隆五十三年鳳山遷置新城，儒學仍在舊城。 戰後另建高雄市孔子廟於原址對面左近，並將日據時期旗山神社改為高雄縣孔子廟。
三	臺灣府儒學	康熙二十四年 臺廈道周昌 知府蔣毓英	寧南坊 現存，即今臺南市孔子廟。	光緒十三年，改稱臺南府儒學。 光緒十五年，另於臺中設臺灣府儒學。 戰後另建臺中市孔子廟於北區雙十路、力行路口。

〔註42〕〔清〕允祹等奉敕撰：《欽定大清會典》，收入〔清〕永瑢、紀昀等纂修：《景印文淵閣四庫全書》（臺北：臺灣商務印書館，1986年3月），史部政書類，第六一九冊，頁253。

〔註43〕案：在現地調查所得資料中，臺灣府儒學（今臺南市孔廟）之明倫堂，位於大成殿東側，即為「左學右廟」之形式。而在文獻記載上，彰化縣儒學之明倫堂，起初位於大成殿西側，為「左廟右學」之形式，至林爽文事變焚毀後重修，始改為「左學右廟」（右側則改建為白沙書院）。詳見彰化縣政府編印：《彰化孔廟簡介》（彰化：彰化縣政府，1978年9月），頁14～15。

四	諸羅縣儒學	康熙二十四年知縣季麒光；康熙四十五年署理知縣孫元衡	乾隆十八年，改設縣治西門外。已廢，現址即今嘉義市中央廣場。	初暫立聖廟於目加溜灣社，現址即今善化慶安宮；後奉文遷治，建於諸羅縣治西門內，其後改為玉峰書院，即今嘉義市震安宮。戰後另建嘉義孔子廟於嘉義公園內。
五	彰化縣儒學	雍正四年知縣張鎬	縣治東北現存，即今彰化孔子廟。	
六	淡水廳儒學	嘉慶二十二年同知張學溥	廳治東南已廢，現址在武昌街及大成街一帶。	光緒元年，改稱新竹縣儒學。戰後另建新竹孔子廟於新竹公園內。
七	恆春縣儒學	光緒三年	猴洞山上已廢，現址在今恆春石牌公園。	以光緒二年之澄心亭暫代。日據時期，官方將原屏東書院遷建，並改稱屏東孔子廟。
八	淡水縣儒學	光緒五年	艋舺街已廢，現址改為高氏大宗祠。	借用學海書院設置。
九	臺北府儒學	光緒六年知府陳星聚	南門文武廟街已廢，現址即今臺北市北一女中。	日據時期民間另建孔廟於大龍峒，戰後捐為公有，即今臺北市孔子廟。
十	宜蘭縣儒學	光緒七年知縣馬桂芳	縣治內已廢，現址即今宜蘭市中央停車場。	戰後另建宜蘭縣孔子廟於宜蘭市新興路、力行路 7 巷交會處。
十一	臺南府儒學	光緒十三年	原臺灣府儒學現存，即今臺南孔子廟。	因行政區劃調整而改稱。
十二	安平縣儒學	光緒十三年	原臺灣縣儒學已廢，現址即今臺南地方法院。	因行政區劃調整而改稱。
十三	苗栗縣儒學	光緒十五年	縣治內已廢，現址即今苗栗文昌祠。	借用文昌祠設置。

十四	雲林縣儒學	光緒十六年	林圯埔街 已廢，現址即今竹山鎮竹筍市場。	借用文昌祠設置。

資料來源：筆者就清修方志、日據調查專書及戰後志書進行整理，並搭配個人現地調查所得而成，自行製表而成。

一、臺灣縣儒學

臺灣縣儒學係臺灣在清領時期最早創設之官方教育機構，始建於康熙二十三年（甲子，1684），但在光緒十三年（1887，丁亥）曾因建省行政區調整之故，而改設於彰化，原臺灣縣儒學改稱安平縣儒學。其重要文獻如下：

《重修福建臺灣府志》卷十一〈學校志〉載：「臺灣縣儒學：在東安坊。中為大成殿，東、西兩廡，前為泮池。後為崇聖祠，祠左為名宦祠、右為鄉賢祠。明倫堂在右，後為教官廨舍。康熙二十三年，知縣王兆陞重修。四十二年，知縣陳璸再加修葺；創建明倫堂。五十四年，巡道陳璸重建崇聖祠，兩旁創齋舍。五十九年，署縣同知王禮重新，知縣俞兆岳、教諭鄭長濟捐濬泮池。雍正元年，知縣周鍾瑄重加修葺。十二年，貢生陳應魁捐修，並建土地祠及欞星門、禮門、義路。」〔註44〕

《續修臺灣府志》卷八〈學校志·學宮〉載：「臺灣縣儒學：在東安坊。……康熙二十三年，知縣沈朝聘建。二十九年，知縣王兆陞修。四十二年，知縣陳璸建明倫堂於殿右。四十八年，知縣張宏創學廨於明倫堂後。五十四年，巡道陳璸重建崇聖祠，以左右夾室為名宦祠、鄉賢祠；知縣俞兆岳、教諭鄭長濟濬泮池。五十九年，同知攝縣事王禮修。雍正元年，知縣周鍾瑄重修。十二年，貢生陳應魁建欞星門於泮池前。乾隆八年，諸生張元華等修崇聖祠。十四年，學廨圮；教諭朱升元重修。十五年，廩生侯世輝等捐資鼎建於大成門，左右增建忠義祠、孝悌祠，於崇聖祠後增建訓導廨。」〔註45〕

《臺灣私法》則載：「安平縣儒學：即原臺灣縣儒學，在臺南城內東安坊仁厚境街，原為康熙二十三年由知縣沈朝聘增建的鄭氏武弁之宅。後來以官民捐銀增築及重修，日據初期充為臺南地方法院。……本儒學收取安平縣的

〔註44〕《重修福建臺灣府志》，頁330。
〔註45〕〔清〕余文儀纂修：《續修臺灣府志》（臺北：臺灣銀行經濟研究室，1962年4月），頁340～341。

秀才。」〔註46〕

　　《臺灣私法》又載：「臺灣縣儒學：光緒十五年暫設於彰化，並在臺中建造文廟及儒學署，但未竣工則逢割臺。日據後曾經充爲衛戍病院。」〔註47〕

　　《揚文會策議文集》所收歲貢生吳德功〈修保廟宇議〉則云：「本島，臺南文廟依舊祭獻，臺北前年亦致祭焉，而臺中縣文廟則現軍隊居之，各縣之興廢不一。」〔註48〕

　　透過上引文獻，吾人可以得知，臺灣縣儒學始創於康熙二十三年（1684，甲子），當時係由臺灣知縣沈朝聘就鄭氏祖孫政權的武官宅第增建而成，其後增建明倫堂，屬於「左學右廟」之建築形式，歷次經過地方官員王兆陞、陳璸、張宏、俞兆岳、王禮、周鍾瑄，教育官員鄭長濟、朱升元，以及士子陳應魁、張元華、侯世輝等人捐資修復與增建。至光緒十三年（1887，丁亥）臺灣正式建省，在省城所在地新設臺灣府、臺灣縣及臺灣縣儒學，但聖廟、儒學署皆尙未竣工，即遭逢乙未割臺，其址被作爲衛戍病院之用，而吳德功則指出該儒學爲軍隊所駐紮；至於位處臺南的原臺灣縣儒學，則改稱安平縣儒學，並於日據時期充作臺南地方法院之用。據洪敏麟（1929～2014）教授《臺南市市區史蹟調查報告書》所載，其舊址大約在東門圓環與開山路之間的府前路一段。〔註49〕

二、鳳山縣儒學

　　鳳山縣儒學與臺灣縣儒學同樣始建於康熙二十三年（1684，甲子），其重要文獻如下：

　　《鳳山縣志》卷二〈規制志・衙署〉載：「儒學署，未建。朝廷設儒學一官，資以教育士子、作養人才。雖云首蓿寒氈，而實有名教之任。知縣治民、教諭課士，不可偏廢。矧鳳邑屬在海外，更宜化導振興，使之漸仁摩義；處則爲有用之材、出則爲廟堂之用。學署豈可缺乎哉？當俟庀材鳩工而爲之建也。」同卷〈規制志・學宮〉又載：「鳳山之學，則自康熙二十三年始。知縣

〔註46〕陳金田譯：《臨時臺灣舊慣調查會第一部調查第三回報告書：臺灣私法第一卷》（臺中：臺灣省文獻委員會，1990年6月），頁521～522。
〔註47〕《臨時臺灣舊慣調查會第一部調查第三回報告書：臺灣私法第一卷》，頁524。
〔註48〕臺灣總督府編：《揚文會策議文集》，收入黃哲永、吳福助主編：《全臺文》（臺中：文听閣圖書公司，2007年7月），第三十冊，頁152。
〔註49〕洪敏麟編著，潘敬蔚主編：《臺南市市區史蹟調查報告書》（臺中：臺灣省文獻委員會，1979年6月），頁11。

楊芳聲建焉，在興隆莊。前有蓮池潭，爲天然泮池；潭水澄清，荷香數里。鳳山對峙，案如列榜。打鼓（山名）半屏（山名）插於左右，龜山、蛇山旋繞擁護，眞人文勝地，形家以爲甲於四學。年久飄搖，僅存數椽以棲先師之神，而風雨不蔽。遇春秋丁祭，張篷行禮，祭畢撤去。四十三年，知縣宋永清捐俸重建，高大前制。大成殿在前、啓聖祠在後，兩廡、欞星門畢備。奈海外颶風時作，棟宇蟲蛀，幾於傾圮。五十八年，知縣李丕煜復起而重新之。廟貌巋然，規制悉周；壯麗巨觀，莫有過於此者矣（詳載〈藝文・重修文廟記〉）。」〔註50〕

《重修福建臺灣府志》卷十一〈學校志〉載：「鳳山縣儒學：在縣治北門外。中爲大成殿，東、西兩廡，前爲戟門，又前爲欞星門，後爲崇聖祠。康熙二十三年，知縣楊芳聲始建。四十三年，知縣宋永清重建。五十八年，知縣李丕煜重修。乾隆二年，本學拔貢生壽寧教諭施世榜捐修。廟前有天然泮池，荷花芬馥，香聞數里。鳳山拱峙、屏山插耳，龜山、蛇山繞護；形家以爲人文勝地。」〔註51〕至於《續修臺灣府志》卷八〈學校志・學宮〉所載〔註52〕，與此段大致相同，姑不贅引。

《重修鳳山縣志》卷六〈學校志・學宮〉在乾隆二年（1737，丁巳）以前的記載，皆與前揭文獻相同，其後則云：「乾隆十七年，知縣吳士元重建。中爲大成殿，東西廡；前爲大成門，又前爲欞星門，兩旁爲義路、禮門坊；殿後爲崇聖祠。」〔註53〕

《臺灣私法》則載：「鳳山縣儒學：在興隆里舊城，康熙二十三年由鳳山知縣楊芳聲創設，後來以官民捐款增築重修。……本儒學收取鳳山縣及恆春縣的秀才。」〔註54〕

透過上揭文獻及筆者現地調查所得資料，吾人可以得知，鳳山縣儒學始建於康熙二十三年（1684，甲子），由時任知縣楊芳聲所建，前方有蓮池潭（今高雄市左營區蓮池潭風景區），曾因颱風之故而傾圮，遂由地方官員宋永清、

〔註50〕〔清〕陳文達編纂：《鳳山縣志》（臺北：臺灣銀行經濟研究室，1961 年 11 月），頁 12～14。

〔註51〕《重修福建臺灣府志》，頁 330。

〔註52〕《續修臺灣府志》，頁 341。

〔註53〕〔清〕王瑛曾編纂：《重修鳳山縣志》（臺北：臺灣銀行經濟研究室，1962 年 12 月），頁 157。

〔註54〕《臨時臺灣舊慣調查會第一部調查第三回報告書：臺灣私法第一卷》，頁 522。

李丕煜、吳士元及士人施世榜（1671～1743）陸續捐款修建。其現址位於高雄市左營區舊城國民小學，內有崇聖祠，於1985年8月公告爲三級古蹟（2011年11月《文化資產保存法》施行後，改爲直轄市定古蹟），並保留鳳山縣儒學教諭黃人龍、儒學訓導王之楫於嘉慶二十五年（1820，庚辰）所立之〈臥碑〉，附近則有1976年興建完成之高雄市孔廟，新舊聖廟位處左近，亦頗有「先聖後聖，其揆一也」之理趣。〔註55〕

三、臺灣府儒學

臺灣府儒學係清領時期所建的第三處官方教育機構，光緒十三年（1887，丁亥）因建省行政區調整之故，而改設於臺中，原臺灣府儒學改稱臺南府儒學。其重要文獻如下：

《重修福建臺灣府志》卷十一〈學校志〉載：「臺灣府儒學：在寧南坊。中爲大成殿，東、西兩廡，前爲戟門，又前爲欞星門、泮池。後爲崇聖祠，祠左右建十二齋。東廡下爲齋宿房，西廡下爲藏器庫、庖湢所；左爲名宦祠，右爲鄉賢祠。祠外爲禮門、義路，又外爲大成坊、泮宮坊。明倫堂在殿之左，兩傍齋舍爲諸生肄業所。學廨在明倫堂後。康熙二十四年，巡道周昌、知府蔣毓英因鄭氏舊址創建。三十九年，巡道王之麟初建明倫堂。五十一年，巡道陳璸重修，創立齋舍；又於學宮之左，建朱子祠、大魁樓（詳碑記）。」〔註56〕

《續修臺灣府志》卷八〈學校志・學宮〉對於臺灣府儒學的記載，在康熙五十一年以前，皆與上引《重修福建臺灣府志》相同，不另贅述。後續則載：「（康熙）五十七年，知府王珍移建泮池於欞星門外。五十八年，巡道梁文煊修。乾隆十年，巡道攝府事莊年重修。十四年，廩生侯世輝等捐資呈請改建：正廟居中，左右兩廡；前爲大成門、又前爲欞星門、爲泮池；後爲崇聖祠。左右兩廊達於廡，祠左右爲禮樂庫、典籍庫；門左右爲名宦、鄉賢祠，門外左爲禮門、右爲義路；又外爲大成坊、泮宮坊。廟左爲明倫堂，兩廊齋舍。堂左爲朱子祠，後爲文昌閣。堂後爲教授宅，閣後爲訓導宅。並鑄祭器、造樂器，規制完整。」〔註57〕

〔註55〕高雄市左營區舊城國民小學崇聖祠現地調查所得資料（現地調查日期：2015年6月16日）。

〔註56〕《重修福建臺灣府志》，頁329。

〔註57〕《續修臺灣府志》，頁339～340。

　　《臺灣私法》則載：「臺南府儒學：即原臺灣府儒學，在臺南城內寧南坊桂仔行街，設於康熙二十四年，係臺灣分巡道周昌與知府蔣毓英相議，擴建鄭氏學堂充用者，後來再以官民捐銀重修及增建數次。本儒學最初以教授臺灣各廳縣的生員為目的，所以稱為全臺首學。光緒年間設臺北府儒學於臺北，臺灣府儒學於臺中後，改稱本儒學為臺南府儒學，收取安平縣、嘉義縣、鳳山縣及澎湖廳的秀才。」〔註58〕

　　《臺灣私法》又載：「臺灣府儒學：光緒十五年由知府陳文錄創設，並在彰化租用民家充為儒學署，未及在臺中新建儒學署則逢割臺。……收取臺灣、苗栗、彰化及雲林四縣的秀才。」〔註59〕

　　透過上揭文獻及筆者現地調查所得資料，吾人可以得知，臺灣府儒學始建於康熙二十四年（1685，乙丑），係由時任分巡臺廈兵備道周昌、臺灣知府蔣毓英就鄭經（1642～1681）於明永曆二十一年（1666）建成的聖廟舊址加以設置，其後增建明倫堂，屬於「左學右廟」之建築形式，先後歷經地方行政官員王之麟、陳璸、王珍、梁文煊、莊年以及士人侯世輝等捐款重修、增建。至光緒十三年（1887，丁亥）臺灣正式建省，在省城所在地新設臺灣府，時任臺灣知府陳文騄雖在光緒十五年（1889，己丑）創設新臺灣府儒學，但尚未竣工，即遭逢乙未割臺；而位處臺南的原臺灣府儒學，則改稱臺南府儒學，即現今之臺南孔子廟，於 1983 年 12 月公告為一級古蹟，《文化資產保存法》施行後，改為國定古蹟。〔註60〕

四、諸羅縣儒學

　　諸羅縣儒學為清領時期建造的第四處官方教育機構，其重要文獻如下：

　　《臺灣府志》卷六〈學校〉載：「諸羅縣學：未建，康熙二十四年，原任知縣季麒光草創茅茨為文廟，崇奉先聖、先賢牌位，春、秋祭祀，在目加溜灣社。臺、鳳、諸三邑文廟，文治攸關，亟宜建造。」〔註61〕

　　《重修福建臺灣府志》卷十一〈學校志〉載：「諸羅縣儒學：在縣治西門

〔註58〕《臨時臺灣舊慣調查會第一部調查第三回報告書：臺灣私法第一卷》，頁 521。
〔註59〕《臨時臺灣舊慣調查會第一部調查第三回報告書：臺灣私法第一卷》，頁 523～524。
〔註60〕臺南市中西區孔子廟現地調查所得資料（現地調查日期：2015 年 8 月 3 日）。
〔註61〕〔清〕蔣毓英撰，陳碧笙校注：《臺灣府志校注》（廈門：廈門大學出版社，1985 年 11 月），頁 63。

內。康熙四十五年，署縣同知孫元衡建大成殿、櫺星門。四十七年，署縣宋永清建崇聖祠及東、西兩廡。五十四年，知縣周鍾瑄增修東、西廡、戟門、明倫堂、名宦、鄉賢、文昌三祠。雍正八年，知縣劉良璧、馮盡善、教諭李倪昱復加修葺。」〔註62〕

《諸羅縣志》卷五〈學校志・學宮〉載：「諸羅縣，初未有學。康熙二十五年，臺廈道周昌請於三縣各建儒學，始爲茅茨數椽於善化里之西保。三十四年，臺廈道高拱乾有建學之議。教諭林弼奉檄庀材，粗成棟宇；以群議基址不固，復行拆卸，止留殿屋一間棲先師之神。四十三年，鳳山知縣宋永清署縣事，奉文移歸諸羅縣治，與諸生度地議建學宮；週城內外卜吉三處，聽諸生自擇其尤，定基於城之西門外。……甫架樑，而知縣毛殿颺蒞任；未數月，殿颺卒，事遂寢。四十五年，海防同知孫元衡攝縣，乃興工建大成殿櫺星門。臺廈道王敏政、知府衛台揆、北路參將張國、教諭孫襄各捐俸爲助；不足者，元衡肩爲己任焉，成宋志也。四十七年，宋永清再署縣事，建啓聖祠於大成殿之後及東西兩廡，歲久漸圮。五十四年九月，颶風發屋，榱棟朽折，傾倒殆盡；知縣周鍾瑄大修大成殿、啓聖祠，重建東西兩廡。啓聖祠左爲明倫堂，堂左楔木爲臥碑；……是役也……不借助士民一錢、動用民間一役，皆知縣獨力成之。有捐俸一百兩以襄厥舉者，本路參將阮蔡文也。」〔註63〕

《續修臺灣府志》卷八〈學校志・學宮〉載：「諸羅縣儒學：在縣治西門外（舊在西門內。康熙四十五年，同知署縣事孫元衡建大成殿及櫺星門。四十七年，署知縣宋永清建崇聖祠及東西兩廡。五十四年，知縣周鍾瑄建明倫堂及名宦、鄉賢、文昌三祠。雍正八年，知縣劉良璧、馮盡善、教諭李倪昱等重修。規制隘陋，今改爲玉峰書院）。中爲大成殿，東西兩廡；前爲戟門，又前爲櫺星門；後爲崇聖祠。乾隆十八年，知縣徐德峻新建。」〔註64〕

《臺灣私法》則載：「嘉義縣儒學：康熙四十五年由同知署縣事孫元衡建於縣城西門內，乾隆十八年由知縣徐德峻新建於西門外，日據後曾經充爲守備隊營舍。……收取嘉義縣的秀才。」〔註65〕

〔註62〕《重修福建臺灣府志》，頁331。

〔註63〕〔清〕周鍾瑄編纂：《諸羅縣志》（臺北：臺灣銀行經濟研究室，1962年12月），頁67～68。

〔註64〕《續修臺灣府志》，頁341～342。

〔註65〕《臨時臺灣舊慣調查會第一部調查第三回報告書：臺灣私法第一卷》，頁523。

透過上引文獻及筆者現地調查所得資料，吾人可以得知，諸羅縣在康熙二十三年（1684，甲子）建縣之初，尚未設置儒學，次年始由知縣季麒光於善化里西保的目加溜灣社，以荷據時期的「荷語傳習所」舊址草創，但僅設文廟雛貌而未設學。迄康熙三十四年（1695，乙亥），時任分巡臺廈兵備道的高拱乾始建學，但因基礎未固而未果。其後，諸羅縣治遷回諸羅山，署理知縣宋永清議建學宮，甫上樑即遭逢知縣毛殿颺蒞任並卒於官，此事又告中輟。至康熙四十五年（1706，丙戌），才在署理知縣孫元衡及各級地方官員王敏政、衛台揆、張國及教育官員孫襄等人的捐款下，完成宋永清設學宮的志願。其後增建明倫堂及〈臥碑〉，屬於「左學右廟」之建築形式，地方官員宋永清、周鍾瑄、阮蔡文、劉良璧、馮盡善及教育官員李倪昱等人亦曾主導重新修建，但因地處縣城西門內，較為狹窄，遂改為玉峰書院，並於乾隆十八年（1753，癸酉），由時任知縣徐德峻新建嘉義縣儒學於西門外。此後，玉峰書院於戰後改建為震安宮，奉祀許遜（239～374）、孫思邈（541～682）、吳夲（979～1036）等三位保生大帝；新嘉義縣儒學則於日據時期曾充作守備隊營舍之用，其遺址於戰後改建為省立嘉義醫院，並在 2012 年改為中央廣場。〔註66〕

五、彰化縣儒學

彰化縣儒學為清領時期所建的第五處官方教育機構，其重要文獻如下：

《重修福建臺灣府志》卷十一〈學校〉載：「彰化縣儒學：在縣治東北。中為大成殿，東、西兩廡；崇聖祠、欞星門、明倫堂俱如制。教官廨舍在明倫堂之後。」〔註67〕

《續修臺灣府志》卷八〈學校志·學宮〉載：「彰化縣儒學：在縣治東北。……雍正四年，知縣張鎬建。乾隆十六年知縣程運青、十八年同知署縣事王鶚、二十四年知縣張世珍、二十七年知縣胡邦翰相繼修。」〔註68〕

《彰化縣志》卷四〈學校志·學宮〉載：「彰化縣儒學：在縣治東門內，南向。雍正四年知縣張鎬建。……乾隆十六年知縣程運青捐修，旋以他故中輟。十八年，同知署縣事王鶚續成之；因費不足，及欞星門而止。二十四年，知縣張世珍重修，……明倫堂仍故址，增高二尺餘。堂右建白沙書院。……

〔註66〕嘉義市西區震安宮現地調查所得資料（現地調查日期：2013 年 10 月 23 日）；
　　　　嘉義市史蹟資料館及中央廣場現地調查（現地調查日期：2015 年 7 月 1 日）。
〔註67〕《重修福建臺灣府志》，頁 331。
〔註68〕《續修臺灣府志》，頁 342。

二十七年，知縣胡邦翰續修。五十一年，明倫堂、學署燬於亂。嘉慶二年，歲貢鄭士模修葺聖廟，工未及竣；而明倫堂、學署仍缺。十六年，知縣楊桂森……改建明倫堂於廟左（記見〈藝文〉），制禮樂器、招佾生。教之歌舞之節。自是春秋丁祭，禮樂蓋彬彬焉（記見〈藝文〉）。十七年，職員王松修泮池。二十一年，署縣吳性誠即明倫堂舊址，興建文昌祠……更新白沙書院。院後建教諭署（縣訓導嘉慶十一年移駐竹塹，其學署遂廢，知縣吳性誠議即其地建奎光閣，因費用不足而止之）。道光四年，教諭蔡克全刻臥碑石，署明倫堂之左；……十年，知縣託克通阿、李廷璧，率諸紳士捐修，……彰化學宮，於是聿觀厥成焉。」〔註69〕

《臺灣私法》則載：「彰化縣儒學：在彰化縣城東門學宮內明倫堂後面，由知縣張鎬創建於雍正四年，後來以官民捐款增建及修理，日據後曾經充為彰化廳員工宿舍及監獄。」〔註70〕

透過上引文獻及筆者現地調查所得資料，吾人可以得知，彰化縣於雍正元年（1723，癸卯）設治，縣儒學則於雍正四年（1726，丙午）始建，係時任知縣張鎬為之。此後，地方官員程運青、王鶚、張世珍、胡邦翰、楊桂森、吳性誠（？～1826）、託克通阿、李廷璧及士人鄭士模、職員王松等人陸續捐款修建，始有今日彰化市孔子廟之面貌。此儒學原為「左廟右學」，迄楊桂森於嘉慶十六年（1811，辛未）始改建為「左學右廟」之規制。現址於1983年12月公告為一級古蹟，《文化資產保存法》施行後，改為國定古蹟，而儒學教諭蔡克全於道光四年（1824，甲申）所刻〈臥碑〉，現保存於彰化市孔子廟戟門內側一旁。〔註71〕

六、淡水廳儒學

淡水廳儒學為清領時期所建的第六處官方教育機構，其重要文獻如下：

《淡水廳志》卷五〈學校志〉載：「廳儒學，在廳城內東南營署左畔。中為大成殿，東西兩廡，前為欞星門。崇聖祠在殿後，左為文昌宮；又左為明倫堂，為學廨舊址，在游擊署前曠地；因未設學，借立為演武廳。經紳士稟請歸還，總鎮武隆阿勘丈定界，議建今所。嘉慶二十二年，同知張學溥興造；

〔註69〕〔清〕周璽纂輯：《彰化縣志》（臺北：臺灣銀行經濟研究室，1962年11月），頁113～114。

〔註70〕《臨時臺灣舊慣調查會第一部調查第三回報告書：臺灣私法第一卷》，頁523。

〔註71〕彰化縣彰化市孔子廟戟門內側（現地調查日期：2015年11月7日）。

道光四年，同知吳性誠報竣。九年，同知李慎彝補建名宦、鄉賢、昭忠、節孝四祠。十一年，貢生林祥雲補建省牲所。十七年，同知婁雲價買柯姣園地，添築圍牆，倡捐重修。」〔註72〕而《新竹縣志初稿》卷三〈學校志‧學宮〉所載〔註73〕，與此段大略相同，姑不贅引。

《臺灣省通志》卷五《教育志‧制度沿革篇》載：「淡水廳儒學本於乾隆葉設立廳署時，即議定學宮位置；惟多年空存曠址，乃借為演武廳。迨嘉慶年間，經竹塹（今新竹）士紳鄭用錫等稟請歸還。旋經總鎮武隆阿勘丈定界，始由淡水同知張學溥興造，時嘉慶二十二年（公元一八一七年）也。迨道光四年（公元一八二四年）竣工。」〔註74〕

《重修臺灣省通志》卷六《文教志‧教育行政篇》載：「淡水設廳後九十三年的嘉慶二十二年，同知張學溥、舉貢生林璽、廩生郭成金、鄭用錫、林長青、監生林紹賢等，捐題始建文廟於竹塹。……乃請竹塹堪輿家郭尚安卜地於城內校場地方，於嘉慶二十一年十二月十五日肇工，道光四年四月初十日竣工。蓋自夫子之廟成，而淡始獲睹整齊嚴肅之規也。……嘉慶二十二年，移彰化訓導分駐淡水，兼管噶瑪蘭學務。……光緒元年在竹塹的淡水廳學改名為新竹縣學。」〔註75〕

《臺灣私法》則載：「新竹縣儒學：即原淡水廳儒學，在新竹城內武營頭街。嘉慶二十二年由同知張學溥籌款興工，完成於道光四年，並由彰化縣儒學訓導分駐辦理學務，光緒元年設新竹縣之際置訓導一名。據說後來因儒學頹廢，遷至文武廟或明志書院。」〔註76〕

透過上引文獻及筆者現地調查所得資料，吾人可以得知，淡水廳雖早在雍正元年（1723，癸卯）即已設治，但當時並未設學，當地士子皆須前往彰化縣學考試，直到嘉慶十五年（1810，庚午），時任閩浙總督方維甸（1759～1815）巡臺，曾任淡水同知之臺灣知府汪楠（1755～1820）遂鼓吹地方士紳

〔註72〕〔清〕陳培桂纂：《淡水廳志》（臺北：臺灣銀行經濟研究室，1963年8月），頁122～123。

〔註73〕鄭鵬雲、曾逢辰纂修：《新竹縣志初稿》（臺北：臺灣銀行經濟研究室，1959年11月），頁89。

〔註74〕李汝和主修：《臺灣省通志》卷五《教育志‧制度沿革篇》（臺北：臺灣省文獻委員會，1970年6月），頁19。

〔註75〕李雄揮、程大學、陳清添編纂：《重修臺灣省通志》卷六《文教志‧教育行政篇》（南投：臺灣省文獻委員會，1994年5月），頁78。

〔註76〕《臨時臺灣舊慣調查會第一部調查第三回報告書：臺灣私法第一卷》，頁524。

呈請援例設學取士，嘉慶二十一年（1816，丙子），福建巡撫王紹蘭（1760～1835）再次據實奏報，並得到兩年後淡水廳自行開考取士之旨意。因此，嘉慶二十二年（1817，丁丑），時任淡水同知張學溥及士人林璽、郭成金（1780～1836）、鄭用錫、林長青、林紹賢等人乃倡建聖廟，位址約在今新竹市東區武昌街、大成街一帶，其規制則爲「左學右廟」。〔註77〕同年，彰化縣儒學訓導移駐淡水廳，並兼管噶瑪蘭廳學務。迄光緒元年（1875，乙亥）淡、新分治，將原淡水廳劃分爲同屬臺北府管轄的淡水縣、新竹縣兩行政區，始改爲新竹縣儒學，並同時設置儒學訓導。其後，新竹縣聖廟在日據初期，曾一度充作守備隊兵舍及女子公學校使用，戰後陸續遷建於新竹市東區中山公園內。〔註78〕

七、恆春縣儒學

　　恆春縣儒學爲清領晚期在南臺灣興建的第一處官方教育機構，也是清領時期全臺灣的第七處官方教育機構，其重要文獻如下：

　　《恆春縣志》卷十一〈祠廟〉載：「文廟，在猴洞山上，澄心亭改，權供至聖孔子暨文、武二帝神牌。」同書卷二〈建署・澄心亭〉載：「澄心亭：在城內西門猴洞山頂。山高百尺，平地崛起。……光緒二年，知縣周有基醵資建亭一間，四面軒窗。……今亭內供至聖先師、文、武二（席）〔引者案：當爲帝字〕神牌。山下濬泮池，建櫺星門，環築宮墻，權爲文廟。朔望行香、令節朝賀，均在於斯。然一亭咫尺，冠立山巔，體制既不相符，外觀亦多不雅。雖因陋以就簡，未免失之太簡也。將來人文蔚起，似應另選空曠，建造黌宮；則澄心亭仍復其舊。或改爲魁星閣可也。」〔註79〕

　　《臺灣省通志》卷五《教育志・制度沿革篇》載：「光緒三年（公元一八七七年），新設恆春縣，儒學亦不建署，僅於城內猴洞上澄心亭祀孔子神位，並祀關子及朱子，以代學宮。」〔註80〕

〔註77〕日人金子常光於昭和九年（1934）繪製之〈新竹市要覽〉圖中，新竹公會堂對面爲孔子廟。詳見賴志彰、魏德文、高傳棋著：《竹塹古地圖調查研究》（新竹：新竹市政府，2003年12月），頁135。案：此孔子廟即昔日之淡水廳、新竹縣儒學聖廟，新竹公會堂即今日新竹市東區文昌街、武昌街一帶的新竹生活美學館，故淡水廳儒學聖廟之舊址，應亦在此地週遭。
〔註78〕新竹市東區孔子廟現地調查所得資料（現地調查日期：2015年6月10日）。
〔註79〕〔清〕屠繼善纂輯：《恆春縣志》（臺北：臺灣銀行經濟研究室，1960年5月），頁220、頁71。
〔註80〕《臺灣省通志》卷五《教育志・制度沿革篇》，頁19。

　　透過上引文獻及筆者現地調查所得資料，吾人可以得知，恆春縣於光緒元年（1875，乙亥）設治，但當時仍為草創時期，並未設學，亦未建儒學署，遂於光緒三年（1877，丁丑）暫以縣城內西門旁猴洞山上的澄心亭瓜代聖廟，於其中供奉孔子及文昌帝君、關聖帝君神牌，並於山下建櫺星門、泮池。但屠繼善認為這種規劃並不符合聖廟體製，宜在日後另擇地興建聖廟，而澄心亭則可恢復舊貌或改為魁星閣。筆者於 2014 年 3 月 25 日進行現地調查時，猴洞山上已無澄心亭遺址，僅有解說牌記載曾建澄心亭並改為孔廟之事，而附近的天后宮、廣寧宮，也未見當時澄心亭聖廟所奉祀之孔子與文武二帝神牌。〔註81〕

八、淡水縣儒學

　　淡水縣儒學為臺灣在清領時期興辦的第八處官方教育機構，其重要文獻如下：

　　《臺灣省通志》卷五《教育志‧制度沿革篇》載：「光緒五年（公元一八七九年），新設淡水縣儒學則假設於縣內艋舺街學海書院內，並由該書院院長兼任教官。」〔註82〕

　　《重修臺灣省通志》卷六《文教志‧教育行政篇》載：「光緒元年原淡水廳學改名為新竹縣學，故另建淡水縣學，租用民房充為儒學署。未建文廟、儒學署，未置學田而逢割臺。」〔註83〕

　　《臺北市志》卷七《教育志‧教育行政與學校教育篇》之行文，則與《臺灣省通志》所載略同，其云：「清末臺北設府，附郭淡水縣，因有臺北府儒學及淡水縣儒學之設置。光緒五年，新設淡水縣儒學於臺北艋舺街之學海書院內。」〔註84〕

　　至於《重修臺灣省通志》所引用之資料來源《臺灣私法》則云：「淡水縣儒學：設於光緒元年置縣之際，並租用民房充為儒學署。未建文廟、儒學署及未置學田則逢割臺。」〔註85〕

〔註81〕屏東縣恆春鎮石牌公園（原猴洞山史蹟公園）、恆春鎮天后宮、恆春鎮廣寧宮現地調查資料（現地調查日期：2014 年 3 月 25 日）。

〔註82〕《臺灣省通志》卷五《教育志‧制度沿革篇》，頁 19。

〔註83〕《重修臺灣省通志》卷六《文教志‧教育行政篇》，頁 79。

〔註84〕陳明終編纂：《臺北市志》卷七《教育志‧教育行政與學校教育篇》（臺北：臺北市政府，1988 年 9 月），頁 6。

〔註85〕《臨時臺灣舊慣調查會第一部調查第三回報告書：臺灣私法第一卷》，頁 524。

　　透過上引文獻及筆者現地調查所得資料，吾人可以得知，光緒元年
（1875，乙亥）淡、新分治之後，臺北府轄下新設淡水縣，遂需覓地設學，
但直到光緒五年（1879，己卯），仍僅能以艋舺學海書院瓜代縣儒學，截至乙
未割臺之前，儒學署係租用民宅而成，更未能建置聖廟，但《臺北市志》亦
載明淡水縣設學之後，曾有林學朱、蔣學瀛、翁百年、王鳴鏘等四人先後擔
任儒學教諭一職，且今日臺北二二八公園內之「急公好義坊」，亦確實有儒學
教諭蔣學瀛所題楹聯，則《臺灣省通志》所載，應有可商榷處。〔註86〕

九、臺北府儒學

　　臺北府儒學為清領時期興辦的第九處官方教育機構，其重要文獻如下：

　　《重修臺灣省通志》卷六《文教志・教育行政篇》載：「光緒四年於文武
廟街（今重慶南路一段）興建儒學，光緒六年知府陳星聚以官民捐款而建，
次年竣工。中為大成殿，前為儀門，後為崇聖祠。日據後曾充為守備衛隊，
後被毀。」〔註87〕

　　《臺灣私法》載：「臺北府儒學：在臺北城內文武廟街，光緒六年由知府
陳星聚以官民捐款建設，翌年竣工。日據後曾經充為守備隊營地。本儒學未
置學田。」〔註88〕

　　《臺北市志》卷七《教育志・教育行政與學校教育篇》載：「光緒六年，
復在臺北大南門內，著手新建臺北府儒學，翌年竣工。」〔註89〕

　　透過上引文獻及筆者現地調查所得資料，吾人可以得知，臺北府設治之
後，時任知府陳星聚（1817～1885）於光緒六年興建聖廟，並於光緒十年竣
工，而《臺北市志》亦載明沈紹九、劉大受、馮夢辛、王藍玉、黃煥奎、王
元穉等先後任職臺北府儒學教授者〔註90〕，可見當時確有設學、課士之舉。
日據時期，臺北府儒學曾充為守備隊營地，後於明治四十年（1907）拆除，
並興建第一高等女學校，即今日臺北市立第一女子高級中學之前身，而民間
則另於大龍峒擇地興建聖廟，於昭和二年（1927）興工，昭和十四年（1939）

〔註86〕　臺北市萬華區學海書院現地調查所得資料（現地調查日期：2013 年 11 月 23
　　　　日）；臺北市中正區急公好義坊現地調查所得資料（現地調查日期：2014 年 8
　　　　月 29 日）。
〔註87〕　《重修臺灣省通志》卷六《文教志・教育行政篇》，頁 79。
〔註88〕　《臨時臺灣舊慣調查會第一部調查第三回報告書：臺灣私法第一卷》，頁 524。
〔註89〕　《臺北市志》卷七《教育志・教育行政與學校教育篇》，頁 6。
〔註90〕　《臺北市志》卷七《教育志・教育行政與學校教育篇》，頁 6～7。

始全數落成，成爲今日之臺北市孔廟。〔註91〕

十、宜蘭縣儒學

宜蘭縣儒學爲清領時期興辦的第十處官方教育機構，其重要文獻如下：

《臺灣省通志》卷五《教育志‧制度沿革篇》載：「道光十一年（公元一八三一年），噶瑪蘭生員楊德昭曾經呈請自願捐貲於廳城內建立儒學，卒未獲准。仍由淡水廳儒學權兼多年。至光緒七年（公元一八八一年），宜蘭知縣馬桂芳始奉文創建縣儒學。新置廳治，尚付闕如，亦可窺見其一斑也。」〔註92〕

《重修臺灣省通志》卷六《文教志‧教育行政篇》載：「同治八年籌設聖廟，光緒元年改名爲宜蘭縣。光緒四年聖廟始告竣工。」〔註93〕

《臺灣私法》則載：「宜蘭縣儒學：噶瑪蘭時期由淡水縣儒學兼理，改稱宜蘭縣後置教諭一名。」〔註94〕

透過上引文獻及筆者現地調查所得資料，吾人可以得知，噶瑪蘭廳雖於嘉慶十七年（1817，壬申）正式設治，但當時並未單獨設學，其學務係由分駐淡水廳的彰化縣儒學教諭兼管，故宜蘭士子仍須前往淡水廳治求學、應試，當地秀才楊德昭雖曾在道光十一年（1831，辛卯）呈請自願捐資興建儒學，但並未獲准。同治四年（1865，乙丑），開蘭舉人黃纘緒（1817～1893）等人發起興建聖廟，僅建成泮池及黌門，又因當地發生戰事而未果，同治七年（1868，戊寅），開蘭進士楊士芳（1826～1903）登第，遂號召舉人李望洋（1829～1901）及當地仕紳等人募資興建聖廟，於翌年興工，直到光緒二年（1876，丙子）始竣工，位址在今宜蘭市崇聖街、新民路口之中央停車場一帶。光緒元年（1875，乙亥），噶瑪蘭廳改制爲宜蘭縣，隸屬臺北府管轄，並於光緒七年（1881，辛巳），由時任知縣馬桂芳奉文設學，立〈臥碑〉於聖廟。但因聖廟在日據時期曾充作衛戍病院而日漸荒廢，雖曾整修，但又因地震、戰亂而拆除，戰後遂另擇地興建聖廟，於1980年完工，原宜蘭縣儒學之〈臥碑〉，亦移置新宜蘭縣孔子廟內。〔註95〕

〔註91〕臺北市立第一女子高級中學、臺北市大同區大龍峒孔子廟現地調查所得資料（現地調查日期：2016年3月26日）。
〔註92〕《臺灣省通志》卷五《教育志‧制度沿革篇》，頁19。
〔註93〕《重修臺灣省通志》卷六《文教志‧教育行政篇》，頁79。
〔註94〕《臨時臺灣舊慣調查會第一部調查第三回報告書：臺灣私法第一卷》，頁525。
〔註95〕宜蘭縣宜蘭市孔子廟現地調查所得資料（現地調查日期：2015年7月24日）。

十一、臺南府儒學

臺南府儒學，即康熙二十四年（1685，乙丑）所創設之原臺灣府儒學，後因光緒十三年（1887，丁亥）臺灣正式建省，行政區劃調整，而將臺灣府改置爲臺南府，另於省城所在的臺中新設臺灣府，故原臺灣府儒學亦改稱臺南府儒學。詳細資料，見本節第三項臺灣府儒學所載，不另贅述。

十二、安平縣儒學

安平縣儒學，即康熙二十三年（1684，甲子）所創設之原臺灣縣儒學，後因光緒十三年（1887，丁亥）臺灣正式建省，行政區劃調整，而將臺灣縣改置爲安平縣，並另新設臺灣縣，故原臺灣縣儒學亦改稱安平縣儒學。詳細資料，見本節第一項臺灣縣儒學所載，不另贅述。

十三、苗栗縣儒學

苗栗縣儒學係清領時期興辦的第十三處官方教育機構，其重要文獻如下：

《苗栗縣志》卷九〈學校志〉載：「今甫分治，學宮、書院雖未遽觀厥成，訓課、典章尚仍相沿其例。蒞茲土者，誠能實心創建、加意栽培，由此學校興而風化美，師道立而善人多，將來英奇蔚起、俗尚雍熙，是所厚望者爾！志〈學校〉。」〔註96〕

《臺灣省通志》卷五《教育志·制度沿革篇》載：「光緒十五年（公元十八八九年）……又是年新設之苗栗縣儒學，竟不建署，僅備教諭一員。」〔註97〕

《臺灣私法》載：「苗栗縣儒學：設於光緒十五年，翌年任命貢生楊克彰爲教諭，未設儒學署及文廟則逢割臺。」〔註98〕

《重修臺灣省通志》卷六《文教志·教育行政篇》所載〔註99〕，則與《臺灣私法》相同，不另贅引。

透過上引文獻及筆者現地調查所得資料，吾人可以得知，光緒十五年（1889，己丑）新、苗分治，未及興築縣署、學宮、儒學署，首任知縣林桂芬遂暫於光緒八年（1882，壬午）倡捐成立、光緒十一年（1885，乙酉）完

〔註96〕《苗栗縣志》，頁137。
〔註97〕《臺灣省通志》卷五《教育志·制度沿革篇》，頁19。
〔註98〕《臨時臺灣舊慣調查會第一部調查第三回報告書：臺灣私法第一卷》，頁524。
〔註99〕《重修臺灣省通志》卷六《文教志·教育行政篇》，頁79～80。

工之文昌祠內辦公，光緒十六年（1890，庚寅），則任命貢生楊克彰（1836～1896）擔任苗栗縣儒學教諭一職，但直至乙未割臺之際，聖廟、儒學署皆未設置，故這段期間，皆以文昌祠在光緒十八年（1892，壬辰）設立之英才書院內課士。〔註100〕

十四、雲林縣儒學

雲林縣儒學係臺灣在清領時期設置的最後一處官方教育機構，其重要文獻如下：

《雲林縣采訪冊・廨署》載：「儒學署，未建。」〔註101〕

《臺灣省通志》卷卷五《教育志・制度沿革篇》載：「光緒十六年（公元一八九〇年），新設雲林縣儒學，亦不建署，僅備訓導一員。」〔註102〕

《臺灣私法》載：「雲林縣儒學：設於光緒十六年，未建文廟及儒學署則逢割臺。」〔註103〕

《重修臺灣省通志》卷六《文教志・教育行政篇》則載：「雲林縣儒學：於光緒十六年設，未置訓導一名，未建文廟及儒學署而逢割臺。」〔註104〕

透過上引文獻及筆者現地調查所得資料，吾人可以得知，雲林縣雖於光緒十三年（1887，丁亥）設治，但並未立即興建聖廟並設學，遂於光緒十五年（1889，己丑）暫以舉人林鳳池（1819～1866）等人於同治元年（1862，壬戌）出資倡建之文昌祠瓜代，並增祀孔子，以充文廟，再於翌年（1890，庚寅）設縣儒學於文昌祠中，不另建儒學署，僅設儒學訓導一人，以備課士之用。復因知縣李烇於光緒十九年（1893，癸巳）將縣治由林圮埔（今南投縣竹山鎮）遷至斗六門（今雲林縣斗六市），故未及於新縣治新建聖廟、縣儒學及儒學署，即遭逢乙未割臺，故雲林縣儒學之遺址，當以1957年就竹山文昌祠拆除而興建之南投縣竹山鎮竹筍市場為確。〔註105〕

此外，澎湖廳、基隆廳、南雅廳、埔里社廳、卑南廳（後改制臺東直隸

〔註100〕苗栗縣苗栗市文昌祠現地調查所得資料（現地調查日期：2013年5月17日）。
〔註101〕〔清〕倪贊元編纂：《雲林縣采訪冊》（臺北：臺灣銀行經濟研究室，1959年2月），頁9。
〔註102〕《臺灣省通志》卷五《教育志・制度沿革篇》，頁19。
〔註103〕《臨時臺灣舊慣調查會第一部調查第三回報告書：臺灣私法第一卷》，頁524。
〔註104〕《重修臺灣省通志》卷六《文教志・教育行政篇》，頁80。
〔註105〕南投縣竹山鎮竹筍市場、竹山鎮克明宮文昌書院現地調查所得資料（現地調查日期：2014年4月16日）。

州）等五處行政區域，截至乙未割臺，皆未設學，亦一併附述於此。

第三節　官設書院及其學規、教學進程

　　清領時期的臺灣各地官員，時有設置書院，以作爲補充府、縣、廳儒學等官方教育機構的不足之處，根據筆者歸納前行文獻並進行現地調查所得資料，臺灣在這 212 年間，陸續出現三十五處官設書院（含四座特殊用途之「正音書院」）。〔註106〕本節即依照設置時代的先後，先以表格臚列各所官設書院之資料，並就其設置始末及可知之學規與教學進程加以說明。

表 2-1：清領時期臺灣官設書院資料表

序號	書院名稱	設置年代與人物	設置位置與存廢	備註
一	西定坊書院	康熙二十二年 將軍施琅	臺灣府治西定坊 已廢。	
二	鎮北坊書院	康熙二十九年 知府蔣毓英	臺灣府治鎮北坊 已廢。	
三	彌陀室書院	康熙三十一年 知縣王兆陞	臺灣縣永康里 已廢。	今臺南市東區彌陀寺
四	竹溪書院	康熙三十二年 知府吳國柱	已廢。	今臺南市南區竹溪寺
五	鎮北坊書院	康熙三十四年 臺廈道高拱乾	臺灣府治鎮北坊 已廢。	
六	西定坊書院	康熙三十七年 臺廈道常光裕	臺灣府治西定坊 已廢。	
七	西定坊書院	康熙四十三年 臺廈道王之麟	臺灣府治西定坊 已廢。	
八	東安坊書院	康熙四十四年 將軍吳英	臺灣府治東安坊 已廢。	

〔註106〕案：此處所指三十五座書院，包括康熙二十二年（1683，癸亥）初攻佔臺灣時，由施琅興建之西定坊書院，以及雍正七年（1729，己酉）興建之四座正音書院。康熙二十二年雖尚未設置行政機構，然眾多清修、戰後志書皆將之納入，姑從之。

九	西定坊書院	康熙四十八年 臺廈道王敏政	臺灣府治西定坊 已廢。	
十	崇文書院	康熙四十三年 知府衛台揆	臺灣府治東安坊 已廢。	原為義學性質，後改為書院，現址在今臺南市中西區衛民街舊憲兵隊址。
十一	屏山書院	康熙四十九年 知縣宋永清	鳳山縣治龜山上 已廢。	原為義學性質，後改為書院，因林爽文事變而毀。
十二	海東書院	康熙五十九年 臺廈道梁文瑄	臺灣府治 寧南坊府學右 已廢。	數次遷建，最後位址在今臺南市忠義國小。
十三	中社書院	雍正四年 臺廈道吳昌祚	臺灣府治 關帝廟附近 原址及日據遷建處皆已廢，戰後重建。	原為魁星堂，後改稱奎樓書院，日據時期遷建，並毀於二戰，戰後始重建。
十四	白沙書院	乾隆十年 攝理知縣曾曰瑛	彰化縣治 學宮右側 已廢。	今彰化孔子廟停車場一帶。
十五	玉峰書院	乾隆二十四年 知縣李倓	諸羅縣治西門內 已廢。	原諸羅縣儒學舊址改建，後重建於西門外，今為震安宮。
十六	明志書院	乾隆二十八年 署理同知胡邦翰	淡水廳興直堡 現存。	由胡焯猷捐置之義學陞格。
十七	南湖書院	乾隆三十年 知府蔣允焄	臺灣府治南門外 已廢。	今臺南市南區法華寺一帶。
十八	文石書院	乾隆三十一年 通判胡建偉	澎湖廳文澳 已廢。	戰後改為澎湖孔子廟，原建築僅留存登瀛樓。
十九	明志書院	乾隆四十二年 同知王右弼	淡水廳治南門內 已廢。	乾隆四十六年遷至西門內現址，於日據時期拆除，今為明志書院停車場。
二十	仰山書院	嘉慶十五年 通判楊廷理	噶瑪蘭廳治西 文昌宮左方 已廢。	今僅保留考棚遺址。

廿一	主靜書院	嘉慶十六年 知縣楊桂森	彰化縣治南門外 已廢。	因楊氏去職而中輟。
廿二	鳳儀書院	嘉慶十九年 署理知縣吳性誠	鳳山縣新治 縣署東方 現存。	戰後修復完成，並開放參觀。
廿三	文開書院	道光四年 同知鄧傳安	彰化縣 鹿港新興街 現存。	戰後數次修復，祀神曾進行調整。
廿四	羅山書院	道光九年 知縣張縉雲	嘉義縣治南門外 已廢。	數次重修，現址為今嘉義市民族國小。
廿五	藍田書院	道光十一年 縣丞朱懋	彰化縣南北投保 現存。	原為義學性質，後改為書院，今為鸞堂性質之文昌廟。
廿六	學海書院	道光十七年 同知婁雲 道光二十三年 同知曹謹	淡水廳艋舺街 已廢。	原名文甲書院，道光二十七年，閩浙總督劉韻珂巡臺易名。日據時期被購買，改為高氏大宗祠。
廿七	正心書院	光緒二年 營官丁汝霖	埔裏社廳五城堡水社部落日月潭珠仔山 已廢。	專供原住民入學，且可防範外國傳教士。 因丁氏去職而中衰。
廿八	登瀛書院	光緒六年 知府陳星聚	臺北府考棚／ 府治西門內 已廢。	光緒十六年，知府雷其達遷至西門內，日據時期改為淡水館，並舉辦揚文會。
廿九	啓文書院	光緒九年 通判傅若金	埔裏社廳治內 已廢。	未即落成，旋荒廢。
三十	蓬壺書院	光緒十二年 知縣沈受謙	臺灣縣治 縣署東側 已廢。	舊為引心書院，沈氏遷建於赤嵌樓附近現址，今僅存門樓。
卅一	明道書院	光緒十九年 巡撫邵友濂	臺北府治府後街 已廢。	日據時期拆除，舊址在今臺大醫院舊棟。

附	正音書院 （四座）	雍正七年	臺、鳳、諸、彰四縣治內 已廢。	教導官話之特殊教育機構，成效不彰，不久遂廢置。

資料來源：筆者就清修方志、日據調查專書及戰後志書進行整理，並搭配個人現地調查所得而成，自行製表而成。

一、西定坊書院

《臺灣府志》卷二〈規制志・書院〉載：「西定坊書院：康熙二十二年，為將軍侯施琅建。」〔註107〕

二、鎮北坊書院

《臺灣府志》卷二〈規制志・書院〉載：「鎮北坊書院：為郡守蔣毓英建；肖像祀焉。康熙二十九年建。」〔註108〕

三、彌陀室書院

《臺灣府志》卷二〈規制志・書院〉載：「彌陀室書院：為臺令王兆陞建；肖像祀焉。在臺灣縣永康里。康熙三十一年建。」〔註109〕

四、竹溪書院

《臺灣府志》卷二〈規制志・書院〉載：「竹溪書院：為郡守吳國柱建；肖像祀焉。守惠政在人，士庶輦石輸材，諭禁不能止。康熙三十二年建。」〔註110〕

五、鎮北坊書院

《重修臺灣府志》卷二〈規制志・書院〉載：「鎮北坊書院：康熙三十四年，為道憲高拱乾建。」〔註111〕

〔註107〕〔清〕高拱乾纂輯：《臺灣府志》（臺北：臺灣銀行經濟研究室，1960年7月），頁33。
〔註108〕《臺灣府志》，頁33。
〔註109〕《臺灣府志》，頁33。
〔註110〕《臺灣府志》，頁33。
〔註111〕〔清〕周元文纂輯：《重修臺灣府志》（臺北：臺灣銀行經濟研究室，1960年7月），頁36。

六、西定坊書院

　　《重修臺灣府志》卷二〈規制志・書院〉載：「西定坊書院：康熙三十七年，爲道憲常光裕建。」〔註112〕

七、西定坊書院

　　《重修臺灣府志》卷二〈規制志・書院〉載：「西定坊書院：康熙四十三年，爲道憲王之麟建。」〔註113〕

八、東安坊書院

　　《重修臺灣府志》卷二〈規制志・書院〉載：「東安坊書院：康熙四十四年，爲將軍吳英建。」〔註114〕

九、西定坊書院

　　《重修臺灣府志》卷二〈規制志・書院〉載：「西定坊書院：康熙四十八年，爲道憲王敏政建。」〔註115〕

　　以上九處書院，除彌陀室書院舊址爲今日臺南市東區彌陀寺，竹溪書院舊址爲今日臺南市南區竹溪寺之外，其餘七處，皆已渺無遺跡可尋。〔註116〕

十、崇文書院

　　崇文書院位於臺灣府治東安坊，其性質本爲義學，但其隸屬對象，則有不同的記錄。其重要文獻如下：

　　《臺灣縣志》卷二〈建置志・義學〉載：「義學：一在東安坊府治之南。四十三年，知府衛台揆置。額曰『崇文書院』。」〔註117〕

　　《續修臺灣府志》卷八〈學校志・書院〉載：「崇文書院（原在東安坊府舊義學。康熙四十三年，知府衛台揆建。乾隆十年，巡道攝府事莊年

〔註112〕《重修臺灣府志》，頁 36。
〔註113〕《重修臺灣府志》，頁 36。
〔註114〕《重修臺灣府志》，頁 36。
〔註115〕《重修臺灣府志》，頁 36。
〔註116〕臺南市東區彌陀寺現地調查所得資料（現地調查日期：2014 年 5 月 19 日）；
　　　　臺南市南區竹溪寺現地調查所得資料（現地調查日期：2014 年 3 月 25 日）。
〔註117〕〔清〕陳文達編纂：《臺灣縣志》（臺北：臺灣銀行經濟研究室，1961 年 6 月），
　　　　頁 84。

重修。十五年,臺灣縣知縣魯鼎梅改建海東書院,以舊海東書院爲崇文書院・今並改):在東安坊府署東偏。乾隆二十四年,知府覺羅四明新建。」〔註118〕

《續修臺灣縣志》卷三〈學志・書院〉載:「崇文書院:府義學也。舊在東安坊。康熙四十三年,知府衛臺揆建;置田租以供膏火。乾隆初,常以府學訓導掌教。十年,巡道攝府事莊年修。十五年,徙於寧南坊府學宮之西(即海東書院舊處。其時以舊縣署爲海東書院,舊處空曠,故徙焉),初址遂廢。二十四年,知府覺羅四明乃擇地於府署東偏,捐俸率僚屬紳士共成之,講堂齋舍畢具。始延師於內地,掌其教焉(記見〈藝文〉)。嘉慶二十三年,署府鄭佐廷改建。」〔註119〕

而《福建通志臺灣府・學校・崇文書院》所載,在嘉慶二十三年以前之資料,大多與前揭三志內容相同,不另贅述。其後,則另載「道光八年,知府鄧傳安重建。」〔註120〕

至於《臺灣私法》所載,亦與前揭相同,並補充「同治十三年由知府周懋琦募得士紳捐款建造講堂及五子祠,光緒二十年由知府唐贊袞以公費興建書院膳室及廊廡。日據後曾經充爲軍營。本書院同於海東書院實施官課及師課,官課在每月初二日,由知府主持,師課在每月二十日,由院長主持。官課及師課均以生員及童生各前十二名爲超等內課生,各二十二名爲特等外課生,按等級賞給膏伙銀。」〔註121〕

透過上揭文獻及筆者現地調查所得資料,吾人當可得知,崇文書院本爲臺灣府或臺灣縣義學,由時任臺灣知府衛臺揆於康熙四十三年(1704,甲申)興辦,先後經過莊年、魯鼎梅、覺羅四明、鄭佐廷、鄧傳安(1764～?)、周懋琦(1836～1896)、唐贊袞等地方官員重建、修繕,每月舉行官、師二課,分別由臺灣知府及書院院長課士,並視成績發給膏火費用。後於日據時期充作軍營,遺址位於今臺南市中西區衛民街舊憲兵隊址。〔註122〕

〔註118〕《續修臺灣府志》,頁360。
〔註119〕《續修臺灣縣志》,頁165～166。
〔註120〕〔清〕陳壽祺主修:《福建通志臺灣府》(臺北:臺灣銀行經濟研究室,1960年8月),頁241。
〔註121〕《臨時臺灣舊慣調查會第一部調查第三回報告書:臺灣私法第一卷》,頁541。
〔註122〕臺南市中西區崇文書院遺址現地調查所得資料(現地調查日期:2014年3月24日)。

十一、屏山書院

屏山書院位於鳳山縣舊治（今高雄市左營區），其重要文獻如下：

《小琉球漫誌》卷六〈海東賸語・臺灣書院〉載：「臺灣府治內有二書院：一曰海東，一曰崇文。……臺、鳳、諸三邑無書院，惟彰化立白沙書院。」〔註123〕

《重修鳳山縣志》卷六〈學校志・書院〉載：「書院（即義學）：義學原在縣北文廟左，康熙四十九年知縣宋永清建；今廢。雍正四年，知縣蕭震移建城東廂內；講堂二間，左右齋舍。乾隆十一年，知縣呂鍾琇增建後堂。十六年，署縣吳開福增砌圍牆。二十二年知縣丁居信、二十七年知縣王瑛曾相繼修（按舊有社學在土墼埕保，康熙二十八年知府蔣毓英置；今移歸臺灣管轄）。」〔註124〕

《臺灣教育碑記》所收候選儒學訓導張廷欽〈鳳儀書院木碑記〉云：「邑舊治有屏山書院，延山長以課生童，置產歲可得息金二百餘供脩脯，官司之；兵燹之後，變為邱墟。嗣縣署移建於茲，未遑脩舉。……斯舉也，未知昔之屏山若何，而百堵皆興，則皆賴吳公倡始之功與官長紳士贊襄之力也。」〔註125〕

又《重修鳳山縣志》卷十二中〈藝文志・詩賦〉所收卓肇昌〈龜山八詠・序〉云：「龜山當鳳城中，石秀山青，猿啼鳥語；花月芳辰，景物堪娛，誠邑中勝概也。予教書院，傍山之麓，尋幽挹勝，相賞特深。爰就所見，發為題詞，或毋至山靈笑人寂寂耶！」〔註126〕

《續修臺灣縣志》卷三〈學志・教官・縣儒學訓導〉載：「傅修，字竹漪，廣東海陽人。乾隆壬午舉人，出涇陽張鶴山門。鶴山觀察臺灣時，南湖書院未廢，延修主講席。……尋掌鳳邑屏山書院，訓課一如南湖。院畔有蓮池潭……」〔註127〕

綜合上述文獻，吾人可以得知，由於《小琉球漫誌》為朱仕玠（1712～？）

〔註123〕〔清〕朱仕玠撰：《小琉球漫誌》（臺北：臺灣銀行經濟研究室，1957 年 12 月），頁 52。
〔註124〕《重修鳳山縣志》，頁 181。
〔註125〕臺灣銀行經濟研究室編：《臺灣教育碑記》（臺北：臺灣銀行經濟研究室，1959 年 7 月），頁 35～36。
〔註126〕《重修鳳山縣志》，頁 438。
〔註127〕《續修臺灣縣志》，頁 187。

於乾隆二十八年（1763，癸未）所撰，而朱氏於是年任職鳳山縣儒學教諭；《重修鳳山縣志》為時任鳳山知縣王瑛曾於乾隆二十八年奉臺灣知府余文儀之命重修；《續修臺灣縣志》係謝金鑾、鄭兼才於嘉慶十年（1805，乙丑）受臺灣知縣薛志亮延請擔任總纂，而〈鳳儀書院木碑記〉則為張廷欽於道光三年（1823，癸未）所撰。前兩筆文獻為同年所撰，但作者一為鳳山地方官員，一為鳳山教育官員，對於書院的界定，彼此有不同的看法，朱氏認為當時鳳山縣並無書院，王氏認為鳳山縣當時的書院即是義學性質，兩者雖皆未使用「屏山」二字，但卓肇昌亦在其詩作小序提出鳳山縣城內龜山山麓有一書院，而謝、鄭二氏則提出廣東舉人傅修於乾隆三十一年（1766，丙戌）受其師張珽延請來臺擔任南湖書院講席，其後又主講屏山書院，張氏在六十年後的文獻中，亦提出鳳山縣「舊治」曾有屏山書院，但因「兵燹」而毀滅，可知屏山書院當係因乾隆五十一年（1786，丙午）的林爽文事變而毀。

　　由是，屏山書院存在之起迄年代，可能在 1763 至 1786 年間，抑或係由早期鳳山縣義學改制而成，倘如後者所推論，則其建造年代或可上推至康熙四十九年（1710，庚寅）。

十二、海東書院

　　海東書院位於臺灣府治寧南坊，其重要文獻如下：

　　《臺灣縣志》卷二〈建置志・書院〉載：「書院，在寧南坊府學之右。康熙五十九年，臺廈道梁文煊建。從右畔繞至學宮之後，計四十八間；為諸生肄業之所，匾曰海東書院。董其事者，經歷司王士勳也。」〔註128〕

　　《續修臺灣府志》卷八〈學校志・書院〉載：「海東書院（舊在府學宮西偏。康熙五十九年，巡道梁文瑄建。後因數為校士所，書院幾廢。乾隆四年，督學單德謨另建考棚，復為書院。十五年，臺灣縣知縣魯鼎梅就縣署改建；二十七年，巡道覺羅四明更就舊校士院改建；尋並罷）：在寧南坊府學宮右。乾隆三十年，護道臺灣府知府蔣允焄新建（碑記見〈藝文〉）。乾隆五年，督學楊二西奏准：照直省書院例，以府儒學教授為師。」〔註129〕

　　《續修臺灣縣志》卷三〈學志・書院〉載：「海東書院：舊在寧南坊府學宮之西（今教授、訓導公署，即其地也）。康熙五十九年，巡道梁文瑄建。後

〔註128〕《臺灣縣志》，頁83。
〔註129〕《續修臺灣府志》，頁354。

為歲、科校士所，書院幾廢。乾隆四年，督學單德謨別建校士院於東安坊（縣學宮之左，今萬壽宮即其地）。明年，巡道劉良璧修之；於是書院復振。御史楊二酉奏請，以府學教授為掌教，選諸生肄業其中（時府學教授福州薛士中）。拔貢生施士安捐田千畝，以給膏火（有記，見〈藝文〉）。十五年，新建縣署於紅毛樓右；乃修東安坊廢署為書院，於是徙焉。乾隆十七年，詔以巡道兼提督學政。其後，歲、科校士於道署，校士院遂曠。二十七年，巡道覺羅四明修曠院為海東書院，復徙焉（記見〈藝文〉）。三十年，知府蔣允焄護巡道事，乃謀別建，擇地於寧南坊府學宮西崎下（與初址不同，初址在崎頂，迫近學宮），廣三十丈，袤八十丈，南向。講堂、學舍、亭榭悉具焉（記見〈藝文〉）。」〔註130〕

　　《臺灣私法》則載：「……日據初期充為守備步兵第十一大隊第二中隊營房，後來由臺南廳管理。本書院在每月初二由道臺主持官課，十六日由山長主持師課，考試全臺的讀書人。而以生員及童生各前二十名為超等內課生，各四十名則優等外課生，其餘分為一、二及三等分別賞給膏伙銀。本書院在姚道臺任內限於收取肄業生四十名，每月給與米三斗及銀二千文，由院長親自授學。本書院在臺灣最負盛名，而無出其右者。」〔註131〕

　　透過上揭文獻及筆者現地調查所得資料，吾人當可得知，海東書院由分巡臺廈兵備道梁文瑄於康熙五十九年（1720，庚子）創設，先後經過劉良璧、魯鼎梅、覺羅四明、楊二酉（1705～1780）、蔣允焄、姚瑩等地方官員及士人施士安等增修、改建、捐資，每月舉行官、師二課，分別由臺灣兵備道及書院山長課士，並視成績發給膏火費用。戰後，其舊址改建為今日之臺南市立忠義國民小學。〔註132〕

　　在學規方面，據《續修臺灣府志》卷八〈學校志・書院〉所載，海東書院之學規共有二種，前者為臺灣道劉良璧所撰，依次為「一、明大義。……二、端學則。……三、務實學。……四、崇經史。……五、正文體。……六、慎交遊。……」等六款。〔註133〕後者為臺灣道兼提督學政覺羅四明所撰，依次為「一、端士習。……二、重師友。……三、立課程。……四、敦實行。……

〔註130〕《續修臺灣縣志》，頁165。
〔註131〕《臨時臺灣舊慣調查會第一部調查第三回報告書：臺灣私法第一卷》，頁540。
〔註132〕臺南市中西區海東書院遺址現地調查所得資料（現地調查日期：2014年3月26日）。
〔註133〕《續修臺灣府志》，頁355～356。

五、看書理。……六、正文體。……七、崇詩學。……八、習舉業。……」
等八款。〔註134〕就這兩種學規所論述之內容而言，大底不脫朱子學所涵攝之
範疇。

至於海東書院之教學進程，可由覺羅四明〈海東書院學規・立課程〉一
目窺知。其說云：

> 立課程：……余於諸生，忝爲一日之長，宜倣程畏齋〈讀書分年日
> 程〉之遺意而行之。各置一簿子，將每日所新讀及舊所溫習之書，《四
> 書》、《六經》、《三史》、《通鑑綱目》、《近思錄》、《性理大全》、古文、
> 詩文等項，逐一照格填註冊內，各自量材力之淺深，以爲功課之多
> 寡，勿怠緩，勿急迫。優游玩索，以俟自得。每旬日，諸生將所註
> 簿子彙繳，憑院長逐條稽查，以驗所學之勤惰。如有疑義不明，亦
> 即面相質問，以著教學相長之義。如此，則循序可以漸進，積累於
> 以有成，將日就月將，自無廢棄之日矣。〔註135〕

透過上引文獻，吾人當可得知，在覺羅四明擔任提督學政的時代，海東書院
受業諸生，須學習之書目，包括科舉四書題出題範圍之《四書》，五經題出題
範圍之《六經》，策論出題範圍之《三史》、朱子《資治通鑑綱目》，以及朱子
學系統的《近思錄》與清代廷臣編纂之《性理大全》，並讀古文、詩文，每日
皆須依自身程度，標注學習、複習之進度，每十日將登記進度之簿籍呈交院
長考核，以評量勤惰。

十三、中社書院

中社書院，即奎樓書院，位於臺灣府治。其重要文獻如下：

《續修臺灣縣志》卷三〈學志・魁星堂〉載：「魁星堂：在西定坊。雍正
四年，巡道吳昌祚建。……嘉慶四年，於堂後建敬字堂（收貯棄字灰・皆韋
啓億等捐貲備工撿拾。）六年，祀倉聖於堂，增廂房。十一年，巡道慶保捐
貲議改建。議成，興修倉聖堂居中，前爲魁星堂，東爲朱文公祠，西爲敬字
堂（貯字紙灰，舉人郭紹芳、生員陳廷瑜復與韋啓億倡捐成其事），統曰中社
書院。」〔註136〕

〔註134〕《續修臺灣府志》，頁 356～360。
〔註135〕《續修臺灣府志》，頁 357。
〔註136〕《續修臺灣縣志》，頁 161。

同卷〈學志‧崇祀〉之中，鄭兼才、謝金鑾復申論曰：「今郡、縣學皆祀文昌，而南、中二社惜字、敬聖者，克勤克愼，其說皆本於梓潼。」〔註137〕

《臺南州祠廟名鑑》云：「奎樓書院：所在：末廣町二ノ一○九；……創立：雍正年間；……沿革：雍正年間市內の讀書人相謀り敬神の美風を涵養する爲め建設したるものなるが領臺後官廳に充用され現今は市區改正の爲め取拂はれ其跡を止めず財產收入年百八十圓。」〔註138〕

《重修臺灣省通志》卷六《文教志‧學校教育志》引用《臺灣教育志稿》所載云：「奎樓書院：在關帝廟，原爲魁星堂，奉祀魁星帝君，乃雍正四年巡道吳昌祚創建。乾隆二十年（西元一七五五年）挖穆齊圖重修，三十八年巡道奇寵格再修，五十八年里人黃鍾岳倡捐重修。……嘉慶十九年，按察使兼提督學政糜奇瑜來臺，見該堂狹陋，而與黃贊、黃鍾岳、洪坤等議修，由官民合捐增修，……道光十三年（西元一八三三年）陳泰階、黃應欽等相議改之爲奎樓書院，又眾紳士又倡捐置產以爲書院老師俸銀及學生膏伙。」〔註139〕

透過上揭文獻及筆者現地調查所得資料，吾人當可得知，奎樓書院原爲奉祀魁星的魁星堂，由分巡臺廈兵備道吳昌祚於雍正四年（1726，丙午）創設，先後經過挖穆齊圖、奇寵格、慶保、糜奇瑜（1762～1827）等官員及黃鍾岳等地方人士捐資修建，在慶保捐資主導改建下，於嘉慶十一年（1806，丙寅）改稱中社書院，其後，又在道光十三年（1833，癸巳）由陳泰階等人改爲奎樓書院。日據時期一度遭充爲官署之用，復逢市街改正而遷建至現址，並因二戰而毀壞，遂於戰後的 1955 年始重建爲今貌。〔註140〕

十四、白沙書院

白沙書院位於彰化縣治（今彰化縣彰化市），爲彰化縣在清領時期創設的第一所書院。其重要文獻如下：

《續修臺灣府志》卷八〈學校志‧書院〉載：「白沙書院：在彰化縣學宮右（即縣義學）。乾隆十年，淡水同知事攝彰化縣曾曰瑛建。二十四年，知縣

〔註137〕《續修臺灣縣志》，頁 162。

〔註138〕〔日〕相良吉哉編：《臺南州祠廟名鑑》（臺北縣永和市：臺灣大通書局，2002年 3 月，影印臺灣日日新報社臺南支局 1933 年 12 月本），頁 14。

〔註139〕李雄揮、程大學、司琦編纂：《重修臺灣省通志》卷六《文教志‧學校教育篇》（南投：臺灣省文獻委員會，1993 年 4 月），頁 118。

〔註140〕臺南市中西區奎樓書院現地調查所得資料（現地調查日期：2014 年 3 月 26日）。

張世珍重修。」〔註141〕

　　《彰化縣志》卷四〈學校志・書院〉載:「白沙書院,在邑治內聖廟左,乾隆十年淡水同知攝縣事曾日瑛建。二十四年,知縣張世珍重修。五十一年,被亂焚燬,知縣宋學灝改建於文祠之西。嘉慶二十一年,署縣吳性誠醵貲重新。局制較爲恢大焉。」〔註142〕

　　《臺灣私法》另載:「日據後曾經充爲彰化廳員工宿舍。本書院在歲考、科考之年舉辦七次,其他之年舉辦十次官課及師課,官課在二日,師課在十六日。而以生員的前十二名爲內課生,每人賞給膏伙銀(師課獎金)二元四角,其次的二十名爲外課生,每人賞給膏伙銀一元二角,童生的前二十名爲內課生,每人賞給膏伙銀一元二角,其次的四十名爲外課生,每人賞給膏伙銀八角,其餘爲附課生而不給賞。此名次在年初的官課決定後一年間不變更。官課的獎金稱爲花紅,由知縣賞給。據說花紅賞給十名,而生員內課生一元至四元,童生內課生一元至二元。」〔註143〕

　　透過上揭文獻及筆者現地調查所得資料,吾人當可得知,白沙書院係由淡水同知攝理彰化知縣曾日瑛(1708～1754)於乾隆十年(1745,乙丑)所創設,其前身即彰化縣之官設義學,書院建成之後,先後歷經張世珍、宋學灝、吳性誠等地方官員重修、改築,與前述海東書院相同,白沙書院亦設有官課、師課兩種考核制度,但不同處在於舉辦次數會依當年度是否爲科舉年而有所差異,且月課名次係以當年度第一次官課的成績決定,並維持整個年度。日據時期,曾經作爲彰化廳的員工宿舍,後拆除,其遺址爲今日彰化市孔子廟旁停車場。〔註144〕

　　白沙書院有其學規,係楊桂森任彰化知縣時所訂,計有「一、讀書以力行爲先。……二、讀書以立品爲重。……三、讀書以成物爲急。……四、讀八比文。……五、讀賦。……六、讀詩。……七、作全篇以上者之學規。……八、作起講或半篇之學規。……九、六七歲未作文者之學規。……」〔註145〕該學規之內容,如「凡讀一句孝弟之書,便要將這孝弟事,體貼在自己身上。

〔註141〕《續修臺灣府志》,頁360。
〔註142〕《彰化縣志》,頁143。
〔註143〕《臨時臺灣舊慣調查會第一部調查第三回報告書:臺灣私法第一卷》,頁532～533。
〔註144〕彰化縣彰化市孔子廟現地調查所得資料(現地調查日期:2015年1月12日)。
〔註145〕《彰化縣志》,頁143～146。

古人如何孝弟，我便照依學將去。始初勉強，漸漸熟習，自然天理融洽，自
己也就是聖賢地位。所謂『人皆可爲堯舜也。』」〔註146〕等，皆充分顯示朱子
學躬行踐履的思想特點。

　　至於其教學進程，同樣見諸楊氏所訂學規之中，如「作全篇以上者之學
規」爲：

　　如上燈時，讀名家新文半篇、舊文一篇、漢文十行、律賦二韻、五
　　排詩一首。讀熟畢，再將次早所應佩背之《四書》、經書，本本讀熟，
　　登於書程簿內，方可睡去。次早，將昨晚所讀之文章、詩賦、《四書》、
　　經書，誦朗熟詠，務須讀得極熟，始去先生講案，逐本背誦。既背
　　後，學晉、唐法帖百字。寫字後，看《四書》二章，約二十行；經
　　書約二十行。有疑義，問先生。疑既晰矣，須掩卷，在先生講案，
　　將所看《四書》、經書，添虛字、活字於白文，順義講去。既講後，
　　抄大家文、古文、賦、詩各一篇。抄畢，請先生講解，然後散學。
　　晚間念書如前功。次早仍照前功背誦。既背後，請先生命題，須將
　　題義細求其所以然，尋其層次，尋其虛實，然後布一篇之局，分前
　　後、淺深、開合而成篇，務須即日交卷。交卷後散學，仍夜讀如前
　　功。凡單日講書，凡雙日作文。此方有效。其所讀之經書，須本數
　　分得多，篇數撥得少，行數讀得少。如《詩經》分作五本讀，每本
　　每日讀三、四行即可也。〔註147〕

而「六、七歲未作文者之學規」則爲：

　　先教之以讀〈弟子職〉，使知灑掃應對、進退起坐之禮。其所讀書，
　　務須連前三日併讀。仍須多分本數。一本不過二十篇。每本每日讀
　　至五行，使一本書於一月內外迴頭，便易熟。并題須隨讀隨講。其
　　寫字先學寫一寸以上之大字。其讀《四書》，讀起時即連細註并讀。
　　凡讀《詩經》、《書經》，隨章添讀〈小序〉。其答經中註解，擇其解
　　字者讀之，不過十分取一、二也。《學》、《庸》註全讀，《論語》註
　　讀十分之七，《孟子》註讀十分之五，經註讀十分之一、二。蒙以養
　　正，聖功也。果行育德其毋忽。〔註148〕

〔註146〕《彰化縣志》，頁143。
〔註147〕《彰化縣志》，頁145。
〔註148〕《彰化縣志》，頁145～146。

在這兩份教學進程中，吾人可以發現，楊桂森對於已學習八股文及未學習八股文的學子，有不同的教學進度。已學制藝者，係採取單日講書、雙日作文的方式。每日晚間須複習讀名家制藝及新讀制藝、漢文、律賦、五言排律，讀熟後，再背熟隔日應背誦之《四書》、《五經》章句，將之登載於進度簿中，隔日一早，先將昨晚所讀之一應進度全數誦讀至熟練，才可前往師長座前背誦，並練習晉、唐書帖百字。習字之後，又看《四書》與《五經》各約二十行左右，若有疑義，即須立刻請教釋疑。而後，又將今日所看進度加以講解，並抄寫名家制藝、古文、賦、詩各一篇，請師長講解。當晚，又依照前揭步驟進行。隔日再由師長命題作八股文一篇。而年紀尚幼者，則先教其讀《禮記・弟子職》，再學書法，並讀《四書》與《五經》，但《四書》之中，《大學》、《中庸》須將本文連同朱註一併讀熟，《論語》之朱註僅讀七成，《孟子》之朱註則僅讀一半，而《詩》、《書》二經，皆連同〈小序〉一併誦讀。由此可知，楊氏在學規中雖體現了朱子學的立場，但在教學方面，則未必完全認同朱子對《詩序》的看法。

十五、玉峰書院

玉峰書院位於諸羅縣治（今嘉義市）西門內的縣儒學舊址。其重要文獻如下：

《續修臺灣府志》卷八〈學校志・書院〉載：「玉峰書院：在諸羅縣治西門內。舊本縣學文廟址。乾隆二十四年，知縣李倓改建。」〔註149〕

《臺灣私法》載：「玉峰書院：乾隆二十四年由知縣李倓倡建於嘉義城西門外菜園庄，後來屢受風雨等災害終於倒塌，光緒十三年由知縣羅建祥募款重建，但至日據初期已盡倒壞。……本書院基本財產甚少，因而每年僅舉行師課四至五次而已，經費亦要依賴羅山書院補助。」〔註150〕

《臺案彙錄辛集》所收王朝綱、王朝綸撰〈皇清誥贈振威將軍太子太保原任浙江水陸提督二等子爵世襲賞戴雙眼花翎晉加太子太師贈伯爵賜祭葬予諡果毅顯考玉峰府君行述〉則云：「邑舊有書院，久廢。道光初年，府君命嫡堂兄朝清同不孝朝綱等捐鏹五千圓，興築玉峰書院於城南門外朱子祠旁，延師主講，月課生童。至是被賊蹂躪。又命朝清子源懋鳩金踵修，以復

〔註149〕《續修臺灣府志》，頁360。
〔註150〕《臨時臺灣舊慣調查會第一部調查第三回報告書：臺灣私法第一卷》，頁538。

舊觀。」〔註151〕

　　透過上揭文獻及筆者現地調查所得資料，吾人當可得知，玉峰書院係諸
羅知縣李倓於乾隆二十四年（1759，己卯）就諸羅縣儒學之舊址改建而成，
王得祿（1770～1842）曾於道光初年命其侄王朝清（例貢生、候選員外郎，
後贈刑部郎中）、其子王朝綱等人捐資五千圓，於嘉義縣城南門外朱子祠旁再
次興建，並延請師資授學其中，後因張丙事變而被毀，復命其侄孫王源懋倡
捐重修，此後，嘉義知縣羅建祥也曾募款重建，但日據初期即已全數毀壞，
遂在戰後改為奉祀保生大帝的震安宮。〔註152〕

十六、明志書院

　　清領時期的明志書院有二，此處所指涉者，係位於今日新北市泰山區之
明志書院，也是清領時期北臺灣創設的第一所書院。其重要文獻如下：

　　《續修臺灣府志》卷八〈學校志・書院〉載：「明志書院：在竹塹城北興
直莊夾龜崙、八里坌兩山之間，舊永定貢生胡焯猷宅。乾隆二十八年捐置義
學，署同知胡邦翰詳建書院。」〔註153〕

　　《淡水廳志》卷五〈學校志・書院〉載：「明志書院，……原在興直堡新
莊山腳，永定縣貢生胡焯猷舊宅，乾隆二十八年，胡焯猷捐置義學，名曰『明
志』。並捐充學租，同知胡邦翰詳建書院。二十九年，總督楊廷璋勒石記之。
三十年，同知李俊原議在塹城南門內別建。四十二年，同知王右弼牒將胡焯
猷捐積穀價為移建費。」〔註154〕

　　透過上揭文獻及筆者現地調查所得資料，吾人當可得知，泰山明志書院
係永定縣貢生胡焯猷（1693～？）將其舊宅及田產捐出所設置之義學，由時
任淡水廳同知胡邦翰於乾隆二十八年（1763，癸未）陞為書院，但因距離廳
治竹塹太遠，歷經李俊原、王右弼兩位淡水同知之手，遂將該書院遷建至竹
塹城內。此後，泰山明志書院曾因年久失修而在 2003 年倒塌，並於 2005 年
修復完成。〔註155〕

〔註151〕臺灣銀行經濟研究室編：《臺案彙錄辛集》（臺北：臺灣銀行經濟研究室，1964
　　　　年 12 月），頁 306。
〔註152〕嘉義市西區震安宮現地調查所得資料（現地調查日期：2013 年 10 月 23 日）。
〔註153〕《續修臺灣府志》，頁 360。
〔註154〕《淡水廳志》，頁 137。
〔註155〕新北市泰山區明志書院現地調查所得資料（現地調查日期：2013 年 10 月 30
　　　　日）。

十七、南湖書院

南湖書院位於臺灣府治，爲臺灣知府蔣允焄於乾隆三十年（1765，乙酉）所建，其重要文獻如下：

《清一統志臺灣府》載：「南湖書院：在府城南。本朝乾隆三十年建。」〔註156〕《續修臺灣縣志》卷三〈學志・書院〉雖未列南湖書院一目，但同書卷七〈藝文志・記〉所收蔣氏〈新建南湖書院碑記〉則云：「予自癸未，量移茲郡，即有志乎斯舉。……既抵任後二年，得南湖數畝，……曩以崇文齋舍湫隘，士之肄業其中者，無以展拓性靈，而日就固陋。今得名勝之區，於氣運日新之年，藏修游息，其成就又復何如耶？爰捐廉俸，廓而新之；而吳誠、許居、王賞實踴躍趨事。傍湖構學舍數座，別建講堂於法華寺左畔，隨方位置，不綴續也。」〔註157〕

《續修臺灣縣志》卷三〈學志・教官・縣儒學訓導〉載：：「傅修，字竹漪，廣東海陽人。乾隆壬午舉人，出涇陽張鶴山門。鶴山觀察臺灣時，南湖書院未廢，延修主講席。修峻丰裁，見諸生未嘗不衣冠。月課講期，有規條無或踰越。及門如葉期頤、陳作霖、郭旁達、史錦華，皆其高足也。」〔註158〕

由上揭文獻可知，南湖書院位於今日臺南市中西區法華寺左近，張珽任福建分巡臺灣兵備道兼理學政時，曾延攬其於廣東鄉試錄取之舉人傅修，擔任南湖書院山長。傅氏任職期間，先後栽培葉期頤、陳作霖、郭旁達、史錦華等成材。葉氏於乾隆三十六年（1771，辛卯）登賢書，後以大挑授河南西華知縣，並數任鄉試同考官，極有政聲，爲士林所重；陳氏於乾隆三十九年（1774，甲午）登賢書，任職寧化縣儒學教諭；郭、史二人則於乾隆四十八年（1783，癸卯）登賢書，郭氏選爲福安縣儒學教諭。〔註159〕然筆者從事現地調查時，當地已渺無南湖書院之遺址。〔註160〕

十八、文石書院

文石書院位於澎湖廳大山嶼文澳鄉（今澎湖縣馬公市西文里），係清領時

〔註156〕臺灣銀行經濟研究室編：《清一統志臺灣府》（臺北：臺灣銀行經濟研究室，1960 年 2 月），頁 6。

〔註157〕《續修臺灣縣志》，頁 504。

〔註158〕《續修臺灣縣志》，頁 187。

〔註159〕《彰化縣志》，頁 232、頁 244；《續修臺灣縣志》，頁 191。

〔註160〕臺南市中西區法華寺現地調查所得資料（現地調查日期：2014 年 3 月 25 日）。

期澎湖廳的唯一一座書院。其重要文獻如下：

《澎湖紀略》卷四〈文事紀‧書院〉載：「澎地一十餘年以來並無入泮之人，今歲試獲雋者三人，實澎湖向未曾有之事也。以故人皆鼓舞，時則有貢生許應元、張綿美、監生蔡聯輝等呈請捐創書院，以惠士林；隨即稟明本道學憲張公、札商本府秦公，俱蒙報可。余乃捐廉百兩，以襄眾美，擇文澳之勝地創建焉。經始於乾隆丙戌之孟冬，落成於丁亥之孟夏。中為講堂三楹，匾曰『鹿洞薪傳』，中祀朱子、兩程子、周子、張子五賢。前則頭門三間，中架為樓，樓上祀魁星之神。後為後堂三間，中祀文昌之神，左右兩間以為山長住居之所。至於東西兩面，翼以書室各十間，以為諸生讀書精舍。統榜曰『文石書院』。文石者，澎產也。其石五色繽紛，文章炳蔚。石之文何莫非人之文也！因取而名焉。」〔註161〕

《澎湖廳志》卷四〈文事志‧書院〉在文石書院創設後之資料又載：「（乾隆）五十五年夏，壞於風災，知府楊廷理來澎撫卹，諭通判王慶奎鳩資修葺。嘉慶四年，通判韓蜚聲捐廉重修，改建魁星樓，……二十年，通判彭謙就院後再建五間，以祀文昌。道光元年，通判蔣鏞重錄〈學約〉，鋟板懸講堂東西壁。七年秋，與協鎮孫得發、遊擊江鶴等捐廉倡修，自為主講，以修金充工資。九年春，改建魁星樓於巽方，取文明之象；……光緒元年，董事生員蔡玉成，邀同紳士陳維新、許樹基、黃步梯、蔡榮賢等重議修建，……光緒年間，通判程邦基，於城內建程朱祠，於是山長皆寓祠內。惟春秋祭祀，至書院行禮而已。」〔註162〕

《臺灣私法》載：「本書院每月實施月課兩次，考試島內的讀書人，並分等級賞膏伙銀給優等生。」〔註163〕

透過上揭文獻及筆者現地調查所得資料，吾人當可得知，文石書院由澎湖廳通判胡建偉（1718～1796）於乾隆三十一年（1766，丙戌）受當地士人許應元等呈請而允諾捐建，其後歷經王慶奎、韓蜚聲（？～1800）、彭謙、蔣鏞等地方官員及士人蔡玉成等人之捐資修建，每月實施兩次月課，用以評量澎湖各島入學士人，並視成績發給膏火費用。其舊址於戰後的 1963 年改建為

〔註161〕　〔清〕胡建偉纂輯：《澎湖紀略》（臺北：臺灣銀行經濟研究室，1961 年 7 月），頁 80。
〔註162〕　〔清〕林豪纂修：《澎湖廳志》（臺北：臺灣銀行經濟研究室，1964 年 6 月），頁 110～112。
〔註163〕　《臨時臺灣舊慣調查會第一部調查第三回報告書：臺灣私法第一卷》，頁 544。

孔廟，原文石書院之建築群，僅登瀛樓（魁星閣）留存。〔註164〕

　　文石書院之學規有二，一為創建本書院之胡建偉所撰，共有「一、重人倫。……二、端志向。……三、辨理欲。……四、勵躬行。……五、尊師友。……六、定課程。……七、讀經史。……八、正文體。……九、惜光陰。……十、戒好訟。」〔註165〕等十條。其內容論述，如端志向、辨理欲等，皆屬於朱子學之範疇。二則為曾任文石書院講席的林豪（1831～1918）所撰，共有「一、經義不可（不）明也。……二、史學不可不通也。……三、《文選》不可不讀也。……四、《性理》不可不講也。……五、制義不可無本也。……六、試帖不可無法也。……七、書法不可不習也。……八、禮法不可不守也。」〔註166〕等八條。其內容除闡發朱子學的《性理精義》之外，也認為應讀《昭明文選》，且部分學規內容體現晚清學術思潮之異於朱子學之處，如「經義不可不明也」一目所云：「若場屋與考經解，則以眾說為波瀾，而以《御纂》及朱子說為主腦。朱註雖為所尚，要當分別觀之。如《周易》宜習漢學。其尤著者，若虞氏義一書，為國朝惠定宇、張皋文諸家所闡發，尤為漢《易》入門之徑。……他如《毛詩》小〈序〉，必不可廢。若能會萃眾說而自抒新義，亦可以參備一解。……聖賢理道，本屬無窮，如近世江慎修之《鄉黨圖考》、閻百詩之《四書釋地》，皆足以專門名家，補前賢所未備。學者會而通焉，可也。」〔註167〕即提出治《易》應從漢儒之說、《詩序》不可廢、肯定清儒江永（1681～1762）與閻若璩（1636～1704）著作等觀點，為清領時期臺灣各書院學規中，較為少見之現象。

　　至於文石書院之教學進程，可由胡建偉所定學約十條中的「定課程」、「正文體」窺知，其說云：

　　　　定課程：……孟子言：「大匠誨人，必以規矩。學者亦必以規矩。」
　　　　課程者，即匠之規矩也；欲讀書者，課程可不定乎？而課程之法，
　　　　則莫有善於程畏齋《分年日程》之一法也。其法本末兼該，體用具
　　　　備。陸清獻云：「此非程氏之法，而朱子之法；非朱子之法，而孔、
　　　　孟以來教人讀書之法也。」其尊信有如此者。今院內仿依此法，令

〔註164〕澎湖縣馬公市孔子廟、文石書院登瀛樓現地調查所得資料（現地調查日期：
　　　　2013 年 6 月 21 日、2015 年 8 月 1 日）。
〔註165〕《澎湖紀略》，頁 81～88。
〔註166〕《澎湖廳志》，頁 120～124。
〔註167〕《澎湖廳志》，頁 120。

諸生各置一簿，以爲每日課程。記本日讀何書？何處起止？或生書、
或溫書，並先生所講何書？午間何課？夜間何課？一一登記簿內，
從實檢點，不得虛張濫記；積日而月、積月而歲，歷歷可考。工夫
有常，自然長進。每五日，又於已熟之書按簿抽背一次；或余於公
事之暇到院，亦按簿抽背，以驗其生熟。如有從頭至尾背念一字不
忘者，即給送紙筆之資，以獎其勤能。倘有妄自開寫簿內，背念不
熟者，即申飭示罰，以爲怠惰者儆。至於作文，每十日作文一篇、
五言排律詩一首；夏日則加策一道。務須盡一日之力，以完此課，
不許繼燈給燭。平日用功，以看書、讀書爲急，（不）〔大〕比場前，
要多作時文以熟其機也。每日講書後要看書，先將白文理會一遍，
次看本註、次看大全等講章。如此做工夫，則書理自可漸明。《四書》
既明，則經學便勢如破竹矣。

正文體：……人之質性不同，敏鈍各異，概令其服習熟讀經史，亦
非易事。然亦有法焉，可以循序漸進也；則莫如仿歐陽文忠公限字
讀書之法，準以中人之性，日約讀三百字，四年半可讀畢《四書》、
《五經》、《周禮》、《左傳》諸書。依此做去，則史亦可盡讀也；亦
惟勤者能自得之耳。學者果能如朱子所云：「抖擻精神，如救火治病
然，如撐上水船、一篙不可放緩。」如此著力去讀，則又何書不可
盡讀耶？寧第經、史而已哉！〔註168〕

透過上引文獻，吾人可以窺知，文石書院的教學進程，係胡建偉仿照元儒程
端禮（1271～1345）之《讀書分年日程》而定，受業諸生須以簿冊登錄每日
新讀、複習及師長講授之書目起迄，每五日由已熟讀之書中揀出抽背，每十
日亦須作制藝一篇、五言排律一首，夏季另加作策論一道。而師長每日講授
之後，諸生須先理解本文，再觀朱註，其後參看《四書大全》、《五經大全》、
《性理大全》等書。胡氏更認爲，若能依宋儒歐陽修（1007～1072）的讀書
法，每日讀三百字，則四年半就能讀完《四書》、《五經》，如此一來，不僅經
書可遍讀，史書及其他有益之書，亦可有心力加以研習。

十九、明志書院

此項指涉之明志書院，係由泰山明志書院移建後的新竹明志書院，其重

〔註168〕《澎湖紀略》，頁84～85。

要文獻如下：

《淡水廳志》卷五〈學校志・書院〉載：「（乾隆）三十年，同知李俊原議在塹城南門內別建。四十二年，同知王右弼牒將胡焯猷捐積穀價為移建費。四十六年，同知成履泰以南門低窪，別購西門內蔡姓地基建造，即今所也。計一座三進，中為講堂，後祀朱子神位，左右兩畔各房為生童肄業之所，道光九年，同知李慎彝重新改建。」〔註169〕

《新竹縣志初稿》在前揭資料之後，復載：「光緒十五年冬，知縣方祖蔭籌捐紳士蔡廷琪等項下重修敬業堂，於堂外添建右畔小廊，並改造外牆門於敬業堂適中之所。十九年，知縣葉意深改新竹兩處義塾，并歸書院。二十年春，葉意深重修。」〔註170〕同書又載：「全年考課八期，每月官、師二期，生員超等一名給膏伙銀二圓，餘超等均一圓；特等一名給膏伙一圓，餘均五角；一等不給。童生上取一名給膏伙銀一圓，餘上取均五角；中取一名給膏伙銀五角，餘中取均二角五瓣；次取不給。光緒十六年，加考小課八期，其膏伙與考課均一律支給。遞年不敷，官為墊辦。是年，知縣沈茂蔭始不用監院；十九年，知縣葉意深始不用山長。師期考課，歸官評閱。又將城內兩處義塾，并歸書院。」〔註171〕

透過上揭文獻及筆者現地調查所得資料，吾人當可得知，遷建至竹塹之後的明志書院，先後經過成履泰、李慎彝（1777～1855）、方祖蔭、葉意深等地方官員的重建、改築、增修，每年又有八次考課，每月分為官課、師課，並視成績發給膏火費用，光緒十六年（1890，庚寅）又加考小課八次，同樣發給膏伙費用，後因經費不足，而由官府支付，並因此而刪去監院、山長之任，月課改由官方閱卷。後因日據時期市街改正而拆除，並在戰後將舊址改建為「明志書院停車場」，於2001年落成。〔註172〕

二十、仰山書院

仰山書院位於噶瑪蘭廳治（今宜蘭縣宜蘭市），為清領時期噶瑪蘭廳的唯一一所官設書院，其重要文獻如下：

《噶瑪蘭志略》卷七〈書院志〉載：「仰山書院：楊廷理入蘭查辦時，以

〔註169〕《淡水廳志》，頁137。
〔註170〕《新竹縣志初稿》，頁94。
〔註171〕《新竹縣志初稿》，頁97。
〔註172〕新竹明志書院舊址現地調查所得資料（現地調查日期：2014年3月11日）。

楊龜山先生為閩學宗倡，而該地海中亦有嶼日龜山，故取仰山。在廳治西文昌宮左。本係廟地；嘉慶十五年，廷理草創一椽。至二十四年，通判高大鏞延師開課，地已就圮。道光元年，署倅姚瑩改築於後殿左廂房，只一廳一室；旋亦圮。四年，通判呂志恆於東首臨街建一門樓，額曰仰山書院。十年閏四月，署通判薩廉乃就原建之址，架築三楹，以為安硯之地。外達官廳，內增廚灶。旁有一隙地，大可數弓，編以枳籬，可蒔花木。牆外尺許即敬字亭。該院田地，自道光初年，以查丈閒款充為租息，計年可足千金。膏火原訂生員三名賞銀二元，童生五名賞銀三元。今自十年夏季，以人數較多，童生給賞增至十名，發銀五元五角外，又增未冠童生四名，合賞銀一元。主講束修八十元，伙食四十元。道光四年，制軍孫爾準巡臺，以蘭屬人文未盛，皆由書籍稀少，無從擴其見聞，因就鰲峯書院中所藏四庫板經史及先儒語錄文集抽撥數種，發仰山書院存貯。此項發交臺灣府，終未頒到。」〔註173〕

　　《噶瑪蘭廳志》卷四〈學校志·書院〉載：「每月官課一次、師課一次，大率以初二、十六等日為期（院長家器、生童椅棹，隨時酌補）。」〔註174〕

　　透過上揭文獻及筆者現地調查所得資料，吾人當可得知，仰山書院係楊廷理（1747～1813）敬仰宋代閩地大儒「龜山先生」楊時（1053～1135），且噶瑪蘭境內又可遠眺海中的龜山島之雙重緣故，遂將新創設之書院命名為「仰山書院」。此書院先後經過高大鏞（？～1818）、姚瑩、呂志恆（？～1832）、薩廉、朱材哲（1759～1869）等地方官員的支援、改建，淡水廳舉人陳維英、鹿港進士蔡德芳（1824～1899）以及宜蘭本地的舉人李望洋、進士楊士芳等人，皆曾擔任書院院長一職，可謂文風薈萃。仰山書院每月設有官課、師課，並視學子身分，發給膏火費用。日據時期以後，仰山書院建築日漸傾頹，目前僅存部分遺蹟與宜蘭市文昌廟相鄰。〔註175〕

廿一、主靜書院

　　主靜書院，位於彰化縣治，是一所已完成籌備但未及正式運作而告中輟

〔註173〕〔清〕柯培元撰：《噶瑪蘭志略》（臺北：臺灣銀行經濟研究室，1961年1月），頁65。

〔註174〕〔清〕陳淑均纂，李祺生續輯：《噶瑪蘭廳志》（臺北：臺灣銀行經濟研究室，1963年3月），頁145。

〔註175〕宜蘭縣宜蘭市仰山書院遺址、文昌宮現地調查所得資料（現地調查日期：2013年4月27日）。

的書院。其文獻如下：

《彰化縣志》卷四〈學校志‧書院〉載：「主靜書院，在南門外演武廳後，即舊倉廒也。嘉慶十六年，知縣楊桂森以倉廒易建在縣署後，欲將此地改立為義學，置租延師，令貧士課讀其中，以終養去中輟。」〔註176〕

透過上揭文獻，吾人當可得知，時任彰化知縣的楊桂森，原有意在白沙書院之外，另創設屬於義學性質的主靜書院，以供貧窮但有志向學者就讀，但旋即因楊氏請辭卸篆而中輟，未能正式運作。

廿二、鳳儀書院

鳳儀書院位於鳳山縣新治（今高雄市鳳山區），係清領時期南臺灣規模最大的書院，其重要文獻如下：

《鳳山縣采訪冊‧書院》載：「鳳儀書院，在縣署東數武，……嘉慶十九年候選訓導歲貢生張廷欽建。光緒十七年舉人盧德祥重修。」〔註177〕

《臺灣教育碑記》所收候選訓導張廷欽〈鳳儀書院木碑記〉云：「甲戌歲（嘉慶十九年），樸荑吳公攝篆斯邑，以為欲振民風，宜培士氣，詢諸紳士，議建書院。……公曰：『善。』於是慨然捐二百金，命廷欽董其事。邑中諸紳士踴躍捐輸，相助為理。而繼官斯土者，亦咸分鶴俸以期於成。由是舊治大成殿煥然一新，而建書院於新邑署之東偏，額之曰『鳳儀』，前有講堂，後有廳事，崇祀文昌、奎星、倉聖神位於其中。復廣三舍，設試棹，俾生童肄業有所，歲科童試亦暈征于是。」〔註178〕

《臺灣私法》則載：「本書院亦實施官課及月課，依優等生等級分別賞給膏伙銀。」〔註179〕

透過上揭文獻及筆者現地調查所得資料，吾人當可得知，鳳儀書院於嘉慶十九年（1814，甲戌）由署理鳳山知縣吳性誠率先捐銀二百兩以號召「舊社」同人捐資，並命歲貢生張廷欽董理興建事宜，竣工後，成為清領時期南臺灣規模最大的書院，並在廳事中供奉文昌、奎星、倉聖等三神位，迄光緒十七年（1891，辛卯），復由舉人盧德祥（？～1917）再次重修，但因戰後遭

〔註176〕《彰化縣志》，頁143。

〔註177〕〔清〕盧德嘉纂輯：《鳳山縣采訪冊》（臺北：臺灣銀行經濟研究室，1960年8月），頁158。

〔註178〕《臺灣教育碑記》，頁36。

〔註179〕《臨時臺灣舊慣調查會第一部調查第三回報告書：臺灣私法第一卷》，頁542。

國府來臺軍隊佔居而一度破敗，幸於 2014 年完成修復工程，並自臺南孔廟樂局「以成書院」分靈文昌帝君香火後，再次對外開放。〔註180〕

廿三、文開書院

　　文開書院位於彰化縣鹿港新興街（今彰化縣鹿港鎮），筆者於國立彰化師範大學講授大一國文課程時，曾數次帶修習課程之學生前往該書院進行校外教學。其重要文獻如下：

　　《彰化縣志》卷四〈學校志・書院〉載：「文開書院，在鹿港新興街外左畔，與文武廟毗連。道光四年，同知鄧傳安倡建，中祀徽國朱子文公。兩旁以海外寓賢八人配享。講堂書室，前後門庭，規模甚為宏敞。」〔註181〕

　　《臺灣私法》載：「……日據後曾經充為守備隊營房及鹿港支廳員工宿舍。本書院每年實施官課及師課各六次，官課在初十日，師課在二十五日，應考者大約生員一百名、童生三百名。而無論官課與師課，生員超等四名、特等八名，每名發給膏伙銀三元及一元五角。童生上取六名、中取十二名，每名賞給膏伙銀二元五角及一元。本書院奉祀朱子及名賢，由理番同知監督及實施考試。……山長由舉人以上之士擔任。」〔註182〕

　　透過上揭文獻及筆者現地調查所得資料，吾人當可得知，文開書院係時任鹿仔港海防捕盜同知的鄧傳安於道光四年（1824，甲申）創設，係因鹿港與縣治間有一段不短的距離，但卻沒有教學場所可供本地學子攻讀，遂商請當地富商「日茂行」少東林文濬捐資興建，並因景仰「海東文獻之祖」沈光文（字文開）而命名。文開書院正祀朱子，並以沈光文、盧若騰（1598～1664）、徐孚遠（1599～1665）、王忠孝（1593～1667）、沈佺期（1608～1682）、郭貞一（1615～1695）、辜朝薦（1598～1668）、藍鼎元等八位明末至清代曾寓居臺灣之名賢配祀。文開書院每年各實施官課、師課六次，並視成績發給膏火費用。日據時期，曾作為守備隊營房及鹿港支廳員工宿舍，戰後又遭國府來臺軍隊佔居，並因 1975 年 12 月發生的火災而一度破損，經修復後，於 1985 年 11 月公告為三級古蹟，1999 年九二一大地震，文開書院再度受損，經重修後，於 2005 年完成修復，並在《文化資產保存法》施行後，改為縣定古蹟。

〔註180〕高雄市鳳山區鳳儀書院現地調查所得資料（現地調查日期：2014 年 1 月 10 日、2015 年 6 月 17 日）。
〔註181〕《彰化縣志》，頁 143。
〔註182〕《臨時臺灣舊慣調查會第一部調查第三回報告書：臺灣私法第一卷》，頁 533。

然今日文開書院奉祀之神位，主神已改爲孔子，朱子則移至中排，與八位寓賢及後續增祀的鹿港同知鄧傳安、陳盛韶（1775～1861）、孫壽銘、彰化知縣朱山等地方官員並列。〔註183〕

廿四、羅山書院

羅山書院位於嘉義縣治南門外，其重要文獻如下：

《臺灣私法》載：「羅山書院：道光九年，贈中憲大夫刑部郎中王朝清（王得祿之侄）與知縣張縉雲商議籌建書院事宜，並捐出土地一所及銀五千兩，然後募得一萬八千三百餘兩建於嘉義南門外街，以蘇名標爲董事。同治元年毀於戴萬生之役，由地方士紳莊學海、陳登雲、陳鴻儒、葉庚歌及陳熙年等修復，光緒十二年由齋長王秉鈞及徐德煊等重修，日據後曾經充爲衛戍病院及守備隊營房。本書院在七月至十一月之間每月實施官課及師課各一次，考試本地區的生員及童生，優等生兩課均賞給膏伙銀。本書院除祭祀先賢五子外，亦祭祀創辦人王朝清及張縉雲。」〔註184〕

透過上揭文獻及筆者現地調查所得資料，吾人當可得知，羅山書院係由時任嘉義知縣張縉雲、刑部郎中王朝清（案：據周凱〈嘉義王君墓誌銘〉所云，王朝清原以縣學庠生捐員林郎，誥授「奉直大夫」，「中憲大夫」係因王氏從弟王朝綱之官秩而加級貤贈）〔註185〕於道光九年（1829，己丑）商議後，倡捐興建於縣城南門外，同治元年（1862，壬戌）曾一度遭受戴潮春事變而毀壞，後經數次重修。羅山書院僅在每年七至十一月舉行官課、師課，並視成績發給膏火費用。日據時期，羅山書院曾充作衛戍病院及守備隊營房，後於大正八年（1919）作爲嘉義第二公學校之校址，即現今之臺義市立民族國民小學。至於羅山書院原本奉祀的宋代五夫子，則移祀至文昌閣舊址所興建之鎮南聖神宮，與鎮南宮五府千歲、文昌閣五文昌帝君一併奉祀。〔註186〕

〔註183〕彰化縣鹿港鎮文開書院現地調查所得資料（現地調查日期：2012年10月17日、2015年1月8日、2015年11月7日）。

〔註184〕《臨時臺灣舊慣調查會第一部調查第三回報告書：臺灣私法第一卷》，頁538。

〔註185〕〔清〕周凱撰：《內自訟齋文選·嘉義王君墓誌銘》，收入黃哲永、吳福助主編：《全臺文》（臺中：文听閣圖書公司，2007年7月），第七冊，頁114。

〔註186〕嘉義市立民族國民小學、嘉義市西區鎮南聖神宮現地調查所得資料（現地調查日期：2014年3月17日）。

廿五、藍田書院

藍田書院位於彰化縣南北投保（今南投縣南投市），其重要文獻如下：

《臺灣教育碑記》所收閩清縣儒學教諭曾作霖〈新建南投藍田書院碑記〉云：「邑治東南四十里，有地曰南投。乾隆初，始設縣丞居此，距今百餘年矣。……分縣朱公，延請南北投、水沙連兩保士庶，議建書院。僉舉生員族弟作雲、簡君俊升等董其事。迺屬霖為〈序〉勸捐。……經始於道光拾壹年多月，閱兩歲而告成。中祀文昌帝君，後祀徽國文公朱子。即以其廳為講堂，房居山長，兩翼廂房為諸生肄業地。……顏曰藍田書院。謂樹之無殊種玉，蓋欲藉此為培植之區，而冀青出於藍，以共與孝弟力田之科也。學者庶顧名而思義乎！」〔註187〕

《臺灣通志・列傳・政績》載：「孫壽銘，號少坪，大倉州舉人。同治七年、光緒五年，再任鹿港同知。……教既行，境內無事，日與書院諸生論文講學；經行備者，表揚之。藍田書院，在南投；鰲山書院，在寓鰲。皆隔五、六十里。每課期必親，不以為遠。及卒，士民立之主，祀於文開後堂。」〔註188〕

王啓宗教授《臺灣的書院・臺灣各書院簡介》載：「藍田書院，……道光二十五年三月地震，再加上淫雨連綿，水浸半月而坍毀。同治三年正月由吳聯輝首倡募款，而改建於現址，七年五月落成。其後，光緒十年、二十二年迭經修繕。日據時期曾被捐為南投公學校，但祀神仍存，民國四年（一九一五年）收回重建。五十年前殿併設濟化堂，增建後殿。」〔註189〕

李鎮岩先生《臺灣的書院・南投藍田書院》又載：「到了光緒10年（1884）書院樑柱遭白蟻侵蝕，傾圮不堪，吳聯輝長子朝陽又募款在原址加以重建。」〔註190〕

透過上揭文獻及筆者現地調查所得資料，吾人當可得知，藍田書院本屬義學性質，係由彰化縣南投縣丞朱懋於道光十一年（1831，辛卯）邀集南北

〔註187〕《臺灣教育碑記》，頁44。
〔註188〕〔清〕薛紹元總纂：《臺灣通志》（臺北：臺灣銀行經濟研究室，1962年5月），頁433。
〔註189〕王啓宗著：《臺灣的書院》（臺中：臺灣省政府新聞處，1987年6月），頁67～68。
〔註190〕李鎮岩著：《臺灣的書院》（臺北縣新店市：遠足文化事業股份有限公司，2008年1月），頁113。

投保、水沙連保士紳商議而設置，於道光十三年（1833，癸巳）落成。其後，歷經多次毀損與修建。其命名之原因，係期待受業學子得以青出於藍而成才。曾任鹿港海防同知的孫壽銘，每逢官課，必不辭路遠而親至考核。日據時期，本書院曾作為南投公學校，後於大正四年（1915）重建，並在戰後的 1965 年增設鸞堂「濟化堂」於後殿，供奉關聖帝君、孚佑帝君、司命真君、城隍、土地神，復增建二樓，供奉孔子及歷代聖賢。〔註191〕

廿六、學海書院

學海書院位於淡水廳艋舺街（今臺北市萬華區），其重要文獻如下：

《淡水廳志》卷五〈學校志·書院〉載：「學海書院，在艋舺街南，原名文甲。道光十七年同知婁雲議建草店尾祖師廟北畔，未果行。是年復據林國瑤捐獻地基在下嵌莊，即今所。董事為周智仁等，因控案延廢。二十三年同知曹謹續成之。二十七年，總督劉韻珂巡臺，易以今名。同知曹士桂親為院長。同治三年十月重修。四年閏五月告竣。共費銀一千八百一十四圓。除同知王鏞撥罰款三百五十六圓外，尚應一千四百五十八圓，院長陳維英勸捐。」〔註192〕同卷又載：「每月官、師二課，生員超等一名，給膏伙銀二圓，超等二名起，至特等一名止，均一圓。餘特等皆伍角，一等不給。童生上取一名一圓。餘均伍角。中取、次取不給。」〔註193〕

《臺灣私法》載：「學海書院：在艋舺街南，原名文甲（即番語 Punga 音訛，艋舺的別稱）書院。……日據後本書院歸廢，院舍曾經充為學務部及日語學校員工宿舍。」〔註194〕

透過上揭文獻及筆者現地調查所得資料，吾人當可得知，學海書院原名文甲書院，係今日臺北市境內在清領時期創設的第一所書院，原由時任淡水撫民同知的婁雲在道光十七年（1837，丁酉）草創而中輟，後於道光二十三年（1843，癸卯），由淡水撫民同知曹謹（1787～1849）續成其業。道光二十七年（1847，丁未），閩浙總督劉韻珂（1792～1864）巡視臺灣，遂易以今名，並由淡水撫民同知曹士桂（1800～1848）擔任書院山長，但翌年即卒於任內。本書院曾於同治三年（1864，甲子）重修，費用除部分由淡水撫民同知王鏞

〔註191〕南投縣南投市藍田書院現地調查所得資料（現地調查日期：2014 年 3 月 2 日）。
〔註192〕《淡水廳志》，頁 139。
〔註193〕《淡水廳志》，頁 141。
〔註194〕《臨時臺灣舊慣調查會第一部調查第三回報告書：臺灣私法第一卷》，頁 530。

撥廳內罰款支付外，其餘皆由書院山長陳維英對外勸捐。本書院每月設有官課、師課，並視成績發給膏火費用。日據時期，本書院曾充作學務部及日語學校員工宿舍，後經標售，改爲高氏大宗祖祠。並於 1985 年 8 月，公告爲第三級古蹟，在《文化資產保存法》施行後，改爲直轄市定古蹟。〔註195〕

廿七、正心書院

正心書院位於埔裏社廳五城堡水社部落日月潭珠仔山（今南投縣魚池鄉日月潭拉魯島），爲清領時期唯一專供原住民入學的官設書院。其重要文獻如下：

《臺灣文化志》卷下〈番政沿革・番人之教育〉載：「光緒元年，値新設埔里社廳，置中路撫民理番同知之際，分巡臺灣兵備道夏獻綸，基於有養尤不能無教之旨趣，於翌年，擬議建立義學二十六所，擇漢民之有文理者舉爲司教，爲教育漢民、熟番兩屬之子弟，使與當時新設生番教育之義學併行，……在水社者，設於日月潭中心珠仔山上，名曰正心書院。帶防備駐屯之丁汝霖、與其幕下吳裕明、黃允元，共兼掌司教，主以教育水沙連化番爲目的。……然此等義學，爾後漸成廢弛（如正心書院，亦經三年後，與丁汝霖去職同時絕止）。」〔註196〕

王啓宗教授《臺灣的書院・正心書院》載：「正心書院，爲光緒二年（一八七六年），丁汝霖創建於珠嶼（即今光華島），以教育水沙連化番者。按光緒二年十月，臺灣道夏獻綸巡視水沙連，遂令駐守該地之丁汝霖設書院於珠嶼，乃建一棟四十三公尺長，九公尺寬之房屋於頂上，又於山坡蓋十六公長五公尺寬之房屋，日正心書院。汝霖與（募）〔幕〕僚吳裕明兼掌司教，以教育化番子弟。」〔註197〕

透過上揭文獻及筆者現地調查所得資料，吾人當可得知，正心書院係時任分巡臺灣兵備道的夏獻綸（？～1879），於光緒二年（1876，丙子）命總兵吳光亮（1834～1898）及其屬下營官丁汝霖所建，除供奉文昌帝君外，亦由丁汝霖及幕僚吳裕明、黃允元掌理邵族原住民漢化教育的事宜，係臺灣在清

〔註195〕臺北市萬華區學海書院現地調查所得資料（現地調查日期：2013 年 11 月 23 日）。
〔註196〕〔日〕伊能嘉矩著，江慶林等譯：《臺灣文化志（中譯本）》（臺中：臺灣省文獻委員會，1991 年 6 月），下冊，頁 299～300。
〔註197〕《臺灣的書院》，頁 73～74。

領時期唯一一所專供原住民就讀之官設書院，並具備防範外國傳教士介入原住民事務的作用。但因丁汝霖在三年後去職而廢止，文昌帝君神像改由鄉人供奉，並輾轉移至益化堂，後因昭和九年（1934）日月潭興建水壩以作發電之用，處在淹沒區的益化堂、龍鳳宮等二廟，遂經管理人、庄民大會同意合併，由臺灣電力株式會社出資購買二廟產權，運用所得經費遷至他處另行建廟，新廟於昭和十三年（1938）竣工，即日月潭文武廟前身，而正心書院的文昌帝君亦隨之遷往新廟，戰後，信徒又於 1982 年在伊達邵部落附近另建明德宮，迄 1989 年始告竣，並將文昌帝君迎奉其中。〔註198〕

廿八、登瀛書院

臺灣在清領時期建造的登瀛書院有三，分別位於臺北府治西門內（今臺北市中正區）、彰化縣北投保（今南投縣草屯鎮）及宜蘭縣治（今宜蘭縣宜蘭市），本目所指涉者，係位於臺北府治之官設登瀛書院。其重要文獻如下：

《臺灣私法》載：「登瀛書院：光緒六年由臺北知府陳星聚創設，當時未建院舍，而借用臺北府考棚充用，並聘陳秀芳（引者案：此為「季」字之誤植）為院長。光緒十六年由臺北府知府雷其達以官民捐款建院舍於臺北城西門內，後來改稱淡水館，藏書甚豐。」〔註199〕

《臺北市志》卷七《教育志‧教育行政與學校教育篇》載：「光緒六年（公元一八八〇年），臺北府知府陳星聚創設登瀛書院，初置於府後街（今青島西路及以北一帶）考棚內，聘陳孝芳（引者案：此為「季」字之誤植）為院長。十六年（公元一八九〇年），知府雷其達稟請巡撫劉銘傳許可，於府治寶成門內（今桃源街、長沙街口一帶）新建院宇。共三進三廂，大小房舍二十八間。典藏圖書四千餘部，以供生員研讀。割臺後散失無存，院舍亦改作他用。」〔註200〕

透過上揭文獻及筆者現地調查所得資料，吾人當可得知，登瀛書院原由臺北知府陳星聚於光緒六年（1880，庚辰）創設於府治之府後街考棚內，並聘進士陳季芳擔任山長，光緒十六年（1890，庚寅），臺北知府雷其達經臺灣巡撫劉銘傳同意後，將登瀛書院改建至府治西門（寶成門）內，藏書四千餘部，但日據時期已散佚，院舍先改為淡水館，戰後又被婦聯總會使用，現今

〔註198〕南投縣魚池鄉日月潭文武廟、伊達邵明德宮現地調查所得資料（現地調查日期：2014 年 3 月 5 日）。
〔註199〕《臨時臺灣舊慣調查會第一部調查第三回報告書：臺灣私法第一卷》，頁 531。
〔註200〕《臺北市志》卷七《教育志‧教育行政與學校教育篇》，頁 12～13。

產權則屬於臺北地方法院所有。〔註201〕

廿九、啓文書院

啓文書院位於埔裏社廳治（今南投縣埔里鎮），其重要文獻如下：

《臺灣教育志稿》第二章〈學校志‧埔里社廳〉載：「光緒九年通判傅若金倡道シテ啓文書院ヲ大脯城內ニ創建セシカ未タ落成ニ至ラスシテ荒廢セリ。」〔註202〕

透過上揭文獻及筆者現地調查所得資料，吾人當可得知，啓文書院由中路撫民理番同知傅若金倡導，於光緒九年設置於廳治大埔城內，但未及落成即告荒廢。現今南投縣埔里鎮內，已渺無遺蹟，但埔里鎮瀛海城隍廟內供奉之孔子及四聖配神像，容或可能係當初啓文書院所有。〔註203〕

三十、蓬壺書院

蓬壺書院位於臺灣縣治（今臺南市中西區），其重要文獻如下：

《臺灣私法》載：「蓬壺書院：原名引心文社，在臺南寧安坊（引者案：應爲寧南坊之誤植）呂祖廟內。嘉慶十五年由拔貢生張青峰、優貢生陳震曜等創建，以教育兒童爲目的，經費由黃拔萃捐獻。嘉慶十八年臺灣知縣黎溶與地方士紳商議，改稱爲引心書院，舉行官課及師課。光緒十二年安平知縣沈受謙鑑於院舍狹隘，募銀八千餘元新建於臺灣縣署東旁縣口街，並買置赤嵌樓餘地及民屋十餘間充用，同時改稱爲蓬壺書院，日據後曾經充爲衛戍病院。本書院於每月十三日由知縣主持官課，二十八日由院長主持師課，而以生員及童生各前十六名爲超等內課生，各二十四名爲優等外課生，其餘分爲一至三等，分別賞給膏伙銀。」〔註204〕

透過上揭文獻及筆者現地調查所得資料，吾人當可得知，蓬壺書院原爲引心文社，由拔貢生張青峰、優貢生陳震曜等人創建於嘉慶十五年（1810，庚午），

〔註201〕臺北市中正區登瀛書院舊址現地調查所得資料（現地調查日期：2014年6月16日）。

〔註202〕臺灣總督府民政部學務課編：《臺灣教育志稿》（臺北：臺灣總督府，1918年8月，二版），頁54。

〔註203〕南投縣埔里鎮瀛海城隍廟現地調查所得資料（現地調查日期：2014年3月5日）。

〔註204〕《臨時臺灣舊慣調查會第一部調查第三回報告書：臺灣私法第一卷》，頁541～542。

嘉慶十八年（1813，癸酉），臺灣知縣黎溶等人商議後，改爲引心書院，光緒十二年（1886，丙戌），臺灣知縣沈受謙因書院狹窄，而募資改建於縣署東側，並購買赤嵌樓旁空地、民房充用，正式改稱蓬壺書院。本書院每月設有官課、師課，並視成績發給膏火費用。日據時期以後，曾充作衛戍病院、臺南師範學校、警官講習所等用地，昭和十八年（1943），爲修復赤嵌樓，而將書院後進房屋拆除，僅保留前座，戰後，書院現有建築亦曾充作臺南市立歷史館之職員宿舍，現存門廳及書院匾額，該門廳並改爲赤嵌文化園區之出口。〔註205〕

卅一、明道書院

明道書院位於臺北府治府後街（今臺北市中正區），其重要文獻如下：

《臺灣教育志稿》第二章〈學校志・臺北府〉載：「明道書院ハ臺灣巡撫ノ直轄ニ屬セシモノシテ光緒十九年巡撫邵友濂官民ノ捐貲ヲ募リテ設置セリ其ノ位置ハ府後街ナル考棚ノ背後ニ在リテ初メ光緒五年ニ起工シ六年ニ竣工シ行臺ト爲セシカ光緒十三年一時淡水縣署ニ充テ次テ十九年縣署ヲ北門街放生池前ニ新築シテ移轉スルヤ即チ其ノ舊署ニ就キテ本書院ヲ創セシナリ然レトモ幾モナク臺灣ノ割讓トナリ未タ事業ノ施設ヲ見ルニ至ラスシテ止メリ。」〔註206〕

《臺北市志》卷七《教育志・教育行政與學校教育篇》載：「明道書院，光緒十九年（公元一八九三年），布政使沈應奎建，在臺北府治府後街考棚右側方（今青島西路、中山南路口一帶）。原爲官宦行臺，建於光緒五年（公元一八七九年），嗣又用爲淡水縣署。縣署遷徙北門街（今博愛路）放生池新址，遂爲明道書院院址。日人據臺時拆毀。」〔註207〕

透過上揭文獻及筆者現地調查所得資料，吾人當可得知，明道書院位於臺北府治府後街考棚旁，由時任臺灣巡撫邵友濂於光緒十九年（1893，癸巳）倡導官民合資興建，並聘甫卸任臺灣府儒學訓導一職的淡水縣舉人張贊忠爲山長，從學者五十餘人，但時隔不久，即逢乙未割臺，後於明治三十七年（1904）拆毀，舊址成爲今日臺灣大學附設醫院之一部分。〔註208〕

〔註205〕臺南市中西區蓬壺書院現地調查所得資料（現地調查日期：2014年3月24日）。
〔註206〕《臺灣教育志稿》，頁55。
〔註207〕《臺北市志》卷七《教育志・教育行政與學校教育篇》，頁13。
〔註208〕臺北市中正區明道書院舊址現地調查所得資料（現地調查日期：2014年8月29日）。

卅二、正音書院四座

臺灣於清領時期曾設置四座正音書院，分別位於臺灣、鳳山、諸羅、彰化等四縣，其重要文獻如下：

《重修福建臺灣府志》卷十一〈學校・書院〉載「臺灣縣正音書院：在縣治左。雍正七年奉文設。鳳山縣正音書院：在縣治東門內。雍正七年奉文設。諸羅縣正音書院：在縣治東南。雍正七年奉文設。彰化縣正音書院：□□□□□□（引者案：此爲闕文）。」〔註209〕

《重修臺灣縣志》卷三〈建置志・公館〉載：「各縣佐雜公館：在東安坊（原爲正音書院，雍正七年買置，後廢。故經承之子猾吏佘廷仁竊卷中契約謀佔；乾隆十五年，知縣魯鼎梅查逐之；十七年，各縣佐雜鳩資葺爲公館）。」〔註210〕

透過上揭文獻，吾人當可得知，正音書院係因雍正六年（1728，戊申）所發「諭閩廣正鄉音」之上諭而在翌年奉文設置，但此政策並未收致成效，故乾隆十五年（1750，庚午）之前，臺灣縣正音書院故址即遭胥吏佘廷仁竊佔，爲臺灣知縣魯鼎梅查獲而驅逐，其他三處書院雖未明載後續情況，但大底亦同遭廢置之命運。

第四節　官設義學與社學

除本章第二、三節所臚列、分析的官設儒學、書院外，清領時期的臺灣，亦依照雍正元年「各直省現任官員，自立生祠書院，令改爲義學，延師授徒，以廣文教。」以及「大鄉鉅堡，各置社學，擇生員學優行端者，補充社師，免其差役，量給廩餼。凡近鄉子弟，年十二以上、二十以內，有志學文者，俱令入學肄業，仍造名冊，於學臣案臨之日，申報查考。如社學中有能文進學者，將社師從優獎賞；如怠於教習，鑽營充補，查出褫革，並該管官嚴加議處。」〔註211〕之上諭與政策，多有官設義學與社學，以供居住於縣治以外

〔註209〕《重修福建臺灣府志》，頁332。

〔註210〕〔清〕王必昌纂輯：《重修臺灣縣志》（臺北：臺灣銀行經濟研究室，1961年11月），頁96。

〔註211〕〔清〕崑岡等修，劉啓瑞等纂：《欽定大清會典事例》卷三九六〈禮部・學校・各省義學〉，收入續修四庫全書編纂委員會編：《續修四庫全書》（上海：上海古籍出版社，2002年4月），史部政書類，第八○四冊，頁310。

較偏遠地區之原鄉移民後裔及本地各族原住民進學,皆屬於啓蒙教育之性質,對於清領時期臺灣儒學之發展,亦有一定程度之貢獻。茲就方志文獻所載之義學、社學,依各行政區之不同,製表臚列於下。

一、臺灣府

表 2-2-1:臺灣府義學、社學統計表

設置者身分	位置與數量	設置年代	文獻出處與說明
臺灣知府蔣毓英	未載確切地點	康熙二十三年(1684,甲子)	《臺灣府志》卷十〈藝文志・蔣郡守傳〉,頁 260。
臺灣知府衛台揆	東安坊,一所(即崇文書院)	康熙四十三年(1704,甲申)	《續修臺灣府志》卷八〈學校志・書院〉,頁 289。案:此處認定爲臺灣府義學。
臺灣知府衛台揆	府治前東南,一所	康熙四十五年(1706,丙戌)	《重修臺灣府志》卷二〈規制志・義學〉,頁 289。
分巡臺廈兵備道攝理臺灣知府莊年	臺灣府儒學廡後兩翼	乾隆十年(1745,乙丑)	《重修臺灣縣志》卷五〈學校志・學宮〉,頁 143。

資料來源:筆者參考《重修臺灣省通志》卷六《文教志・學校教育篇》,頁 91~92 所載,並覆覈上揭文獻而成。

二、臺灣縣

表 2-2-2:臺灣縣義學、社學統計表

設置者身分	位置與數量	設置年代	文獻出處與說明
臺灣知府蔣毓英	東安坊,兩所	康熙二十三年(1684,甲子)	《臺灣府志》卷二〈規制志・社學〉,頁 33。
分巡臺廈兵備道王效宗	鎮北坊,一所	康熙二十八年(1689,己巳)	《臺灣府志》卷二〈規制志・社學〉,頁 34。
臺灣知府蔣毓英	土墼埕保,一所	康熙二十八年(1689,己巳)	《重修鳳山縣志》卷六〈學校志・書院(即義學)〉,頁 181。

			案：王瑛曾註云「舊有社學在土墼埕保，康熙二十八年知府蔣毓英置；今移歸臺灣管轄。」
臺灣知府衛台揆	東安坊，一所（即崇文書院）	康熙四十三年（1704，甲申）	《臺灣縣志》卷二〈建置志・義學〉，頁84。
臺灣知縣王士俊	東安坊，一所	康熙四十五年（1706，丙戌）	《臺灣縣志》卷二〈建置志・義學〉，頁85。
臺灣知縣張宏	永康、長興里、永豐里、武定里、仁和里、文賢里、崇德里、新豐里、保大西里、保大東里、歸仁南里、歸仁北里、廣儲東里、廣儲西里、仁德里、大目降莊，各一所（共16所）	康熙四十八年（1709，己丑）	《臺灣縣志》卷二〈建置志・社學〉，頁85。
分巡臺廈兵備道張嗣昌	新港社口、新港社內、卓猴社、大傑巔社，各一所（共4所）	雍正十二年（1734，甲寅）	《重修臺灣縣志》卷五〈學校志・土番社學〉，頁160。案：此四所係供平埔族原住民就學之用。
分巡臺灣兵備道徐宗幹	府治內下橫街，一所	道光二十八年（1848，戊申）	《臺灣教育志稿》第二章〈學校志・安平縣（舊臺灣縣）〉，頁21。
分巡臺灣兵備道徐宗幹；分巡臺灣兵備道黎兆棠	小西門外南廠，一所（後移至小西門內良皇宮）	道光二十八年（1848，戊申）同治十年（1871，辛未）移建	《臺灣教育志稿》第二章〈學校志・安平縣（舊臺灣縣）〉，頁21。
未載	辜婦媽廟，一所	咸豐十年（1860，庚申）	《臺灣教育志稿》第二章〈學校志・安平縣（舊臺灣縣）〉，頁21。
分巡臺灣兵備道吳大廷	彌陀寺、安平鎮城隍廟，一所	同治五年（1866，丙寅）	《臺灣教育志稿》第二章〈學校志・安平縣（舊臺灣縣）〉，頁21。

分巡臺灣兵備道 黎兆棠	開山王廟、馬公廟、城隍廟、下太子廟、龍山寺、媽祖樓，各一所（共6所）	同治九年（1870，庚午）	《臺灣教育志稿》第二章〈學校志‧安平縣（舊臺灣縣）〉，頁21～22。
分巡臺灣兵備道 黎兆棠	文昌祠、觀音亭、七娘廟、小媽祖、安平鎮觀音亭、關帝廟、灣裡，各一所（共7所）	同治十年（1871，辛未）	《臺灣教育志稿》第二章〈學校志‧安平縣（舊臺灣縣）〉，頁22。
分巡臺灣兵備道 黎兆棠	新港，一所	未載確切年份	《臺灣教育志稿》第二章〈學校志‧安平縣（舊臺灣縣）〉，頁22。 案：此係供平埔族原住民就學之用。
未載	灣裡街，一所	光緒十年（1884，甲申）	《臺灣教育志稿》第二章〈學校志‧安平縣（舊臺灣縣）〉，頁22。
臺灣鎮總兵 萬國本	唐公祠，一所	光緒十九年（1893，癸巳）	《臺灣教育志稿》第二章〈學校志‧安平縣（舊臺灣縣）〉，頁22。

資料來源：筆者參考《重修臺灣省通志》卷六《文教志‧學校教育篇》，頁76～77、頁92及《臺灣教育志稿》所載，並覆覈上揭文獻而成。

三、鳳山縣

表2-2-3：鳳山縣義學、社學統計表

設置者身分	位置與數量	設置年代	文獻出處與說明
臺灣知府 蔣毓英	土墼埕，一所	康熙二十三年（1684，甲子）	《臺灣府志》卷二〈規制志‧社學〉，頁33。
臺灣知府 蔣毓英	土墼埕，一所	康熙二十八年（1689己巳，）	《鳳山縣志》卷二〈規制志‧社學〉，頁23。
鳳山知縣 宋永清	興隆莊，一所	康熙四十九年（1710，庚寅）	《鳳山縣志》卷二〈規制志‧義學〉，頁23。
分巡臺廈兵備道 張嗣昌	力力社、茄藤社、放（糸索）社、阿猴社、上淡水社、下淡水社、搭樓社、武洛社，各一所（共8所）	雍正十二年（1734，甲寅）	《重修鳳山縣志》卷六〈學校志‧土番社學〉，頁182。 案：此八所係供平埔族原住民就學之用。

鳳山知縣 李燒	永安街，一所	同治十二年 （1873，癸酉）	《鳳山縣采訪冊・義學》，頁 161。
分巡臺灣兵 備道 夏獻綸	港西里，二所 港東里，四所	光緒元年（1875， 乙亥）	《鳳山縣采訪冊・番社義 學》，頁 161。 案：此六所係供平埔族原住 民就學之用。
鳳山知縣 吳元韜	鳳儀書院曹公祠內， 一所	光緒十三年 （1887，丁亥）	《鳳山縣采訪冊・番社義 學》，頁 161。
未載	大竹里，二十六所 興隆里，十一所 赤山里，六所 小竹里，十六所 鳳山里，七所 觀音里，二十五所 半屏里，八所 仁壽里，二十九所 維新里，五所 嘉祥里，十二所 文賢里，五所 長治里，五所 港東里，四十一所 港西里，四十三所 （共 238 所）	未載確切年份	《鳳山縣采訪冊・社學》，頁 162～164。
未載	港東里、港西里，合 計八所	未載確切年份	《鳳山縣采訪冊・番社學》， 頁 164。 案：此八所係供平埔族原住 民就學之用。
未載	糞箕湖、加蚋埔，各 一所（共 2 所）	未載確切年份	《臺灣教育志稿》第二章〈學 校志・安平縣（舊臺灣縣）〉， 頁 22。 案：此二所係供平埔族原住 民就學之用。

資料來源：筆者參考《重修臺灣省通志》卷六《文教志・學校教育篇》，頁 77～79、
　　　　　頁 92～93 及《臺灣教育志稿》所載，並覆覈上揭文獻而成。

四、諸羅縣

表2-2-4：諸羅縣義學、社學統計表

設置者身分	位置與數量	設置年代	文獻出處與說明
諸羅知縣 樊維屏	新港社、目加溜灣社、蕭籠社、麻豆社，各一所（共4所）	康熙二十五年（1686，丙寅）	《臺灣府志》卷二〈規制志·社學〉，頁34。 案：此四所係供平埔族原住民就學之用。
臺灣府同知攝理諸羅知縣 孫元衡；諸羅知縣 周鍾瑄	縣治文廟右側，一所（後改建於縣署右側）	康熙四十五年（1706，丙戌）原建 康熙五十四年（1715，乙未）改建	《諸羅縣志》卷五〈學校志·義學〉，頁79。
諸羅知縣 劉作楫	縣治紅毛井邊、新化里八竈莊、善化里關帝廟後、開化里觀音宮、安定里姑媽廟、打貓莊、斗六門莊、半線莊營盤邊，各一所（共8所）	康熙四十八年（1709，己丑）	《重修臺灣府志》卷八〈學校志·社學〉，頁289～290。 《諸羅縣志》卷五〈學校志·社學〉，頁79。
諸羅知縣 周鍾瑄	諸羅山社、打貓社、哆囉嘓社、大武壠社，各一所（共4所）	康熙五十四年（1715，乙未）	《諸羅縣志》卷五〈學校志·社學〉，頁80。 案：此四所係供平埔族原住民就學之用。
分巡臺廈兵備道 張嗣昌	打貓後莊、斗六門莊、目加溜灣社、蕭壠社、麻豆社、諸羅山社、打貓社、哆囉嘓社、大武壠頭社、大武壠二社、他里霧社，各一所（共11所）	雍正十二年（1734，甲寅）	《重修臺灣府志》卷八〈學校志·土番社學〉，頁290。 案：此十一所係供平埔族原住民就學之用。
水師提督 王得祿	縣城四門內，各一所（共4所）	道光十三年（1833，癸巳）	《臺灣教育志稿》第二章〈學校志·嘉義縣〉，頁32。

資料來源：筆者參考《重修臺灣省通志》卷六《文教志·學校教育篇》，頁79、頁94及《臺灣教育志稿》所載，並覆覈上揭文獻而成。

五、彰化縣

表 2-2-5：彰化縣義學、社學統計表

設置者身分	位置與數量	設置年代	文獻出處與說明
諸羅知縣 劉作楫	半線莊，一所	康熙四十八年（1709，己丑）	《重修臺灣府志》卷八〈學校志·社學〉，頁290。《續修臺灣府志》卷八〈學校志·社學〉，頁361。
分巡臺廈兵備道 張嗣昌	半線社、馬芝遴社、東螺社、西螺社、貓兒干社、大肚社、大突社、二林社、眉裏社、大武郡社、南社、阿束社、感恩社、南北投社、柴坑仔社、岸裏社、貓羅社，各一所（共17所）	雍正十二年（1734，甲寅）	《重修臺灣府志》卷八〈學校志·土番社學〉，頁290～291。案：此十七所係供平埔族原住民就學之用。
攝理彰化知縣淡水同知 曾日瑛	彰化縣治，一所（即白沙書院）	乾隆十年（1745，乙丑）	《重修臺灣府志》卷八〈學校志·書院〉，頁289。
未載	遷善社、貓霧捒社、阿里史社，各一所（共3所）	未載確切年份	《續修臺灣府志》卷八〈學校志·土番社學〉，頁362。案：此三所係供平埔族原住民就學之用。
未載	縣城四門內外，各一所（共4所）	未載確切年份	《臺灣教育志稿》第二章〈學校志·彰化縣〉，頁47。
北路理番同知 史密	鹿港街，四所	咸豐七年（1857，丁巳）咸豐八年（1858，戊午）	《臺灣教育志稿》第二章〈學校志·彰化縣〉，頁47。

資料來源：筆者參考《重修臺灣省通志》卷六《文教志·學校教育篇》，頁80、頁94及《臺灣教育志稿》所載，並覆覈上揭文獻而成。

六、淡水廳

表 2-2-6：淡水廳義學、社學統計表

設置者身分	位置與數量	設置年代	文獻出處與說明
分巡臺廈兵備道 張嗣昌	淡水社、南崁社、竹塹社、後壠社、蓬山社、大甲東社，各一所（共6所）	雍正十二年（1734，甲寅）	《重修臺灣府志》卷八〈學校志・土番社學〉，頁291。 案：此六所係供平埔族原住民就學之用。
淡水同知 嚴金清	竹塹城內，四所 中港社、後壠社、貓裏社、吞霄社、大甲社、新埔社、桃仔園社、大姑嵌社，各一（共8所） 艋舺街，二所 大稻埕，一所	同治六年（1867，丁卯）	《淡水廳志》卷五〈學校志・義塾〉，頁141。 案：艋舺街、大稻埕之三所，後屬臺北府（今臺北市）。
淡水同知 嚴金清	大甲街，一所	同治七年（1868，戊辰）	《臺灣教育碑記》，頁47。
署理淡水同知 陳培桂	塹城外（舊社莊、竹蓮寺），二所	同治九年（1870，庚午）	《淡水廳志》卷五〈學校志・義塾〉，頁141。 案：此二所兼供平埔族原住民就學。 設置者身份，據《合校足本新竹縣采訪冊》卷四〈義塾〉，頁175補。
署理淡水同知 陳培桂	竹南堡中港番社，一所	同治十年（1871，辛未）	《合校足本新竹縣采訪冊》卷四〈社學〉，頁180。
淡水同知 嚴金清	龜崙嶺，一所	同治十年（1871，辛未）	《淡水廳志》卷五〈學校志・義塾〉，頁141。 《臺灣教育志稿》第二章〈學校志・淡水縣〉，頁58。
淡水同知 陳星聚	紅毛港，一所	光緒三年（1877，丁丑）	《合校足本新竹縣采訪冊》卷四〈義塾〉，頁179。

署理臺北知府陳星聚	南門外，一所	光緒五年（1879，己卯）	《合校足本新竹縣采訪冊》卷四〈義塾〉，頁176。
新竹知縣葉意深	西門內明志書院，一所	光緒十九年（1893，癸巳）	《合校足本新竹縣采訪冊》卷四〈義塾〉，頁177。
未載	竹北堡	未載確切年份	《新竹縣采訪冊》卷四〈義塾〉，頁165。 案：此處僅為目錄，未詳載內容及義塾數量。

資料來源：筆者參考《重修臺灣省通志》卷六《文教志·學校教育篇》，頁62～63、頁80、頁94～95，並另外檢索《臺灣教育志稿》、《合校足本新竹縣采訪冊》〔註212〕兩書對校而成。

七、恆春縣

表 2-2-7：恆春縣義學、社學統計表

設置者身分	位置與數量	設置年代	文獻出處與說明
恆春知縣周有基	車城福安莊、楓港莊、田中央莊、射麻里莊、文率埔莊，各一莊 保力粵莊，二所 （共7所）	光緒元年（1875，乙亥）	《恆春縣志》卷十〈義塾〉，頁195。
恆春知縣周有基	麻子社虎頭山腳、文率埔、新街莊、車城莊、射麻里、响林莊、統埔莊、四重溪、猴洞莊，各一所 （共9所）	光緒元年（1875，乙亥）	《恆春縣志》卷十〈義塾〉，頁197。
恆春知縣宋維釗	縣城內，一所	光緒十六年（1890，庚寅）	《恆春縣志》卷十〈義塾〉，頁215。 案：此係供平埔族原住民就學之用。

資料來源：筆者參考《重修臺灣省通志》卷六《文教志·學校教育篇》，頁65、頁71所載，並覆驗上揭文獻而成。

〔註212〕〔清〕陳朝龍撰，林文龍點校：《合校足本新竹縣采訪冊》（南投：臺灣省文獻委員會，1999年1月）。

八、苗栗縣

表 2-2-8：苗栗縣義學、社學統計表

設置者身分	位置與數量	設置年代	文獻出處與說明
未載	貓閣社、新港社、後壠社、吞霄社、貓盂社、苑裏社、房裏社、雙寮社、日北社、日南社、大甲東社、大甲西社，各一所（共 12 所）	未載確切年份	《苗栗縣志》卷九〈學校志・義塾（社學義塾）〉，頁 151。

資料來源：筆者參考《重修臺灣省通志》卷六《文教志・學校教育篇》，頁 63、頁 81 所載，並覆覈上揭文獻而成。

九、澎湖廳

表 2-2-9：澎湖廳義學、社學統計表

設置者身分	位置與數量	設置年代	文獻出處與說明
澎湖通判劉家謀	媽宮、文澳，各一所（共 2 所）	光緒三年（1877，丁丑）	《澎湖廳志》卷四〈文事志・學校・義學〉，頁 109。

資料來源：筆者參考《重修臺灣省通志》卷六《文教志・學校教育篇》，頁 95 所載，並覆覈上揭文獻而成。

十、臺東直隸州

表 2-2-10：臺東直隸州義學、社學統計表

設置者身分	位置與數量	設置年代	文獻出處與說明
臺灣鎮總兵吳光亮	埤南、大莊、成廣澳、璞石閣、花蓮港，各一所（共 5 所）	光緒三年（1877，丁丑）起，陸續設置。	《臺東州采訪冊・義塾》，頁 15。筆者覆覈《臺灣歷史人物小傳：明清暨日據時期》，頁 133～134 得知，興辦義學者為吳光亮，設置時間則由光緒三年開始。
署理知府呂兆璜	埤南、萬安莊、拔子莊	光緒十九年（1893，癸巳）	《臺東州采訪冊・義塾》，頁 15。

資料來源：筆者據《臺東州采訪冊》，頁 15 所載，並覆覈上揭文獻而成。〔註213〕

〔註213〕〔清〕胡傳纂輯：《臺東州采訪冊》（臺北：臺灣銀行經濟研究室，1960 年 5 月），頁 15。

十一、埔裏社廳

表 2-2-11：埔裏社廳義學、社學統計表

設置者身分	位置與數量	設置年代	文獻出處與說明
中路撫民理番同知	埔里社四堡，十九所五城堡，七所（共 26 所）	光緒元年（1875，乙亥）	《臺灣教育志稿》第二章〈學校志・埔里社廳〉，頁 54。

資料來源：筆者據《臺灣教育志稿》，頁 54 整理而成。

十二、宜蘭縣

表 2-2-12：宜蘭縣義學、社學統計表

設置者身分	位置與數量	設置年代	文獻出處與說明
福建陸路提督羅大春	蘇澳晉安宮旁，一所	光緒元年（1875，乙亥）	《臺灣地區現存碑碣圖誌：宜蘭縣・基隆市篇》，頁 168～169。〔註214〕

資料來源：筆者據《臺灣地區現存碑碣圖誌：宜蘭縣・基隆市篇》，頁 168～169 整理而成。

　　透過上揭資料，吾人當可發現，清領時期的臺灣，有著為數不少的官設義學、社學、義塾，部分係專供平埔族原住民就學，部分則供給漢族移民及其後裔就讀，對於清領時期臺灣儒學的啟蒙教育而言，有著一定程度的影響。

第五節　「同化」原住民之教學內容

　　透過上一節的文獻資料，吾人可以得知，清領時期的 212 年間，臺灣曾在各縣、廳、州設置一定數量的義塾、義學、社學，且部分社學係專供原住民入學，期收「導民成俗」、「一道同風」之效。但是，在這段期間內，先後赴臺灣蒞任的各級官員，對於臺灣本地各族原住民的態度與方針，卻有所不同。大底而言，可概分為平埔族原住民（早期文獻習以「熟番」稱呼）與山地原住民（早期文獻習以「生番」稱呼），前揭各地所設之「土番社學」，所

〔註214〕何培夫主編：《臺灣地區現存碑碣圖誌：宜蘭縣・基隆市篇》（臺北：國立中央圖書館臺灣分館，1999 年 6 月），頁 168～169。

指涉的就學對象，即平埔族原住民，而界定「熟番、生番」之標準，不在於居住地域之區別，而在於「薙髮易服，以示歸化」之有無。在 1960 年代編纂的《臺灣省通志》卷八《同冑志・歷代治理篇》的〈清代・教化工作〉中，即記載「薙髮政策：清廷對於歸順之土番，令其薙髮結辮之例，始於乾隆二十三年。雍正十二年設定社學於南北路各縣下之歸順土著社村之內，當時在學土著兒童，悉令辮髮冠履衣布帛一如漢人。……綜之，清廷之令土著薙髮，其意義在於遵重清制，既歸順浴教化，即須薙髮依清俗，穿戴依漢制，以為真心向化之證。惟此項薙髮政策，僅施於一部份歸順土著及在學童，似未及普遍。」同頁又載「賜姓政策：土著族固用名字，與漢人姓名迥異。為表示歸附，曾於乾隆二十三年令歸附平埔族薙髮結辮並實施賜姓政策，亦令改用漢名。當時平埔族所定之姓有：潘、陳、劉、戴、李、王、錢、斛、蠻、林等。然實際上，以潘姓居多數。」〔註215〕筆者翻查相關史料後得知，在乾隆二十三年（1758，戊寅）要求平埔族原住民實施薙髮留辮者，係時任分巡臺灣道的楊景素（1711～1779）。清儒焦循（1763～1820）所撰〈直隸總督楊公景素別傳〉即載「二十三年，調補臺灣道。臺灣東界崇山，山內為生番所居，山外平埔，定為界內、界外，界內漢民墾種，界外故為熟番之地。生聚日眾，界內之民侵展禁限，熟番地日促而漢民地漸近生番。既與熟番構釁，生番亦乘閒焚殺漢民。公案界掘深溝、築土牛，以為之限。請令熟番薙髮留辮，以別於生番，永杜假冒。」〔註216〕但這篇傳記並未記錄楊氏在臺灣道任內，是否曾對平埔族原住民施行賜姓政策。不過，透過這條設土牛、掘深溝的文獻，吾人亦可從中得知，清廷蒞臺官員對「生番」之態度，雖間有鄧傳安〔註217〕等採積極「同化」意向者，但大體而言，早期仍多為消極的「分界」、「禁墾」為主。

〔註215〕 衛惠林、林衡立、余錦泉原修，洪敏麟整修：《臺灣省通志》卷八《同冑志》（臺中：臺灣省文獻委員會，1972 年 6 月），第三冊〈歷代治理篇〉，頁 60。

〔註216〕 〔清〕焦循撰：〈直隸總督楊公景素別傳〉，收入〔清〕錢儀吉纂錄，貴筑黃彭年編訂：《碑傳集》（光緒十九年江蘇書局刻本），卷七十二，第十二葉。

〔註217〕 鄧氏〈臺灣番社紀略〉云：「我國家車書一統，聲教無外，不宜於一島中判華夷。溯臺灣初平時，僅有臺、鳳、諸三縣，已而於半線置彰化縣矣，又於竹塹置淡水廳矣，今又於艋舺、三貂之東南增噶瑪蘭廳矣；誠如鹿洲所謂氣運將開，非人力所能遏抑者。分界禁墾，前人權宜於一時；究竟舊日疆界，無不踰越，所當變而通之，以番和番，為柔服伐貳、內外合一根本。」見氏撰：《蠡測彙鈔》，收入黃哲永、吳福助主編：《全臺文》（臺中：文听閣圖書公司，2007 年 7 月），第五十六冊，頁 91。

　　至於對「生番」態度的丕變，當以同治六年（1867，丁卯）美國商船「羅
發（Rover）號事件」及同治十年（1871，辛未）琉球島民「八瑤灣事件」的
爆發、同治十三年（1874，甲戌）日軍報復的「牡丹社事件」〔註218〕，最具
影響力。

　　這幾樁涉外案件發生後，經過廷議，時任福建船政大臣的沈葆楨（1820
～1879），遂奉命以「欽差辦理臺灣等處海防兼理各國事務大臣」的身分，於
牡丹社事件發生的同年來臺，主持一應事務。沈氏來臺後，除重新劃分行政
區之外，對原住民之基本方針，始定調為積極的「開山撫番」。

　　「開山撫番」政策推動後，對於原住民的教育，臺灣各級官員遂有了新
一步的措施。較重要者，當可概分為三，茲分述於次。

一、福建巡撫王凱泰之《訓番俚言》

　　時任福建巡撫的王凱泰（1823～1875），因沈葆楨於同治十三年奏請移巡
駐臺協理外交，王氏遂於隔年光緒元年（1875，乙亥）渡臺，並撰成《訓番
俚言》〔註219〕，用以作為「同化」原住民的教材之一。

　　《訓番俚言》為五言體，共兩百句、一千字。其文較重要者，茲贍錄於
次：

> 無分番與漢，一體敷教化。鳥獸有毛羽，人當有衣冠。番在邊野中，
> 苦無綿與絲；所以男與婦，科頭並裸身。豈無羞恥心？豈無衣冠志？
> 奈處荒僻地，官長難兼顧。今逢聖主朝，為爾籌長計。

此段以漢族的傳統價值觀立論，認為原住民之所以「赤身露體」，並不是沒有
四端當中的「羞惡之心」，而是因為地處行政官員鞭長莫及的偏遠地區，苦無
棉布、絲絹等可用以製作衣服的物品，遂不得已而為之。

> 冒險赴爾境，曉諭費苦心。賜爾衣與帛，開闢榛莽路；南北可相通，
> 東西無阻礙。教言通言語，得為中華人。為爾設義學，讀書識理義。

〔註218〕羅發號事件中，漂流至龜仔角登岸者，有船員十二人遭原住民殺害，僅一人
　　　　倖免；八瑤灣事件中，有五十四人遭殺害，僅十二人生還。然而，這兩項事
　　　　件的發生，其實皆肇因於語言、文化背景不同所引起的誤會。而牡丹社事件
　　　　則為八瑤灣事件的延伸，係日軍派官兵3600人報復殺害琉球島民的牡丹社、
　　　　高士佛社、女仍社等「生番」。

〔註219〕〔清〕王凱泰撰：《訓番俚言》，收入〔清〕黃逢昶撰：《臺灣生熟番紀事・附
　　　　錄》（臺北：臺灣銀行經濟研究室，1960年4月），頁51～53。下列《訓番俚
　　　　言》原文，同引自本書，不另出注。

> 當知君王恩，在家孝父母。有兄當敬兄，有弟當愛弟。男女當有別，
> 鄰里要相親。切勿思殺人，殺人要償命。切勿好爭鬥，爭鬥傷和氣。

此段以「開山撫番」官員之立場陳述，說明官方闢路、設學，使原住民交通
方便、讀漢族之書以明漢人傳統價值觀，應當恪守五倫，不可殺人爭鬥等事。

> 田地勿荒蕪，各宜勤耕種。荒地廣開墾，積糧防歲饑。多植棉與麻，
> 緝績學紡紗。漸教機織布，不愁無衣褲。多求松杉秧，隙地盡栽種；
> 不過六七年，即能成大樹。材可架屋宇，枝葉炊爨用。牛車甚有功，
> 惜不利山徑。更求單輪車，仿式依樣製；可以用手推，可以代肩負。
> 沙地難蓄水，更應開溝渠；或多穿沙井，桔槔汲灌溉。種稻當去莠，
> 耘籽不可廢。糞土常儲備，不可任拋棄。疾病當用藥，不可信符咒。
> 藥宜講泡製，醫局擬官置。痘症多奇險，代設牛痘師；可以保性命，
> 可以無憂虞。

此段告知原住民須開墾力田，積糧防災；種植棉麻，以充衣服；種植樹苗，
以備日用；製作車輛，以利山行；開闢渠井，以供灌溉；儲存田肥，以利農
作；染疾延醫，切勿迷信等項，皆為日常生活的一應事務。

> 男宜薙頭髮，女學梳頭髻。臉宜常洗淨，日日不可間。身不宜刺紋，
> 腳須穿襪履。雨宜戴箬笠，不可聽淋漓。烈日戴草帽，不可任曬曝。
> 人有人裝扮，豈可同禽獸？但須從儉樸，不可務華飾；華飾要錢財，
> 徒動盜賊心。番俗亦有理，各設笆樓館。莊中有公事，會議於此間。
> 男未娶婦者，住在此樓中。犯奸有定例，罰不過酒食；俱無笞與責，
> 恐不知警戒。男女相歡悅，即爾成婚姻，無有父母命，不須媒妁言，
> 似非正配禮，當改從前風。欲達聖主情，當通番人意；聊譔鄙俚句，
> 俾與番童歌。爾等從今後，當改曩日習；恪聽長官訓，洗心為好儂。
> 爾無害人心，自無人戕害；何必持鏢鎗？何必佩刀劍？劍可賣買牛，
> 刀可賣買犢；永為良農氓，歡聚慶長生。

此段同樣以漢族的傳統價值觀立論，告諭原住民在日常生活中，應依照不同
天氣而穿著不同服裝，並要求原住民在婚姻方面，應革除往日習尚，改仿效
漢族的「父母之命、媒妁之言」。期望原住民能夠聽從各地官員的教導，將防
禦的刀劍賣出，改為耕種所需的牛隻，並揚棄害人之心，方能逍遙歡樂，得
慶長生。

> 酒是儀狄作，本可為禍胎，番人多喜飲，亦難全禁絕；但常隨量喫，

> 不可過於醉。一醉多生事,禍起於俄頃,殺人與犯上,憫不畏於死;
>
> 可惜七尺軀,死於一甌酒!爾等當醒悟!爾等當戒謹!

此段說明醉酒之害,認爲原住民性嗜飲酒,雖難以完全禁絕,但仍應斟酌自身酒量,不可逾越分際,否則容易造成難以彌補的後果,故應謹戒、醒悟。

> 番地多溪港,水深涉不易。何不造小橋,或結竹排渡?竹木番中多,
>
> 可無沈溺慮。路長結茅亭,可以庇風雨。隨處做好事,自有天眷顧。
>
> 各社相往來,不必懷猜忌。彼此結婚姻,喜慶常聚會。敬老與慈幼,
>
> 心田不要壞。長作太平民,豈不共稱快!無分番與漢,熙熙億萬世!

此段說明架橋、竹筏、設亭等交通工具、休憩設施的改善,提出「廣積陰騭,必受天眷」的觀點,並勉勵各社原住民消解彼此猜忌之心,以聯姻取代仇視,時時敬老憐幼,無分漢番,可爲太平之人。

綜觀上述,王凱泰的《訓番俚言》全文大底係以日常生活、風俗習慣的面向爲論述重心,其主旨則是漢民族的傳統價值觀,故時有「以意逆志」推定原住民俗尚之語句,而非採取「同其情的理解」之態度。倘若站在多元文化價值的立場而言,王氏觀點難以引起共鳴;但吾人亦不宜以後設的立場「以今非古」,畢竟,身處當世,王氏日常濡染者,即是傳統漢民族的綱常名教、價值判準,故難以具備「以原住民視角來看待原住民生活習慣」的態度,不宜加以厚責之。但是,若與能爲原住民受欺壓而發出不平之鳴的郁永河、或正面、妥善記錄各地原住民生活習慣差異的黃叔璥相比,則王凱泰論述之高度與價值,的確不如郁、黃兩位清領初期來臺的幕客、賢宦。

不過,從王氏《訓番俚言》呈現的各種便民、導民措施來看,吾人亦可發現,王氏應可稱得上是位頗具用心、視民如子的賢宦,值得肯定。可惜王氏在移撫抵臺的同年,即因積勞成疾並感染瘴癘之氣,不到半年即返回省垣福州,隨即卒於任內。否則,若能將其論述推擴並加以實行,應能頗具政聲。

二、臺灣鎮總兵吳光亮之《化番俚言》

時任臺灣鎮總兵的吳光亮(1834～1898),於光緒四年(1878,戊寅)發生「大港口事件」、「加禮宛事件」後,認爲「後山番情大定」,遂在基於「化番爲民」的立場下,於光緒五年(1879,己卯)撰成《化番俚言》[註220]三

〔註220〕〔清〕吳光亮撰:《化番俚言》,收入《臺灣生熟番紀事・附錄》,頁37～49。
下列《化番俚言》原文,同引自本書,不另出注。

十二條，指示各社「番學」蒙師在授課之餘，對學童加以講解、指示，使其「沾染聖教，沐浴皇仁」，能夠「知人情而通物理」。則吾人亦可得知，《化番俚言》係作為「同化」臺灣東部各族原住民的教材之一。

在《化番俚言》中，與教育、風俗文化或漢族傳統價值觀相關者，共有「二、首訓頭目，以知禮法」、「六、約束子弟，以歸善良」、「七、禁除惡習，以重人命」、「八、禁止做饗，以免生事」、「十二、彼此各莊，宜相和睦」、「十三、分別五倫，以知大體」、「十四、奉養父母，以報深恩」、「十五、夫妻和順，以成家室」、「十六、學習規矩，以知禮義」、「十七、嚴禁淫亂，以維風化」、「十九、穿衣著褲，以入人類」、「二十、分別姓氏，以成宗族」、「廿一、分別稱呼，以序彝倫」、「廿二、分別姓氏，以定婚姻」、「廿三、禮宜祭葬，以安先靈」、「廿四、殷勤攻讀，以明道理」、「廿五、分記歲月，以知年紀」、「廿六、宜戒遊手，以絕盜源」、「卅二、建立廟祠，以安神祖」等項，茲略舉數條，侈錄於次：

> 首訓頭目，以知禮法：爾既為頭目，通莊社丁番眾所共仰望之人。查各莊男女老幼，大莊數千人，小莊或千人、或數百人不等，皆賴該頭目公正管束教訓。倘頭目不好，則破莊滅族，皆為此一人所累。爾頭目無事，亦要常川謁見官府，學習禮儀，以廣見聞。回家教訓社中子弟，互相傳習，久則惡習不期化而自化，居然盛世之良民矣。

> 約束子弟，以歸善良：爾等番眾少年子弟皆不明理，好勝生事，恃惡為非。爾各頭目若不隨時教訓，多方儆責，則在莊不免欺壓良家，在外不免行凶作惡，鬧出大事，連累全莊。爾等頭目番長務必隨時嚴行約束，隨時教訓。倘有恃蠻不遵，合眾綑綁懲治，或送官究辦，以儆凶橫而安良善。

以上二條，係要求各社原住民之頭目應學習漢族禮儀，並教導、約束社中年少氣盛的子弟，避免在外逞兇鬥狠，導致連累全莊居民的後果。

> 禁除惡習，以重人命：……查爾番社向以所殺人頭割取回家，各番出酒相賀，敬羨其能：以酒灌入死人口中，從喉嚨流出，用器盛其血酒，群相歡飲，牽手長歌。凶番即將人頭懸在門前，並將死人頭髮繫在標槍桿上。再次殺人亦如是。番俗以殺人多者為好漢子。試問他人將爾本身或父母妻兒無辜殺害，照樣施為，問心何如？今爾等既受撫而化，自當遵守國法，先除惡習，勉為良善之人。……嗣

後永遠不得擅殺民番。如再故犯前事，該社頭目即將起意殺人及幫
手之凶番鳴眾綑送到官，審訊情實，立將凶首斬首示眾，以為逞凶
殺人者戒。頭目出首綑送凶犯到案者給予賞犒。如該社頭目知情容
隱、不將凶犯送案者革除治罪，仍勒限親屬交凶，務獲懲辦，方能
完案。自此次告誡之後，如若查出爾等仍有舊日人頭不行收埋者，
即將該凶番重責一百板，仍勒令收埋，並將不職頭目責革不貸，以
重人命而彰國法。

禁止做饗，以免生事：查爾等不肖少年嗜好飲酒，三五成群聚飲一
處，挽臂歌舞，……社中婦女，嘻笑唱和，以此為樂，名為「做饗」。
酒闌曛醉，口角稱強、互相鬥毆，因而生事者甚多。今與爾約，嗣
後不得如前飲酒生事。社番頭目不禁，一同儆責。願爾等同為安分
良民，不犯王法，豈非樂事乎！

以上兩條，係禁絕原住民「出草」獵人頭與「做饗」聚會宴飲之俗尚。前者
以設身處地之立場持論：原住民視獵得人頭較多者為英雄，但若本身或一己
親人遭到「出草」，能否心安？故應對該習俗加以革除；後者認為聚眾飲宴、
酒酣耳熱之際，容易發生口角、鬥毆，故該項風俗亦應加以禁止。

分別五倫，以知大體：何謂五倫？君臣、父子、兄弟、夫婦、朋友
是也。君為至尊，為臣者當盡忠。……為父當慈愛子女，不可使之
饑寒。子女稍長，則教之以禮義廉恥，不可任其妄為。為子須孝順
父母，盡心奉養，不可忤逆。至為兄長者，須友於弟，如弟年幼則
提攜撫養，稍長則隨時教訓，不可妒忌，不可嫌棄。為弟者更要恭
敬兄長，聽從教訓，不可恃蠻干瀆。……朋友相交，須以信義。凡
系公正之人，最宜親近；其凶惡之輩，切勿與交。此乃五倫之要道，
爾等分別遵從，切勿違忽！

奉養父母，以報深恩：查爾番民等不惟無孝順父母之心，時見忤逆
父母之事：幼小則侍養於父母，長大則自養而不顧。此等心腸，甚
於禽獸。自今以後，若父母在堂，無論幼小以至於長大，皆當盡心
奉養，不可違拂父母心意。菽水承歡，務盡為子養親之道。如父母
大故，則葬之以禮，祭祀勿失其時，以報父母鞠育之恩，方不愧為
人子。

> 嚴禁淫亂,以維風化:蓋男女有別,千古大綱。若五倫失序,男奸
> 女淫,即與禽獸無異。嗣後各莊除明婚正配之外,有男女通奸之事,
> 該莊頭目、尊長即將通奸之人,綑綁割耳遊莊,或從重鞭打示辱,
> 使各知儆畏,以重廉恥。

以上三條,係環繞於五倫的出發點,要求原住民學習、遵守漢民族的傳統價值觀,但其中亦有商榷處,如吳氏認為「番民不惟無孝順父母之心,時見忤逆父母之事」,未免過於誅心。蓋並未舉出實例加以佐證,難以說服大眾。

> 穿衣著褲,以入人類:蓋人無衣褲,形同牛馬畜牲。爾等向來赤身
> 露體,上不穿衣、下不著褲,實屬可羞可恥。自今以後,男女須學
> 民人一體穿著衣褲,毋得如前醜陋。

> 禮宜祭葬,以安先靈:蓋人老必死,既死骸骨必須歸土,乃一定道
> 理。爾等番俗,父母死後皆不用衣棺收殮,就將屍身藏於室內或埋
> 之隴畝,不知祭拜:天倫滅絕,莫此為甚!此後爾等如遇父母、兄
> 弟、妻子死亡,須用衣棺收殮,深埋山岡之上,堆土為記。每年清
> 明,祭拜一次,世代相傳,勿忘父母鞠育之恩。如父母死,男子用
> 白線打辮、女子用白繩束髮,不可穿紅著綠,以表哀慕之誠。三年
> 後始行除去,再從吉服可也。

> 建立廟祠,以安神祖:爾番眾現已歸化,凡一村一莊、或幾村幾莊
> 共建廟宇一座,安設關聖帝君、或天后聖母、或文昌帝君及各位正
> 神身像,合眾虔誠供奉。又各莊各建祠宇一座,安設全莊祖宗牌位,
> 每逢年節及每月初一日、十五日,眾備香燭虔心叩拜,必獲保佑人
> 口平安、五穀豐熟,獲福無窮矣。

以上三條,同樣以漢民族的傳統價值觀立論,但部分論述則流於偏頗、武斷,較不合理。如稱原住民「赤身露體,可羞可恥」,即不如前揭王凱泰《訓番俚言》對同一現象的陳述;原住民將死者葬於屋內或田中的習俗,係將死者轉化為家族的祖靈、保護神,吳氏以傳統「入土為安」的觀點加以抨擊,未能考量到其特有風俗,亦有所失;至於要求原住民改易神系、建立廟宇,以奉關帝、媽祖、文昌等列入國家正祀的神祇,並供奉祖先牌位,於年節朔望加以祭拜之舉,應分二概評析,蓋追懷祖德是應為之舉,但強加要求改易信仰,則非治民者所應為。

> 殷勤攻讀,以明道理:蓋人無論賢愚,有子弟者必須讀書,便可明

理。理明則愚亦變爲賢。大如忠孝節義廉恥，自然通曉，小如交易
書券數目，自然明白。本軍門現延請師長，廣設學堂，爾等各處番
莊，無論漢番民人，一體悉準入學。其書紙筆墨及先生學金，均由
官府給發。至內地民人子弟，則惟自辦。本軍門爲爾等無知起見，
凡有子弟者務須踴躍送學讀書，以期明理。不可視爲等閒，有負厚
望焉！

至於上述此條，提出「讀書明理、變化氣質」之觀點，設置學堂，以供原住
民及漢民子弟入學就讀，原住民學子之日用品、學費，皆由官府支付，以期
鼓勵原住民向學。由此觀之，當可視爲善政。

　　綜觀吳光亮《化番俚言》之內容，雖亦環繞在原住民的日常生活、文化
俗尚立論，但是，平心而言，吳氏部分論述流於偏頗、武斷，較不如王凱泰
《訓番俚言》之用心，大底亦與兩人文、武出身背景之不同有關，倘若吳光
亮的筆觸能以中正平和之道爲之，應可收致較良好的效果。

三、恆春知縣周有基、陳文緯所訂義塾學規

　　光緒元年（1875，乙亥）恆春縣設治以後，歷任知縣對於原住民的「同
化」教育方面，係採取設置義塾、延師教導的策略。在這些知縣當中，又以
周有基、陳文緯之力爲最。

　　首先，恆春知縣周有基於光緒元年（1875，乙亥）抵任後，奉命戮力設
置義學，其數量已如前節〈恆春縣義學、社學統計表〉所載，在短短一年間，
即設置十六所義塾（另有七座義塾，係原住民及漢人移民申請興辦，非官方
自行設置，故不列入前節之統計）。如此一來，勢必應對原住民學童加以規範。
因此，《恆春縣志》卷十〈義塾〉即載明周氏在當時所擬之學規七條。〔註221〕
茲將其重要者謄錄於下：

義塾內各設敬惜字紙鼎一口，以代爐化；並多備收字紙簍，散給各
村，近者由塾內伙夫五日往收字紙一次，遠者令各村自收來塾。每
斤給錢二文，所收字紙，由塾師督令伙夫，查有污穢，須用清水洗
淨晒乾，再行焚化；字紙灰，隨用紙包好，年終送之於海。

塾師教迪學生，先以《三字經》，繼以《朱子小學》，再讀《四書》。
每逢朔望清晨，謹敬講解《聖諭廣訓》及《陰騭文》等書。月終，

〔註221〕《恆春縣志》，頁195～196。

> 塾師將每學生名下，註明所讀何書？至何章、何節、何句？列單報
> 縣備查。

> 學生每日來塾，塾師宜設小簿一本，分清晨、上午、下午按名登記。
> 月終，核計來學之日多者，以三名列爲上取：每名，賞花紅錢二百
> 文。來學之日少者，以三名列爲下取，每名簿責示儆；如有事故者，
> 免議。

> 塾師今日與學生開講，來日欲再講解時，須先問明學生記得前日講
> 說否？一連兩次，忘記者責懲示儆。

> 義塾開館三年以後，宜於縣城設立大學一所。將各塾聰明勤學子弟，
> 移入其中：選擇品學兼優之師，格外教訓。十年之後，文風可盛，
> 頹俗可變。

透過上揭資料，吾人當可得知，周有基任職恆春知縣，雖僅不到一年的時間，但其學規已包含啓蒙教育之進程（始於《三字經》，而後續以《朱子小學》、《四書》，每月朔望宣講《聖諭廣訓》與道教善書《文昌帝君陰騭文》）、教學方法（複習、登錄、考勤）、惜字風俗等，甚至作出長期發展的遠程目標：啓蒙義塾設置三年，另於縣城設學，將各塾勤學聰明子弟移入，並延品學兼優師教之，十年後可收移風易俗之效。在推動啓蒙教育方面而言，具有深切的用心，值得加以肯定。

然而，周氏以丁憂去官之後，十餘年間，恆春縣內義塾風氣敗壞，時受上官、居民抨擊。至光緒十八年（1892，壬午）七月，陳文緯任恆春知縣，目睹當時縣內塾師敗壞風氣所造成的弊病，遂手訂塾規八條。〔註222〕聚焦於學生者，有「授書之課」、「學字之課」、「詩文之課」、「禮義之課」等四條，針對往年塾師導致之積弊者，亦有四條學規。並分發給各塾教師，命其遵章教讀。茲將較重要之內容，謄錄於下：

> 授書之課：初讀新書，學生隨先生讀三遍，乃令學生在先生前自讀
> 兩遍。……先生再導學生讀兩遍，仍令學生自讀兩三遍，必句讀都
> 能順口，乃令回位自讀。到背書時，即有一、二不大成句讀，或背
> 誦不清楚，先生不要怒詈：只須正色屬詞，微令知怕，勿使畏而逃
> 學也。……（……訓蒙有火候，順勢利導，以耐煩爲第一義）……

〔註222〕《恆春縣志》，頁212～215。

蓋十歲以內之童稚，究屬無知，教導之者，不可過寬，亦不可過嚴；
宜寬心啓迪、誘掖而獎勸之，則用力易而成功多。

詩文之課：文以清眞雅正爲宗，詩以溫柔敦和爲則。所讀、所做之
詩文，或破承、或半篇、或全篇，皆視學生之學力以定之。每旬逢
二、八日，先生選時文、古今詩各一首，法律、聲調、字義、平仄，
詳細講解，每日朗誦數十遍；按期熟背，再行選讀。逢三、六、九
日，先生命《四書》題、詩題各一枚，以作文之多寡、定時刻之長
短，無論半篇、全篇，不得逾兩箇時辰，定要完卷，送請先生評定。
按月存候彙寄總教送署閱看，分別獎賞。

禮義之課：蓬戶竇牖之中，難期品節詳明之士。但幼童初就外傅，
必須及時教導。恆邑各塾學生，雖多農、賈之子，但既令讀書，應
有讀書人模樣。爲父兄者，不可存子弟略識之無，於願斯足之心。
禮儀繁文，不能備錄。以後各塾學生，如再有蓬頭垢面、不衫不履，
仍如牧豬奴者，惟先生之恥；必令其父兄爲之整飭。至一切拜跪之
儀、應對進退之文，亦必隨時指示，由漸而入，使知檢束，毋令放
浪爲要。

先生來莊教讀，雖係謀食之事，豈無謀道之心？務須清操自勵，不
得於本縣脩脯以外，希學生謝禮，致玷白圭。如先生教讀有方，學
生果有進益，父兄自願致敬者聽。

書塾最宜清靜，方可一心讀書。童蒙耳目心思，最易淆亂。嗣後不
許莊中閒雜人等任意出入，久坐閒談。至以詞訟及一切繕寫等事央
及先生，先生亦須自愛，不得向人兜攬，致滋多事；違者究罰。

陳文緯在學規當中，提出不同課程有不同的教學方法、內容，如講授、背誦
的課程，須先由塾師引導，而後令學生自行念誦，重複操作之下，可以增進
學生的熟悉度。如果學生斷句有誤，或背誦不清，塾師不宜詈罵，也不宜不
耐煩，而是應當因勢利導、寬嚴並濟，以獎勵歆動學生向學之心。詩文課程，
作時文制藝，須秉持雍正帝提出的「清眞雅正」原則，作詩則以儒者《詩》
教的溫柔敦厚爲本，每旬有講授時文與古今名詩的課程兩日，練習制藝與作
詩的課程三日，分別依步驟進行教學。學習禮儀之課程，當使學生具有讀書
人的樣子，不可衣衫不整、蓬頭垢面，學子對於日常生活的各種儀節，亦應

時時練習、自我防檢，不致放浪形骸爲務。而擔任塾師者，更應當清廉自持，不可在薪資之外，另行向學生家長索求謝禮，但若係因學生有所成就、其家長自願致謝者，則聽其自便。此外，塾師既爲知識份子，便不宜在書塾內與閒雜人等任意往來，更不得包攬詞訟、承接外務，以免擾亂學童心思。

光緒十九年（1893，癸未），陳文緯復專門針對番童義塾就讀者之學規「莫殺人」、「莫做賊」、「莫醉酒」、「勤耕讀」、「知禮儀」等五條。〔註223〕較重要之內容如下：

> 莫殺人。孟子曰：「殺人之父者，人亦殺其父；殺人之兄者，人亦殺其兄。」此不過彼此報復之謂。況王父殺人者，償命。兇番無故出草，自必拘兇抵罪。即有與人輘輷，儘可赴縣控告，爲之審理。官如父母，豈肯偏護？
>
> 莫醉酒。諺云：「酒能成事，酒能敗事。」朱子〈格言〉：「莫飲過量之酒。」書曰：「禹惡旨酒，後世必有以酒亡其國者。」蓋爲君則忘國，爲百姓則敗家；古人誥誡，歷歷可證。茲番人喜於飲酒，飲則必醉，往往乘醉，大則殺人，小則滋事；如能寡飲，自無禍端。
>
> 知禮儀。《詩》云：「人而無禮，不死何俟？」禮有五：吉、凶、軍、賓、嘉，條目繁多，不可屈指。如敬天地、禮神明、守王法、孝父母、友兄弟、和鄉黨、睦宗族，尋常日用之間，莫不有禮儀；則一飲一食、一動一靜、拜跪進退，皆須合度。《中庸》所謂：「禮儀三百，威儀三千」也。茲番人之鬧皮氣，將生平殺人及所作惡事，一經見面，自行形容誇張，以爲好漢。殊不知朝廷以殺人爲惡賊，法所必誅；以謙恭遜讓者爲好漢，獎必有加。孰得孰失？須愼思之。

在這些番童學規之中，陳文緯強調不可無故殺人、不可酗酒滋事，應當在日常生活當中，培養謙恭遜讓的儀態，革除往昔友人見面便夸談殺人、惡事的陋俗，並要求學童從自身作起，影響家中父兄尊長，進而推擴到整個社群，復使各社之間相互影響，則可收致導民成俗之良效。可惜陳氏推動未久，即遭逢乙未割臺，使其政績未竟全功。

透過上揭王凱泰《訓番俚言》、吳光亮《化番俚言》及周有基、陳文緯所訂恆春縣義塾學規等實例，吾人當可得知，隨著沈葆楨「開山撫番」政策的

〔註223〕《恆春縣志》，頁216～217。

推動，臺灣各地行政、軍事首長，對於「同化」原住民的教育與教學內容，有著顯著的提升，其論述之語句、立場雖良窳互見，但希冀「變化氣質」、「移風易俗」的目標，則是一致的。

第六節　小結

筆者在本章之中，先討論清領時期順治、康熙、雍正、乾隆四任皇帝的御製教育政策，有通行全國、一體施行者，亦有專門針對特定地域、特殊目標者。其次，再臚列臺灣在這 212 年間先後設置的十餘處官方教育機構——「儒學」，說明其成立始末及現況；並透過文獻研究及現地調查雙管齊下的方法，一一說明臺灣在清領時期由官方主導設置的 35 所書院之始末與現況，再使用文獻研究法，臚列臺灣各行政機關設置的義學、社學數量，並說明晚清（1875～1895）二十年間，各地行政、軍事官員在「開山撫番」政策的前提之下，對原住民「同化」的教學內容。

由是，透過本章的分析與論述，吾人當可明瞭，清領時期的 212 年間，以官方力量主導的臺灣儒學教育發展之基本概況。

第三章 清領時期臺灣民間儒學設施與教學內容

　　臺灣儒學在清領時期之發展，在硬體設施方面，除第二章所分析的各府、縣、廳之官設教育機構——「儒學」，官方提倡興辦之書院，官方設置的義學、社學之外，民間亦有自發成立的書院、文昌祠、文昌結社，並具備惜字亭、官方許可並撥款由民間設置的旌表牌坊等項。在民間興辦之書院，部分亦有其教學內容之進程；文昌祠、文昌結社，則有固定的聚會或祭祀，期收「以文會友，以友輔仁」之功效；至於惜字亭、旌表牌坊，更體現了中國近世以來崇尚婦女節孝、表彰孝子、敬惜文字等部分傳統價值觀。凡此種種現象，皆具備了儒學在民間普及教化之功能。因此，本章即著重於這些層面，透過文獻研究及現地調查雙管齊下的方式，加以分析、論述。

第一節　臺灣民間捐建書院及其教學內容

　　清領時期的臺灣各地，雖有官方設置的正式教育機構——儒學，以及官員興辦的書院、義學、社學，作為輔助儒學或啟蒙之場所，但這些場所仍較缺少。因此，各地科第人物或地方鄉紳，亦有向官方申請自願設置書院之舉措。根據筆者歸納前行文獻並進行現地調查所得資料，臺灣在清領時期的212年間，陸續出現三十二處由民間自行捐資、興辦的書院（包括以義學為名的書院「大觀義學」，以及家塾類型的宜蘭登瀛書院、苗栗雲梯書院。）另有崇道、雲臺兩座缺乏資料、師課這種未正式施行的書院，以及由基督教會設置的理學堂書院，則不在本節討論的三十二所書院之範圍。而本節之論述架構，

即依照設置時代的先後，先製表臚列各所民間捐建書院之資料，並就其建置始末及學規與教學進程之可考者加以說明、分析。

表3：清領時期臺灣民間捐建書院資料表

序號	書院名稱	設置年代與人物	設置地點	備註
一	南社書院	雍正四年 拔貢生施世榜	臺灣府治大南門外 已廢，現址約在永福路一段、樹林街二段交叉處。	始爲祭祀文昌之敬聖樓，後成爲士子會文、月課之南社。
二	鳳閣書院	乾隆十二年	鳳山縣前營 已廢。	僅見載於《臺灣省通志》卷五《教育志‧制度沿革篇》
三	龍門書院	乾隆十八年 貢生鄭海生等人	諸羅縣斗六街北門 已廢。現址在今斗六市雲林農田水利會前圓環一帶。	屬文昌祠性質，有月課制度。
四	奎璧書院	乾隆四十六年 趙氏家族	諸羅縣鹽水港街 已廢。現址在今康樂路、橋南街交界一帶。	原爲奎璧社，道光十一年擴建爲書院，屬文昌祠性質，有月課制度。
五	螺青書院	嘉慶八年 鄉人公建	彰化縣東螺保 已廢。現址約在光仁街、復興路235巷交界一帶。	原爲螺青社，嘉慶二十二年，舉人楊啓元等捐資重修，擴建爲書院。
六	引心書院	嘉慶十五年 拔貢生張青峰等	臺灣府治 寧南坊呂祖廟 已廢。現址約在府中街98巷。	原爲引心文社，嘉慶十八年改稱書院，有月課制度。
七	萃文書院	嘉慶十七年 貢生游化等	臺灣縣羅漢內門 現存，在今內門區中正路229巷觀亭國小旁。	原爲神明會，道光二十五年興建文昌祠後，兼設教學。
八	振文書院	嘉慶十九年 生員廖澄河等	彰化縣西螺街 現存，在今西螺鎮文昌路、興農西路口。	原爲振文社，後擴建爲書院，屬文昌祠性質，有臨時考課。

九	屏東書院	嘉慶二十年 歲貢生郭萃等發起，得知縣捐助	鳳山縣阿緱街 現存，日據時期遷建於今屏東市勝利路、長春街口。	屬文昌祠性質，有月課制度，日據時期遷建並改爲孔廟。
十	興賢書院	道光四年 恩貢生曾拔萃等	彰化縣員林街 現存，在今員林市三民街員林公園內。	原爲興賢社，後擴建爲書院，屬文昌祠性質，有月課制度。
十一	鳳崗書院	道光十年 副貢生劉伊仲等	鳳山縣長治里前阿 已廢，現址約今路竹區大湖火車站附近。	發起於乾隆年間，屬文昌祠性質，有月課制度。
十二	登雲書院	道光十五年 王得祿、貢生何其華等官民合建	嘉義縣笨港街 已廢。現址即今新港鄉古民街12號文昌國小。	原爲蘭社，屬文昌祠性質，道光十五年擴建爲書院，有月課制度。
十三	雲梯書院	道光二十年 劉氏家族	淡水廳四湖庄 現存，在今西湖鄉苗35鄉道、苗33鄉道交會處之四湖活動中心上方。	原爲家塾，後擴大爲奉祀文昌帝君之書院，已改名宣王宮。
十四	修文書院	道光二十四年 恩貢生詹錫齡等	彰化縣西螺街 已廢。現址在今西螺鎮福興宮後修文路。	原爲修文社，屬朱子祠性質，有臨時考課。
十五	鰲山書院	道光二十五年 蔡、楊二商號等	彰化縣寅鰲頭街 已廢。現址在今清水區清水街臺灣電力公司清水服務所旁。	原爲文昌會，興建文昌祠後，在祠中設書院教學，鹿港同知孫壽銘亦定期前來講學。
十六	奎文書院	道光二十七年 鄉紳黃一章等	嘉義縣他里霧街 已廢，未能確知其址。	原稱奎文社，同治六年，生員洪培因等人擴建爲書院，有臨時考課。
十七	登瀛書院	道光二十七年 鄉紳洪濟純等	彰化縣北投街 現存，在今草屯鎮史館路文昌巷。	原爲乾隆年間義學，後擴建爲文昌祠，並在祠中設書院教學。
十八	玉山書院	咸豐元年 鄉人公建	嘉義縣店仔口街 已廢。現址在今白河區中山路一帶。	有定期考課制度。

十九	樹人書院	咸豐三年 生員陳維英發起	淡水廳大隆同莊 現存，在今大同區迪化街二段364巷14號。	原爲保安宮內神明會，在廟中成立書院後，再遷至現址，屬私塾性質。
二十	道東書院	咸豐七年 即用訓導阮鵬程等	彰化縣線西保 現存，在今和美鎮和卿路、和光路口。	原爲阮氏私塾，擴建爲書院後，又稱景徽社，爲兼有教學內容之朱子祠，但無月課。
廿一	登瀛書院	同治二年 陳添壽、陳掄元	噶瑪蘭廳治外擺厘 現存，在今宜蘭市進士路鑑湖堂旁。	原爲陳氏家塾，擴建爲書院後，對外開放求學。
廿二	大觀義學	同治二年 林維讓、林維源莊正	淡水廳枋橋街 現存，在今板橋區西門街、文昌街口。	屬文昌祠性質，有月課制度，具備族群和諧用意。
廿三	文英書院	同治八年 生員呂炳南等	彰化縣岸裡社 已廢。現址在今神岡區中山路岸裡國小。	原爲神明會「文英社」，後興建爲書院，藏書頗豐，育士多人。
廿四	超然書院	同治十三年 生員林鑑平等	彰化縣大墩街 已廢。現址在今臺中市中山路、自由路口一帶。	原爲文祠內之超然社，後加以擴建，有月課制度。
廿五	雪峰書院	光緒三年 職員藍登輝等	鳳山縣阿里港街 已廢。現址在今里港鄉中山路、過江路口里港國小。	屬義學性質之啓蒙教育，無月課制度。
廿六	朝陽書院	光緒六年 歲貢生陳奎等	鳳山縣潮州庄 已廢。現址在今潮州鎮文化路、富強路交叉口一帶。	貢生李政純發起，李氏逝世後，由陳奎等接續興建工程。
廿七	明新書院	光緒八年 鄉人公建	彰化縣集集街 現存，在今集集鎮東昌巷永昌國小旁。	屬文昌祠性質。日據時期轉型爲鸞堂。
廿八	英才書院	光緒十五年 廩生謝維岳等發起，得知縣支持	苗栗縣苗栗街 已廢。現址在今苗栗市中正路、文昌街口苗栗文祠。	在文昌祠內設學，有月課制度。

廿九	宏文書院	光緒十五年鄉紳林朝棟等發起，官民合建	臺灣縣治 已廢。現址在今臺中市民權路、市府路口臺中州廳一帶。	有月課制度，但因省會改置臺北，並遭逢割臺而中止。
三十	育英書院	光緒十五年生員林碧玉等	安平縣漚汪庄 已廢。現址在今將軍區南 21 鄉道、南 19 鄉道交會處漚汪文衡殿內。	屬文昌祠附設啟蒙教育性質。
卅一	磺溪書院	光緒十六年趙壁等	臺灣縣大肚街 現存，現址在今大肚區文昌一街、文昌一街 8 巷交會處。	原為西雝社，後擴建為書院，屬於文昌祠附設啟蒙教育之性質。
卅二	崇基書院	光緒二十一年舉人江呈輝等	基隆廳治嶺腳庄 已廢。現址在今基隆市仁愛區獅球嶺下。	僅舉行首次月課，即遭逢割臺，遂中輟。當地人提出成功市場、成功國小二說。

資料來源：筆者就清修方志、日據調查專書及戰後志書進行整理，並搭配個人現地調查所得而成，自行製表而成。

一、南社書院

　　南社書院，位於臺灣府治（今臺南市中西區）大南門外，原稱敬聖樓。其重要文獻如下：

　　《續修臺灣縣志》卷三〈學志・崇祀〉載：「敬聖樓：在大南門外。祀文昌。雍正四年拔貢生施世榜建。乾隆十年劉勝鳩眾修。四十二年，陳朝樑重修。嘉慶二年鳩眾改建（生員陳廷瑜、生員今拔貢黃汝濟、職員吳春貴、歲貢生韓必昌等任其事）。四年，增祀倉聖，統為南社書院（置田園八甲，大小二十四坵，坐嘉邑善化里木柵社，以供祀費。）」〔註1〕

　　同書卷六〈藝文志〉所收季學錦〈重修南社書院文昌閣序〉云：「歲丁巳，余膺簡命，督學臺陽；科試諸生文，詳加評騭，見有自出機杼，文雄而奇者；有確守繩墨，文正而法者。如春蘭、秋菊，各擅其勝。竊意必有魁奇卓犖，人如其文者，顧未之見也。久之，郡司訓楊君梅從公謁次，揖而請曰：『出郡城南數武，有南社書院，為雍正間施君世榜讀書處。施君既釋褐，以其址建

〔註1〕〔清〕謝金鑾、鄭兼才合纂：《續修臺灣縣志》（臺北：臺灣銀行經濟研究室，1962 年 6 月），頁 161～162。

樓，額曰「敬聖」，祀文昌焉。嗣是郡之雋穎者，以時講習其中；月有課，會
有期，而南社之名以起。自坍廢後，迄今二十餘年，未有興者。丁巳春，黃
生汝濟、陳生廷瑜，謀諸吳生春貴、韓生必昌，鳩諸同人而廓新之，視舊制
為宏敞。梅嘗登其上，見夫背負魁山，群峯羅列；南俯大海，萬頃汪洋，洵
巨觀也。所謂地靈人傑，將在斯與！諸生復捐鏹，為春秋祭。費慮且乾沒，
介梅為請如椽，勒石垂永遠。』」〔註2〕

　　透過上揭文獻及筆者現地調查所得資料，吾人當可得知，南社書院原為
鳳山縣拔貢生施世榜（1671～1743）早年讀書處，康熙三十六年（1697，丁
丑）出貢授官後，將舊址於雍正四年（1726，丙午）改建為敬聖樓，奉祀文
昌帝君，而府治士人亦於該地成立「南社」，作為會文考課之所。後經地方人
士數次重修，嘉慶二年（1797，丁巳）復由秀才陳廷瑜、黃汝濟、職員吳春
貴、歲貢生韓必昌等人發起改建，兩年後增祀倉頡，並改稱南社書院，進而
請託時任臺灣府儒學訓導的楊梅（乾隆六十年〔1795，乙卯〕至嘉慶三年
〔1798，戊午〕任職）向時任分巡臺灣兵備道並兼理學政的季學錦（？～1798）
邀序，以誌始末。而據洪敏麟教授之調查，南社書院之遺址，約在今日臺南
市南區永福路一段、樹林街二段交叉處附近，但今日已渺無遺跡。〔註3〕

二、鳳閣書院

　　鳳閣書院僅見載於《臺灣省通志》卷五《教育志・制度沿革篇》第三章
〈清代之教育制度〉第六節〈書院之規制・清代臺灣書院一覽表〉〔註4〕，該
志書之編纂者認為鳳閣書院始建於清乾隆十二年（1747，丁卯），其地位於前
營（鳳山縣前營，約今高雄市境內），其餘資料皆不明。

三、龍門書院

　　龍門書院位於諸羅縣斗六堡（今雲林縣斗六市），其重要文獻如下：
　　《雲林縣采訪冊・斗六堡・書院》載：「龍門書院（文昌宮內）」，同書〈斗

〔註2〕《續修臺灣縣志》，頁459～460。
〔註3〕洪敏麟編著，潘敬蔚主編：《臺南市市區史蹟調查報告書》（臺中：臺灣省文
　　　獻委員會，1979年6月），頁11。臺南市南區南社書院遺址現地調查所得資
　　　料（現地調查日期：2014年3月25日）。
〔註4〕李汝和主修：《臺灣省通志》卷五《教育志・制度沿革篇》（臺北：臺灣省文
　　　獻委員會，1970年6月），頁52。

六堡・祠廟寺觀〉亦載：「文祠，號龍門書院，在縣城北，前後兩進，南向。東與受天宮比附，西一護廊。前進祀朱子文公、梓潼帝君、關聖帝君，後進祀制字倉先聖人；西廊祀福德正神，附祀陳邑主文起、張邑紳鳳祥祿位。」〔註5〕

《臺灣私法》載：「龍門書院：乾隆十八年由貢生鄭海生、廩生吳嘉會及富人張良源、陳子芳等發起，募捐建於斗六街北門，奉祀文昌帝，因而又名文昌祠。嘉慶十一年陳文起認爲書院方向不佳，影響當地文風，與廩生蔡辰、生員賴紹文、張守謙、吳正忠、程直民、曾秉允、楊世勳、富人張鳳翔、陳玉芝、陳三才等商議，花費四千六百餘兩改爲坐北朝南及新建一座門樓。本書院在春秋祭祀文昌，每年八至十二月之間每月二次考試轄內讀書人作文，對優等生發給賞金……本書院雖有書院之名，其實是文昌祠，因而不受官府監督。置當事一人掌管財產，……當事以信筶法從斗六堡內的秀才以上人士選任，任期一年。」〔註6〕

透過上揭文獻及筆者現地調查所得資料，吾人當可得知，龍門書院係由貢生鄭海生、廩生吳家會及鄉紳張鳳祥、張良源、陳子芳等人於乾隆十八年（1753，癸酉）集資興建，位於受天宮媽祖廟旁，附設於奉祀朱子、文昌帝君、關帝的文祠內，每年八到十二月會舉辦月課，參加者爲境內學子，並視成績發給膏火費用。龍門書院係今日雲林縣境內於清領時期興建最早的書院，舊址約爲今日斗六火車站前方雲林農田水利會圓環處，但已於日據時期拆除，文昌帝君神像改祀於戰後易地興建之斗六市受天宮，而奉祀孔子、關帝的斗六市善修宮（該廟係認同1930年代於北臺灣出現並往南擴散的「儒宗神教」此一民間新興之宗教觀點），則另行懸掛「龍門書院」牌匾，似有繼承清代雲林縣儒風之意圖。〔註7〕

四、奎璧書院

奎璧書院位於諸羅縣鹽水港街（今臺南市鹽水區），其重要文獻如下：

《臺灣私法》載：「奎璧書院：初稱奎璧社，乾隆四十六年由趙家首倡建

〔註5〕〔清〕倪贊元編纂：《雲林縣采訪冊》（臺北：臺灣銀行經濟研究室，1959年2月），頁15。

〔註6〕陳金田譯：《臨時臺灣舊慣調查會第一部調查第三回報告書：臺灣私法第一卷》（臺中：臺灣省文獻委員會，1990年6月），頁535～536。

〔註7〕雲林縣斗六市龍門書院舊址、斗六市受天宮、斗六市善修宮現地調查所得資料（現地調查日期：2014年3月18日）。

於鹽水港街文祠巷。道光十一年沈爲鎔及黃琮〔引者案：缺一『琪』字〕等鑑於院舍狹小，募捐擴建後改稱爲奎璧書院，日據後曾經充爲鹽水港廳警務課員工宿舍。本書院主祀文昌帝君，配祀蒼頡、梓潼帝君、文衡帝君、孚佑帝君、大魁夫子、朱衣星君，除每年二月初三日及八月十五日舉行大祭外，更舉行八次小祭。兩大祭時亦舉行『送聖蹟』，即燒化雇人撿來的字紙，以鼓樂送字紙灰至海濱，然後用船載到海上倒入海中的儀式。每年九至十一月中，每月舉行兩次會課考試作文，優等生賞給若干膏伙銀。……明治三十一年創設鹽水港公學校時，將本財產留存一部分（年收約四十圓，充爲祭祀費）由葉瑞西管理，其餘皆贈送鹽水港公學校。」〔註8〕

《南瀛神明傳說誌》所附洪郁程據《臺灣堡圖》改繪之〈清代鹽水港市街復原圖（1840～1895）〉，則將奎璧書院之位置，標示於在橋南街、康樂路交會處一帶的「媽祖宮街」，附近則有媽祖廟（筆者案：即護庇宮）與趙厝（筆者案：即趙相泉家族宅第）。〔註9〕

透過上揭文獻及筆者現地調查所得資料，吾人當可得知，奎璧書院原爲經商發家致富的趙相泉家族於乾隆四十六年（1781，辛丑）在鹽水港街倡建之奎璧社，位於護庇宮左近的文祠巷內。該社供奉五文昌帝君、倉頡，後於道光十一年（1831，辛卯）由廩生沈爲鎔、黃琮琪等人募捐擴建，改稱奎璧書院，每年秋季各月舉行兩次會課考試，參加者爲境內學子，並視成績發給膏火費用。日據以後，學產移交予鹽水港公學校（今鹽水國小）。〔註10〕

五、螺青書院

螺青書院位於彰化縣東螺保北斗街（今彰化縣北斗鎮），其重要文獻如下：
《彰化縣志》卷四〈學校志·社學〉載：「螺青社，在北斗街文祠內。」同書卷五〈祀典志·文昌帝君祠〉亦載：「文昌帝君祠：……一在東螺北斗街（道光初舉人楊啓元等捐建）」〔註11〕

〔註8〕《臨時臺灣舊慣調查會第一部調查第三回報告書：臺灣私法第一卷》，頁 539 ～540。

〔註9〕許書銘等作：《南瀛神明傳說誌》（臺南縣新營市：臺南縣政府，2010 年 6 月），頁 35。

〔註10〕臺南市鹽水區鹽水國民小學、鹽水區護庇宮現地調查所得資料（現地調查日期：2013 年 7 月 2 日）。

〔註11〕〔清〕周璽纂輯：《彰化縣志》（臺北：臺灣銀行經濟研究室，1962 年 11 月），頁 149、頁 152。

　　《臺灣教育碑記》所收鄧傳安撰〈修建北斗螺青書院記〉云：「彰化縣南五十里東螺保螺青書院以祀文昌帝君，昉於嘉慶八年癸亥。廟貌既煥，人文蔚起。已而毀於兵，圯於水。至嘉慶二十二年丁丑，眾紳士乃醵千餘金修復。越五年而予來為鹿港同知，楊茂才贊元乞文以記其事。予謂非士子肄業之所而稱書院，得毋以文昌列在祀典，專司祿籍，為讀書發祥所自乎？……蒞斯舉者，舉人楊啓元、其弟廩膳生楊調元、附學生楊贊元、候選訓導胡克脩、羅桂芳、附學生周大觀等，宜并書。」〔註12〕

　　王啓宗教授《臺灣的書院》載：「螺青書院位於彰化縣北斗鎮東北隅百姓公廟東南。……該書院創建於嘉慶八年（一八〇三年），嘉慶二十二年重修。重修者……可能皆為螺青書院先前之學生。螺青書院因鄰百姓公廟及墳場，平素極少有人往經該地，又楊舉人死後，缺乏熱心承繼辦學之士，因而至清末而漸停授業。日人據臺後，書院功能完全停止，只剩一文昌公祠，以為讀書人祭拜之所。至光復前夕，終於倒塌。現僅存八個精美柱礎。至於所供奉之『五文昌公之碑位』，亦以客神身分，暫時供奉於奠安宮（北斗媽祖廟）西偏殿之福德正神處。」〔註13〕

　　透過上揭文獻及筆者現地調查所得資料，吾人當可得知，螺青書院之前身為文昌帝君祠，位於東螺保北斗街，由鄉紳於嘉慶八年（1803，癸亥）公建，內附民間興辦社學性質的「螺青社」，後因兵燹、水災而傾圯。迄嘉慶二十二年（1817，丁丑），舉人楊啓元、廩膳生楊調元、附生楊贊元、候選儒學訓導胡克脩、羅桂芳、附生周大觀等人再捐資修復，並由楊氏向時任鹿港同知鄧傳安請求作序，然今日螺青書院已拆除，文昌帝君神像則移奉北斗奠安宮，並於奠安宮重建新廟落成後，在後殿單獨設置文昌殿供奉。書院舊址附近興建之小學，則以紀念之故，命名為螺青國小。〔註14〕

〔註12〕　〔清〕鄧傳安撰：〈修建北斗螺青書院記〉，收入臺灣銀行經濟研究室編：《臺灣教育碑記》（臺北：臺灣銀行經濟研究室，1959年7月），頁34～35。又，《彰化縣志》卷十二〈藝文志〉，頁462～463亦收鄧氏同一篇文章，但篇名則為〈修建螺青書院碑記〉。

〔註13〕　王啓宗著：《臺灣的書院》（臺中：臺灣省政府新聞處，1987年6月），頁59～60。

〔註14〕　彰化縣北斗鎮奠安宮現地調查所得資料（現地調查日期：2013年4月10日）；彰化縣北斗鎮螺青國民小學現地調查所得資料（現地調查日期：2016年11月20日）。

六、引心書院

引心書院位於臺灣府治寧南坊呂祖廟，其重要文獻如下：

《續修臺灣縣志》卷三〈學志‧書院〉載：「引心書院：初爲引心文社，在寧南坊呂祖廟。嘉慶十五年拔貢張青峯、優貢陳震曜、增生陳廷瑜等議定課期，生童月二次，監以紳衿，束脩課費多出監生黃拔萃手。十八年，知縣黎溶與拔萃及各紳士商改爲臺灣縣書院；黎自捐銀伍百元，拔萃亦再捐銀伍百元、又捐埔地一所。二十五年，知縣姚瑩捐生息銀一千元，又歲撥充鯽魚潭戶銀三百元，前後置業充用。其掌教聽紳士擇請，官課縣自延師校閱。至道光三年冬，經紳士張青峯等查得前知縣高大鏞亦捐銀伍百元，赴學僉稟移查，並請建書院，以廣育人才；當即准縣覆，查明此項係交拔萃具領有案。」〔註15〕

《臺灣私法》載：「蓬壺書院：原名引心文社，在臺南寧安坊（引者案：應爲寧南坊之誤植）呂祖廟內。嘉慶十五年由拔貢生張青峰、優貢生陳震曜等創建，以教育兒童爲目的，經費由黃拔萃捐獻。嘉慶十八年臺灣知縣黎溶與地方士紳商議，改稱爲引心書院，舉行官課及師課。光緒十二年安平知縣沈受謙鑑於院舍狹隘，募銀八千餘元新建於臺灣縣署東旁縣口街，並買置赤嵌樓餘地及民屋十餘間充用，同時改稱爲蓬壺書院，日據後曾經充爲衛戍病院。本書院於每月十三日由知縣主持官課，二十八日由院長主持師課，而以生員及童生各前十六名爲超等內課生，各二十四名爲優等外課生，其餘分爲一至三等，分別賞給膏伙銀。」〔註16〕

王啓宗教授《臺灣的書院》則載：「引心書院，嘉慶十五年（一八〇一年）邑紳監生黃拔萃、拔貢張青峰創建於縣治檨仔林街，初稱引心文社。十八年，臺灣知縣黎溶與拔萃及諸士紳議改爲臺灣縣書院，各捐款置產。後移於柱仔行街呂祖廟（今臺南市開山路五十二巷八號，已廢。）嘉慶二十五年，知縣姚瑩又捐款生息，以充書院經費。道光十四年，蔡廷蘭以諸生主講引心書院。十七年，廷蘭鄉試中式，承郡守聘爲崇文書院院長，但仍兼引心書院。光緒十二年遷建於赤嵌樓右側，改稱蓬壺書院。」〔註17〕

〔註15〕《續修臺灣縣志》，頁166。
〔註16〕《臨時臺灣舊慣調查會第一部調查第三回報告書：臺灣私法第一卷》，頁541～542。
〔註17〕《臺灣的書院》，頁60。

　　透過上揭文獻、筆者現地調查所得資料以及本書第二章〈清領時期臺灣官方儒學設施與教學內容〉第三節〈官設書院及其學規、教學進程〉第三十項「蓬壺書院」所敘述，吾人當可得知，引心書院原為引心文社，由拔貢生張青峯、優貢生陳震曜、增生陳廷瑜等人創建於嘉慶十五年（1810，庚午），教學經費則由監生黃拔萃負責。嘉慶十八年（1813，癸酉），臺灣知縣黎溶與黃拔萃、地方仕紳等人商議後，始易名為引心書院，並於每月舉行官、師二課，官課由臺灣縣延請師資考核學子，師課則由書院自行延請。此後，地方官員姚瑩、高大鏞都曾捐款協助書院運作，而澎湖廳在清領時期的唯一一位進士蔡廷蘭（1801～1859）也曾以秀才身分在引心書院執教，道光十四年（1834，甲午）中舉後，蔡氏雖受臺灣知府聘任主掌崇文書院，但仍一度同時執教於引心書院。光緒十二年（1886，丙戌），臺灣知縣沈受謙又因書院狹窄，而募資改建於縣署東側，並購買赤嵌樓旁空地、民房充用，改稱蓬壺書院。至於引心書院之原址，則曾因發生「府城三大案」之一的「呂祖廟燒金」事件，而以「拾籃假燒金」聞名，但現今僅剩餘部分結構仍被保留，已不復見昔日書院建築。〔註18〕

七、萃文書院

　　萃文書院位於臺灣縣羅漢內門（今高雄市內門區），其重要文獻如下：

　　《臺灣南部碑文集成》所收游化等人合立〈新建萃文書院碑記〉載：「我羅漢內門諸同人，崇祀文昌帝君，肇自嘉慶壬申年：捐金合朋，逐年輪祝，久已蒙麻有素。而未有宮闕以壯帝居，殊非所為靈爽之憑者矣。……新建廟宇，特祀聖帝，足見尊崇；而東西兩翼室，可令延西席，教子弟讀書其中。將閭里藉以增光，而文運因而丕振者也。事關大典，稟請邑侯閻批准。爰是僉舉董貢生黃玉華、監生蕭作又督建，卜吉在紫竹寺西買田地，……落成之日，榜曰『萃文書院』……是為記。」〔註19〕

　　《臺灣私法》載：「萃文書院：又名文社，在蕃薯寮廳羅漢內門里觀音亭洋，嘉慶年間由貢生游化等三十三名提供銀兩，以其利息建設。光緒十六年毀於颱風，明治三十三年出典書院財產，以典款修復，明治三十六年充為觀

〔註18〕臺南市中西區引心書院遺址現地調查所得資料（現地調查日期：2014年3月24日）。

〔註19〕〔清〕游化等：〈新建萃文書院碑記〉，收入臺灣銀行經濟研究室編：《臺灣南部碑文集成》（臺北：臺灣銀行經濟研究室，1966年3月），頁277～278。

音亭公學校校舍。」〔註20〕

　　透過上揭文獻及筆者現地調查所得資料，吾人當可得知，在興建萃文書院之前，羅漢內門當地的士人、鄉紳，曾於嘉慶十七年（1812，壬申）集資成立輪祀文昌帝君之「神明會」組織，後因苦無永久供奉神像之場所，遂在報請臺灣知縣閻炘（1840～1844 在任）同意後，推派貢生黃玉華、監生蕭作又督建工程，於道光二十五年（1845，乙巳）竣工，奉祀文昌帝君，並於兩側翼室延請塾師，教導週遭旗山、田寮、關廟、歸仁、新化、龍崎等地學子，稱作萃文書院。後於日據時期改為觀音亭公學校之校舍。戰後，書院建築年久失修，復經颱風豪雨侵襲，遂於 1968 年秋季倒塌，由當地「文昌公會」成員發起重建，至 1984 年始完工，並交由內門紫竹寺負責管理。〔註21〕

八、振文書院

　　振文書院位於彰化縣西螺街（今雲林縣西螺鎮），其重要文獻如下：

　　《彰化縣志》卷四〈學校志‧社學〉載：「振文社，在西螺街文祠內。」同書卷五〈祀典志‧文昌帝君祠〉亦載：「文昌帝君祠：……一在西螺街外（嘉慶二年，紳士廖澄河等捐建）。」〔註22〕

　　《雲林縣采訪冊‧西螺堡‧書院》載：「振文書院：在街外之南。堂一、宇一，左右廊六間。嘉慶十九年，董事生員廖澄河等捐建；至光緒十七年，生員葉有聲等捐修。」〔註23〕

　　《臺灣私法》載：「振文書院：嘉慶十九年由生員廖朝孔等十二名捐建於斗六廳西螺街新街庄，當初稱為振文社或文昌祠，日據後充為西螺公學校校舍。本書院在春秋祭祀五文昌及孔夫子，及臨時考試附近讀書人作文，優等生給與若干賞金。本書院是文昌祠，不受官府監督。」〔註24〕

　　透過上揭文獻及筆者現地調查所得資料，吾人當可得知，振文書院原稱振文社，設於西螺街文昌祠內，係由具生員身分的鄉紳廖澄河等人於嘉慶年間捐建，後於嘉慶十九年（1814，甲戌）由「振文社」成員王有成等人在祠

〔註20〕《臨時臺灣舊慣調查會第一部調查第三回報告書：臺灣私法第一卷》，頁 544。
〔註21〕高雄市內門區萃文書院現地調查所得資料（現地調查日期：2014 年 1 月 10 日、2016 年 5 月 1 日）。
〔註22〕《彰化縣志》，頁 149、頁 152。
〔註23〕《雲林縣采訪冊》，頁 106。
〔註24〕《臨時臺灣舊慣調查會第一部調查第三回報告書：臺灣私法第一卷》，頁 537。

內創設振文書院，設有考課制度，參加者爲境內學子，並視成績發給膏火費用。日據時期，本書院曾一度作爲西螺公學校的校舍，後始回歸用途，於1985 年 11 月被公告爲三級古蹟，2007 年 10 月因應《文化資產保存法》修訂，改爲縣定古蹟，而本書院也是清領時期雲林境內四座書院唯一保留迄今者。〔註25〕

九、屏東書院

屏東書院位於鳳山縣阿緱街（今屏東縣屏東市），其重要文獻如下：

《鳳山縣采訪冊》載：「屏東書院：在港西里阿侯街東，縣東二十里，屋三十六間，嘉慶二十年歲貢生郭萃、林夢揚等建，光緒六年鄭贊祿重修，膏火租六百餘石。」〔註26〕

《臺灣南部碑文集成》所收〈章程碑記〉云：「屏東書院之設，由來久矣。……自嘉慶甲戌年邑主楚江吳性誠與緱山諸先生總理郭萃、林夢陽、捐首蕭兆榮、董事蕭啓德、江啓源、鄭純脩、黃紹鐘等議定基址，籌畫規模。乙亥年元月起工，臘月告竣；但捐項缺額，本質既立，而華彩未加。時里內分縣主苻南劉蔭棠會請郭萃、劉瑞麟、蕭啓德、蕭啓元協力勸捐，增修油漆，聿成輪奐大觀。乃未幾，吳、劉二公解任，諸先生繼謝，而書院空存矣！惟拔亭先生與蕭啓邦、陳珏、許口盛營爲，連置租產，始有淡薄經費。越辛丑桂月間，合同計算，開費不敷，考課難舉；而拔亭先生力辭解任。諸同人公議設立規條，再請蕭啓邦起而接踵繼辦，綱舉月張，經費日加。嗣後歷任董事，陸續營置，諸費稍備，祭祀考課，得以永遠舉行。是亦淡屬之幸也！特恐人往事湮，難以稽考，丁丑秋諸同人議將規約租條勒石，以垂久遠。爰序其緣起，以昭示來茲焉。……文昌帝君、五子先賢，本配春秋祀典，定於二八中丁永遠舉行，必不容廢。……歷年考課，原是鼓舞人才，其飯食給賞，隨時酌議，須聽掌院主裁，務必從省爲貴。」〔註27〕

《臺灣私法》載：「屏東書院：嘉慶二十年由邑主吳性誠、總理郭萃、林夢陽、捐首蕭兆榮、董事蕭啓德、江啓源、鄭純修、黃紹鐘等，建於阿緱廳

〔註25〕雲林縣西螺鎮振文書院現地調查所得資料（現地調查日期：2013 年 4 月 22 日）。

〔註26〕〔清〕盧德嘉纂輯：《鳳山縣采訪冊》（臺北：臺灣銀行經濟研究室，1960 年 8 月），頁 160。

〔註27〕〈章程碑記〉，收入《臺灣南部碑文集成》，頁 358～359。

阿緱街土名于仔王。後來由知縣劉蔭棠、士紳郭萃、劉瑞麟、蕭啓德、蕭啓元等鳩資擴建，光緒六年由鄭贊祿等重修。奉祀文昌帝及創建人，日據後仍舉行春秋兩祭。本書院在八至十二月間每月實施兩次考課，考試本地區的讀書人。而優等生分爲二十等，分別賞給二角至二圓的膏伙費。不置院長而臨時聘請學者主持考課贈送謝禮四圓。董事由創建人五姓中互選一人掌理院務，不限任期。……本書院由民間經營，所以不受官府監督。」〔註28〕

　　透過上揭文獻及筆者現地調查所得資料，吾人當可得知，屏東書院由歲貢生郭萃、林夢陽與鳳山知縣吳性誠、鄉紳蕭兆榮等人於嘉慶二十年（1815，乙亥）倡建，供奉文昌帝君及宋代五夫子，在每年的八至十二月間，每個月舉行兩次師課，參加者爲境內學子，並視成績發給膏火費用。在吳性誠、下淡水縣丞劉蔭棠卸任且郭萃等發起人先後過世之後，屏東書院僅餘硬體設施，難以持續運作，後曾由鄭贊祿在光緒六年（1880，庚辰）重修。日據以後，先在1895年改爲屏東孔子廟，並於昭和十四年（1939）因市街改正之故，遷至現址。戰後於1985年11月先被公告爲三級古蹟，後又因應《文化資產保存法》修訂，改爲縣定古蹟。〔註29〕

十、興賢書院

　　興賢書院位於彰化縣員林街（今彰化縣員林市），其重要文獻如下：

　　《彰化縣志》卷四〈學校志・社學〉載：「興賢社，員林街文祠內。」同書卷五〈祀典志・文昌帝君祠〉亦載：「文昌帝君祠：……一在員林街外（道光口年，恩貢曾拔萃等捐建）」〔註30〕

　　《臺灣私法》載：「興賢書院：在彰化縣燕霧堡員林街，貢生曾拔萃以燕霧上下堡、武東堡、武西堡士紳捐款建於道光初年，光緒十七年重修。奉祀文昌帝，……日據後兩側的學舍曾經充爲員林支廳員工宿舍。本書院的師課，科考之年舉行六次，其他之年舉行十次，考試上列四堡的生員約二十名、童生約一百名。而以生員的前五名爲超等，每人賞給二元，童生的前十名爲上取，賞給第一名二元、第二名一元六角、第三名一元五角、其餘七名一元二角，以其次二十名爲中取，每人賞給八角。本書院不受官府監督，亦不實施

〔註28〕《臨時臺灣舊慣調查會第一部調查第三回報告書：臺灣私法第一卷》，頁543。
〔註29〕屏東縣屏東市屏東書院現地調查所得資料（現地調查日期：2013年4月13日）。
〔註30〕《彰化縣志》，頁149、頁152。

官課。聘任鹿港的黃玉書及蔡德芳兩進士分別兼任山長。」〔註31〕

　　透過上揭文獻及筆者現地調查所得資料，吾人當可得知，興賢書院原係武東、武西、燕霧下等三保（今彰化縣員林市、大村鄉、埔心鄉、永靖鄉、社頭鄉）士紳於嘉慶十二年（1807，丁卯）草創的文昌祠，後由恩貢生曾拔萃於道光四年（1824，甲申）在祠中設置「興賢社」教學，依照干支年份不同而實施不同次數的師課，參加者為境內生員、童生，並視成績發給膏火費用。本書院曾聘請彰化縣籍舉人黃玉書（？～1892）、進士蔡德芳（1824～1899）擔任山長，廩生邱海亦於光緒三年（1877，丁丑）前來執教，而貢生邱萃英等人則於光緒七年（1881，辛巳）發起募捐改築並購置學田，始改稱興賢書院，邱萃英更親任院長、執教斯所。戰後，本書院曾因 1999 年九二一地震毀壞，重建後，正殿供奉五文昌帝君，後殿「聖賢殿」則供奉孔子神像及倉頡、邱海之神位。2016 年再度重修，竣工後，改將倉頡、邱海之神位移奉至正殿兩側之耳房。〔註32〕

十一、鳳崗書院

　　鳳崗書院位於鳳山縣長治里前阿（今高雄市路竹區），其重要文獻如下：

　　《鳳山縣采訪冊》丁部〈規制・書院〉載：「鳳岡書院，在長治里前窩莊，縣西北五十八里，屋二十四間，道光十年副貢生劉伊仲建。先後續置平等沙田園二百零九甲四分六釐六毫零八忽九絲，完糧一百十八兩四錢五分四釐。」〔註33〕

　　《臺灣私法》載：「乾隆十二年二月由文賢里廓邊庄劉維仲、維新里二濫庄賴為舟及長治一圖里新園庄林四海首倡，募得長治一圖里、長治二圖里、維新里、文賢里、仁壽上里、仁壽下里、嘉祥內里、嘉祥外里計八里的士紳捐款，建於鳳山廳長治一圖里一甲庄土名前荷。本書院每月舉行月課二次（後來改為一次），考試區內生員及童生，並將優等生分為十等，分別賞給膏伙銀。本書院奉祀五文昌，每年舉行春秋兩祭，並由民間經營，而不受官府監督。

〔註31〕 《臨時臺灣舊慣調查會第一部調查第三回報告書：臺灣私法第一卷》，頁 534。
〔註32〕 彰化縣員林鎮（市）興賢書院現地調查所得資料（現地調查日期：2012 年 12 月 20 日，2017 年 2 月 26 日）；彰化縣永靖鄉忠實第現地調查所得資料（現地調查日期：2014 年 5 月 15 日）案：因員林在首次現地調查時尚未升格，2017 年再次調查時則已升格，故註腳稱「彰化縣員林鎮（市）」，而正文則寫作「彰化縣員林市」。
〔註33〕 《鳳山縣采訪冊》，頁 159～160。

董事一人由上列八里的秀才以上人士互選，擔任會計及庶務而不支薪。院長由董事聘請德高望重之士擔任。」〔註34〕

　　透過上揭文獻及筆者現地調查所得資料，吾人當可得知，鳳崗書院之前身，係由劉維仲、賴爲舟、林四海等人於乾隆十二年（1747，丁卯）發起，位於長治里前阿，院內奉祀五文昌帝君。道光十年（1830，庚寅），副貢生劉伊仲又加以中興。每月舉行考課，參加者爲原始捐資者境內八里的秀才及童生，並視成績發給膏火費用。唯其舊址已渺無遺跡，似在大湖火車站附近。〔註35〕

　　至於前行研究者引用《泉州府志選錄》，稱鳳崗書院爲張有泌任職鳳山教諭兼管臺灣府教授時所建〔註36〕，筆者覆覈乾隆年間《重修泉州府志》卷五一〈國朝循績・張有泌〉時得知，原典記載係「張有泌字鄰卿，……雍正壬子舉人，壬戌會試登明通榜，授政和教諭，以讀書立品勵諸生。……調鳳山教諭，教如政和。兼管臺灣府教授事，郡士咸慶得師。秩滿，多士雲集，餞送賦詩贈行，勒石紀德。陞任宜黃知縣，下車首興脩鳳崗書院，捐置膏火，延師課士，文風大振。」〔註37〕可知張有泌所建之鳳崗書院，係位於江西宜黃縣，而非臺灣鳳山縣。

十二、登雲書院

　　登雲書院位於嘉義縣笨港街（今嘉義縣新港鄉），其重要文獻如下：

　　《嘉義管內采訪冊・打貓西堡・書院》載：「生童結文會於新港街登雲閣課藝，故未創建。」〔註38〕

　　新港鄉文昌國小保存之〈新建登雲書院喜捐緣金名碑〉載：「太子少保子爵軍門王捐銀捌百元，陞府正堂王、署嘉義縣知縣龐，以上各捐銀捌拾元。

〔註34〕《臨時臺灣舊慣調查會第一部調查第三回報告書：臺灣私法第一卷》，頁542〜543。

〔註35〕高雄市路竹區武安宮嶽府殿口頭訪談資料（訪談日期：2013年8月1日）。

〔註36〕林朝成、盧其薇：〈從鰲峰書院到海東書院：論清代臺灣朱子學的二個向度〉，《東華漢學》9期（2009年6月），頁294。

〔註37〕〔清〕懷蔭布、黃任、郭廣武纂修：《重修泉州府志》，收入上海書店出版社編：《乾隆泉州府志》（上海：上海書店出版社，2000年10月），第二冊，頁710。

〔註38〕臺灣銀行經濟研究室編：《嘉義管內采訪冊》（臺北：臺灣銀行經濟研究室，1959年9月），頁4。

笨港分縣劉捐銀貳拾元，……彰化縣學蔡克全捐銀壹百陸拾元，候補鹽運副使王朝清、職員蔡啓賢、貢生何其華，以上各捐銀陸百元。監生周興邦捐銀貳百元，蔡維吉捐銀壹百陸拾元，監生何朝彥捐銀壹百貳拾元……廩生何雲卿……舉人林西園……生員洪榮光……月眉潭庄，以上各捐銀參拾元。……選用教諭林西泰……以上各捐銀貳拾元。……道光拾伍年捌月口日全石，勸捐董事謝宗揚。」同地由嘉義縣政府於 1977 年所立〈登雲書院古蹟碑〉則載：「笨港疏遷，士子講學會文無所。先賢有鑒及此，乃鳩資興建書院，道光十五年（公元一八三五年）落成，名曰登雲書院，蓋取紀念王得祿將軍平步青雲之意，並以勗勉學子也。斯時學人雲集，文風蔚起，百年來，新港英才輩出，與此不無淵源。日據時，禁止講學，書院失修，又逢震災，院舍蕩然，僅留一碑於荒煙蔓草中。寶島光復，乃建文昌國小於斯，立登雲亭，允爲宏揚教化之所。中華民國六十六年歲次丁巳孟春月立。」〔註39〕

　　透過上揭文獻及筆者現地調查所得資料，吾人當可得知，登雲書院原爲創始於道光二年（1822，壬午）的新南港街士子會文場所「蘭社」，崇奉文昌帝君，後於道光十五年（1835，乙未），由太子少保王得祿（1770〜1842）、陞任臺灣知府的原嘉義知縣王衍慶、署理嘉義知縣龐周、嘉義縣笨港縣丞劉詵、彰化儒學教諭蔡克全、貢生何其華、監生周興邦、廩生何雲卿、舉人林西園、生員洪榮光等人及當地商號、鄰近庄民，共同捐資設立登雲書院，因在明治三十七年（1904）、三十九年（1906）受兩次地震損毀之故，神像移祀新港奉天宮，而學田則改爲新港公學校使用，戰後始改建爲新港文昌國小，唯現今文昌國小三樓之「登雲書院」已改祀孔子神位，並於戶外懸掛「文昌祠」匾額。〔註40〕

十三、雲梯書院

　　雲梯書院位於淡水廳四湖庄（今苗栗縣西湖鄉），其重要文獻如下：

　　《中華民國的書院》載：「宣王宮前身爲雲梯書院，座落西湖鄉西湖村學堂下。雲梯書院爲西湖劉家所創。於道光 9 年（1829）在四湖莊伯公背（今瑞湖國小校址）創辦私塾，至道光 20 年，擴建學堂，奉請分祀至賢先師孔夫子爲主祀暨五文昌夫子合祀，稱爲『雲梯書院』，從此孕育劉家先後產生貢生、

〔註39〕嘉義縣新港鄉文昌國民小學現地調查所得資料（現地調查日期：2013 年 10 月 23 日）。

〔註40〕嘉義縣新港鄉奉天宮現地調查所得資料（現地調查日期：2012 年 8 月 10 日）。

廩生、庠生、太學生等十餘人,連數十年之久。光緒 20 年(1894)甲午之役,清廷戰敗,……雲梯書院乃繼續授業漢文,……光緒 26 年(1900)秋,慶祝雲梯書院創建六十週年,倡議改書院爲『文廟』,而將廟名改爲『修省堂』。雲梯書院至此功成身退,地方教育改由口人推動之新式學校所取代。民國 65 年春,再度改建,至民國 71 年落成,易名『宣王宮』。正殿供奉孔聖及三恩主牌位,雲梯書院初創時之大成至聖先師神牌,仍奉於殿中。」〔註41〕

　　透過上揭文獻及筆者現地調查所得資料,吾人當可得知,雲梯書院係四湖庄劉家於道光九年(1829,己丑)所創設之私塾,後於道光二十年(1840,庚子)擴建,奉祀孔子及五文昌帝君,始改稱爲雲梯書院,並先後培育生員十餘人。日據初期,先轉型爲教導漢文的民間教育設施「漢學仔」,後於明治三十三年(1900)又轉型爲鸞堂「修省堂」,供奉關帝、呂祖及灶君等「三恩主」,1982 年復再次易名爲鸞堂「宣王宮」,主祀孔子及三恩主。〔註42〕

十四、修文書院

　　修文書院位於彰化縣西螺街(今雲林縣西螺鎮),其重要文獻如下:

　　《雲林縣采訪冊・西螺堡・書院》載:「脩文社:在福興宮廟後。中進五間,左右廊六間。道光二十四年,貢生詹錫齡等捐建。」〔註43〕

　　《臺灣私法》載:「修文書院:道光二十三年六月由恩貢生詹錫齡等八名倡建於斗六廳西螺街高厝埕。最初稱爲修文社,奉祀朱子。院舍在日據後充爲西螺公學校校舍。本書院在春秋祭祀紫陽夫子(即朱子),九月十五的秋祭較爲盛大。又臨時考試附近讀書人作文,並對優等生發給賞金。……本書院有其名而無其實,只是一朱子祠而已,完全由民間經營而不受官府監督。……明治三十五年十一月將此等財產歸於西螺公學校,由該校每年撥出六十圓充爲朱子祭祀費。本書院的會員約一百人,皆是本地區的讀書人。」〔註44〕

　　透過上揭文獻及筆者現地調查所得資料,吾人當可得知,修文書院又名修文社,係由恩貢生詹錫齡等當地士人於道光二十三年(1843,癸卯)組成,

---

〔註41〕臺灣省政府編印:《中華民國的書院》(南投:臺灣省政府,2014 年 4 月),下冊,頁 197。

〔註42〕苗栗縣西湖鄉雲梯書院宣王宮現地調查所得資料(現地調查日期:2014 年 4 月 19 日)。

〔註43〕《雲林縣采訪冊》,頁 106。

〔註44〕《臨時臺灣舊慣調查會第一部調查第三回報告書:臺灣私法第一卷》,頁 536～537。

書院內祭祀朱子，位於西螺福興宮後方，會對當地讀書人施行臨時性的考試，並視成績發給獎金。日據時期之後，院舍及學產皆改爲西螺公學校（後改名文昌國小）之用。〔註45〕

十五、鰲山書院

鰲山書院又稱鰲文書院、鰲峰書院，位於彰化縣大肚上保寓鰲頭街西勢庄（今臺中市清水區文昌里），其重要文獻如下：

《臺灣通志·列傳·政績》載：「孫壽銘，號少坪，大倉州舉人。同治七年、光緒五年，再任鹿港同知。……教既行，境內無事，日與書院諸生論文講學；經行備者，表揚之。藍田書院，在南投；鰲山書院，在寓鰲。皆隔五十六里。每課期必親，不以爲遠。及卒，士民立之主，祀於文開後堂。」〔註46〕

《臺灣教育志稿》第二章〈學校志·彰化縣〉載：「鰲文書院：大肚上堡西勢庄ニ在リ道光二十五年創建ス」〔註47〕

《重修清水鎮志·教育篇》第一章〈清治時期的教育〉第二節〈文昌祠與鰲峰書院〉載：「雍正年間渡臺之福建晉江人蔡德榮，曾經奉請文昌帝君神像至寓鰲頭祀拜。在1845年（道光25年），由蔡源順號的創立者蔡鴻元（八來），蔡德榮後裔、蔡泉成號之蔡思安（媽居），楊同興號創立者楊舒昆之子楊漢英等，共同發起組織『文昌會』之神明會，募集以田租捐助的基金共十七份，倡議建立文昌祠（地點約在今日臺灣電力公司清水服務所一帶）；並利用建廟餘款以及後續捐贈購置田產，成立學租，於文昌祠內興辦學堂，同時供應童生就學的花費。……在1847年（道光27年）時，蔡媽居之子蔡鴻猷考取彰化縣學之生員；後更於1851年（咸豐元年）恩科舉人中式，爲本地士子科舉之先河。……所以文昌祠內之書院，雖然清水居民一般皆是稱爲『鰲峰書院』，但是書院最初可能沒有明確之定名。」〔註48〕

〔註45〕雲林縣西螺鎮修文書院舊址、西螺福興宮現地調查所得資料（現地調查日期：2014年3月18日）。

〔註46〕〔清〕薛紹元總纂：《臺灣通志》（臺北：臺灣銀行經濟研究室，1962年5月），頁433。

〔註47〕臺灣總督府民政部學務課編：《臺灣教育志稿》（臺北：臺灣總督府，1918年8月，二版），頁46。

〔註48〕彭瑞金總編纂：《重修清水鎮志》（臺中市清水區：臺中市清水區公所，2013年8月），下冊，頁503。

　　透過上揭文獻及筆者現地調查所得資料，吾人當可得知，鰲山書院係於道光二十五年（1845，乙巳）由蔡鴻元、蔡思安、楊漢英等富紳成立「文昌會」並建立文昌祠，在祠中興辦書院，曾兩度擔任鹿港同知的孫壽銘亦不辭辛勞，每逢課期，必親自前來講學、命題，而蔡思安之子蔡鴻猷，則於咸豐元年（1851，辛亥）恩科中舉，成為該地區科舉及第之第一人，但鰲山書院因在昭和十年（1935）中部大地震損毀，文昌帝君神像遂移奉至清水紫雲巖，原先暫祀於一樓虎側，近年始於二樓新設文昌殿專祀。〔註49〕

十六、奎文書院

　　奎文書院位於嘉義縣他里霧街（今雲林縣斗南鎮），其重要文獻如下：

　　《雲林縣采訪冊·他里霧堡·書院》載：「奎文書院：在縣西十里他里霧街南畔。堂宇十餘間，祀田租五十五石。道光二十七年，職員黃一章捐建；同治六年，職員曾韞玉捐資重修。」〔註50〕

　　《臺灣私法》載：「奎文書院：在他里霧堡他里霧街社尾，本來是書房，咸豐六年由地方士紳黃一章等四人發起改為奎文社，奉祀文昌帝君。同治六年由生員洪培因等三名募款增建院舍，並改稱為奎文書院，明治二十八年罹兵燹焚毀。本書院奉祀蒼頡及五文昌，每年十一月三日舉行祭祀。又臨時考試附近讀書人作文，優等生賞給紙筆。本書院亦不受官府監督，完全由民間經營。……明治三十五年充為他里霧公學校的基本財產。」〔註51〕

　　透過上揭文獻及筆者現地調查所得資料，吾人當可得知，奎文書院起初僅是民間私設之書房，由鄉紳黃一章等人於咸豐六年（1856，丙辰）改置為奉祀五文昌帝君及倉頡的奎文社，復於同治六年（1867，丁卯）由生員洪培因等人募款增建，始改稱奎文書院，會對當地讀書人施行臨時性的考試，並視成績發給獎金。然因1895年兵燹而焚毀，學產移交他里霧公學校（即今斗南國小）。〔註52〕

〔註49〕臺中市清水區鰲山書院遺址、清水區紫雲巖現地調查所得資料（現地調查日期：2014年6月24日）。

〔註50〕《雲林縣采訪冊》，頁96。

〔註51〕《臨時臺灣舊慣調查會第一部調查第三回報告書：臺灣私法第一卷》，頁537～538。

〔註52〕雲林縣斗南鎮奎文書院舊址、斗南國民小學現地調查所得資料（現地調查日期：2014年3月18日）。

十七、登瀛書院

清領時期的登瀛書院有三，除本研究第二章〈清領時期臺灣官方儒學設施與教學內容〉第三節〈官設書院及其學規、教學進程〉第廿八項「登瀛書院」為官設書院外，另有兩處民間興辦之登瀛書院，分別位於中、北部，此處先言中部的登瀛書院。

登瀛書院位於彰化縣南北投保北投街（今南投縣草屯鎮），其重要文獻如下：

《臺灣教育志稿》第二章〈學校志・彰化縣〉載：「登瀛書院：南投堡南投街ニ在リ乾隆年間創建ス」〔註53〕

《臺灣私法》載：「登瀛書院：道光二十七年由職員洪濟純、生員洪鐘英及總理莊文蔚等發起，以民間捐款建於南投廳北投堡新庄，後經數次重修，及至日據初期則僅存正殿而已。本書院又名文祠廟，奉祀五文昌、朱夫子、關帝及魁星王等，於每年二月及八月的上丁日舉行祭祀，同時邀請轄內的捐款人後裔及讀書人聚餐。本書院教授讀書、作文及作詩等，學生均為丁年子弟，並以祭祀費剩餘為優等生的賞金。玉峰社……碧峰社……華英社……梯雲社……上列財產雖然歸於草鞋墩公學校，但係以社的名義設定的書院財產，所以具有財團性質。」〔註54〕

透過上揭文獻及筆者現地調查所得資料，吾人當可得知，登瀛書院係由北投堡總理莊文蔚、職員洪濟純、生員洪鐘英等士紳於道光二十七年（1847，丁未）捐資興建，除供奉文昌帝君外，亦設塾教學當地學子制藝、作詩，並以年度祭祀費用餘款作為對優秀學生的獎勵。光緒九年（1883，癸未），復由李定邦、林錫爵、簡化成等鄉紳首倡捐資重修，日據時期，捐資成立登瀛書院的玉峰、碧峰、華英、梯雲等社，其財產被政府規定交付給草鞋墩公學校（即今草屯國小）。後於1985年11月被公告為三級古蹟，2006年3月因應《文化資產保存法》修訂，改為縣定古蹟。〔註55〕

十八、玉山書院

玉山書院位於嘉義縣下加冬莊店仔口街（今臺南市白河區），其重要文獻

〔註53〕 《臺灣教育志稿》，頁46。
〔註54〕 《臨時臺灣舊慣調查會第一部調查第三回報告書：臺灣私法第一卷》，頁534～535。
〔註55〕 南投縣草屯鎮登瀛書院現地調查所得資料（現地調查日期：2014年3月2日）。

如下：

《臺灣私法》載：「玉山書院：在鹽水港廳下茄苳南堡店仔口街（土名南勢街），咸豐元年由地方士紳捐建。同治六年士紳吳志高及林威等鑑於書院狹小，募得銀八千三百餘兩擴建。奉祀孔子、朱子及文昌帝，因而亦稱文昌祠，每年舉行春秋兩祭，日據後曾經充為兵營。本書院每年實施考課四次，考試本地區的生員及童生，優等生賞給膏伙銀。……又本書院完全由民間經營。」〔註56〕

透過上揭文獻及筆者現地調查所得資料，吾人當可得知，玉山書院係店仔口街當地士紳於咸豐元年（1851，辛亥）公建，奉祀孔子、朱子與文昌帝君，每年並實施四次考課，參加者為本地生員、童生，並視成績發給獎金。後於同治六年（1867，丁卯）由士紳吳志高、林威等人發起募捐擴建，日據之後，因結構遭地震毀損之故，學產撥歸店仔口公學校（今白河國小）所有，而神像則移奉至白河福安宮。〔註57〕

十九、樹人書院

樹人書院位於臺北府大龍峒（今臺北市大同區），其重要文獻如下：

《重修臺灣省通志》卷六《文教志・學校教育篇》引用《臺北文物》2卷2期〈大龍峒耆宿座談會〉之記載：「樹人書院：咸豐年間，舉人陳維英倡設，先附於保安宮內。」〔註58〕

王啓宗教授《臺灣的書院》亦引用同一文獻，並持論云：「樹人書院，傳為陳維英所倡建，原附設於大龍峒保安宮內，咸豐年間，遷入新建文昌祠，稱『樹人書院文昌祠』。今物為民國二十一年，陳培根、黃贊鈞二氏重建。」〔註59〕

樹人書院現存〈樹人書院文昌祠沿革〉記載：「本祠溯自民國前五十九年（清道光卅年代）鄉人在大龍峒保安宮現址，供奉神明文昌帝君一尊，因鄉人崇學，善信日眾，未幾成立『神明會』、『文昌會』、『樹人書院』等，以廣重道尊儒，端正信仰風氣，繼獲善信慨捐土地及基金等項，得購置有永和、

〔註56〕《臨時臺灣舊慣調查會第一部調查第三回報告書：臺灣私法第一卷》，頁539。
〔註57〕臺南市白河區白河國民小學、白河區福安宮現地調查所得資料（現地調查日期：2014年3月24日）。
〔註58〕《重修臺灣省通志》卷六《文教志・學校教育篇》，頁136。
〔註59〕《臺灣的書院》，頁73。

內湖等處土地達十餘筆，初由會員王慶忠管理，後改由陳培根、張思遠、黃贊鈞三人主持，每年舉行祭典，均贈予公學校獎助金，及分贈學童禮糕等物，極具勵學之舉，稍後陳培根君辭世，會員等議定將剩存基金，覓地建祠，以謀久遠，遂購得大龍峒町四三三之一番地現址，民國十七年動工興建，四年餘文昌祠落成，佔地二佰五十餘坪，距今六十餘載。當時祠產登記，因日據時代，民間不容結社，乃委由黃贊鈞君具名爲所有人，予以登記，同時由黃君立具『土地寄附承諾書』（有據可考），而後臺灣光復，再數年黃贊鈞君去世，時祠址又被銓敍部徵用數十年之久……」而〈樹人書院文昌祠重修碑記〉則云：「清道光三十年（西元一八五〇年）鄉人於大龍峒保安宮內，供奉文昌帝君一尊，不旋踵間，又成立『神明會』及『文昌會』，自此春絃夏誦，蔚爲文風。咸豐三年（西元一八五三年）正式成立『樹人書院』於保安宮內，延名師、授典籍，不數載而碩儒閭師，遂使大龍峒有『五步一秀、十步一舉』之美譽。嗣後，鄉人以爲堂堂書院，豈可附設廟宇之一隅，乃共議另行覓地籌建『樹人書院文昌祠』於隆同街尾之土礱間埕（今臺北市迪化街二段三六四巷十四號現址），民國十七年（西元一九二八年）動工，四年後落成，於茲已歷七十餘年矣。民國三十八年（西元一九四九年）政府播遷來臺，考試院銓敍部徵用本祠，達數十年之久，遂致屋脊殘破，隨時有坍塌之虞，嗣經信徒大會決議，由管理委員會策劃監修，自民國七十九年（西元一九九〇年）動工，修繕歷時兩年完成。」〔註60〕

　　透過上揭文獻及筆者現地調查所得資料，吾人當可得知，樹人書院之起源，係因鄉人在道光三十年（1850，庚戌）於大龍峒保安宮供奉文昌帝君神像，並成立「文昌會」，後又於咸豐三年（1853，癸丑），由當地「陳悅記」公業出身的生員陳維英（1811～1869，後於咸豐九年〔1859，己未〕中舉）發起，在保安宮內成立樹人書院，正式設館授徒，屬於私塾性質的書院。至日據時期，「文昌會」之田產，交由陳培根（1876～1930）、張思達、黃贊鈞（1874～1952）等人管理，後因陳氏逝世，會員公議將剩餘基金購地建祠，遂遷出保安宮，另覓地在現址重建，至 1932 年落成，稱作「樹人書院文昌祠」，後經兩度重修，現仍由「陳悅記」後人董理事務。

〔註60〕臺北市大同區樹人書院文昌祠現地調查所得資料（現地調查日期：2013 年 11 月 23 日）。

二十、道東書院

道東書院位於彰化縣線西保和美線庄（今彰化縣和美鎮），其重要文獻如下：

《彰化縣志》卷四〈學校志・社學〉載：「景徽社，在線西保。」〔註61〕

《臺灣教育志稿》第二章〈學校志・彰化縣〉載：「道東書院：線西堡和美線庄ニ在リ咸豐七年創建ス光緒九年火災ニ遭ヒ後再建ス」〔註62〕

《臺灣私法》載：「道東書院：咸豐五年由訓導阮鵬程、貢生王祖培、庠生黃興東、黃仰袁、增廣生鄭凌雲、廩生黃際清、庠生陳嘉章等發起，向線西堡、線東堡及部份馬芝堡民眾募得九千餘元，建於彰化廳線西堡和美線庄。光緒十二年遭火災燒毀一部份，兩年後由富戶阮種及鄭思齊等募款重建。本書院奉祀朱子，因而又名朱子祠。中堂有浮刻『宋徽國文公朱夫子神位』的神主，右側有上列阮鵬程等八名的長生祿位。日據後院舍充爲公學校校舍。本書院幼者、丁者均收，僅教授讀書及作文而不舉行月課，因而其性質與書房相同。在二月十五日及九月十五日舉行祭祀，並請轄內的讀書人聚餐。日據後仍舉行祭祀，因爲已贈部份財產給公學校，因而已無昔日盛況。本書院雖有書院之名，其實是朱子祠而不受官府監督。董事一人及爐主正副二人，董事經公選，爐主以信筶法從轄內生員以上士人選任。董事不限任期，爐主任期半年，皆不支薪俸。」〔註63〕

透過上揭文獻及筆者現地調查所得資料，吾人當可得知，和美地區原有供奉朱子之文人結社——景徽社，即「景仰徽國公朱子」之意。其後，當地文人即用儒學訓導阮鵬程於咸豐五年（1855，乙卯）在自宅設置私塾，阮氏後於咸豐七年（1857，丁巳）與歲貢生王祖培、府學庠生黃仰袁、府學庠生陳嘉章、縣學庠生黃興東、增廣生鄭凌雲、廩膳生黃際清等人共同發起向線東、線西、馬芝等三堡居民募款設置，始稱爲道東書院，具備「吾道東矣」之意。本書院兼收當地不同年齡的學生，但僅教導讀書、作制藝文，不舉行月課。日據時期之後，部分學產捐予和美公學校（今和美國小）。戰後，本書院於 1985 年 8 月被公告爲二級古蹟，2005 年 11 月因應《文化資產保存法》修訂，改爲國定古蹟。〔註64〕

〔註61〕 《彰化縣志》，頁 150。
〔註62〕 《臺灣教育志稿》，頁 46。
〔註63〕 《臨時臺灣舊慣調查會第一部調查第三回報告書：臺灣私法第一卷》，頁 535。
〔註64〕 彰化縣和美鎮道東書院現地調查所得資料(現地調查日期：2014 年 1 月 9 日)。

廿一、登瀛書院

登瀛書院位於噶瑪蘭廳治擺厘（今宜蘭市進士里），其重要文獻如下：

《中華民國的書院》載：「宜蘭縣登瀛書院，係擺厘（今進士里）鑑湖陳氏之家塾。清朝，陳宣梓開墾宜蘭邊疆之初，遷居擺厘，爲教育子孫，於宅院南側，興建塾院一所，……塾院大殿名爲『鑑民堂』，供奉五文昌，書院兩側廂房廣儲詩書，前立拜亭，環以兩廡，用爲士子肄業之所……同治 2 年（1863），陳添壽、陳掄元兄弟兩人（同爲陳宣梓之子），更鳩工集材，相度經營，易土角牆爲磚牆，紅瓦覆蓋，而有『瓦學』之稱，並正名爲『登瀛書院』。臺灣道兼提督學政丁曰健尊稱陳掄元爲『老師』，並禮聘爲縣、府院試武科同考官。……有清一代，因書院之陶冶，而掇巍科，登顯仕者，30 人以上，以皆書院樂育之功也。當年陳氏家族敦聘各地秀才、舉人教育自己子弟讀書，當家族內考上秀才、舉人後，再由他們來教育當地的百姓子弟，該書院儼然成爲當地的學堂。根據歷史記載，宜蘭的首位進士就是出自本地，但卻不是陳家的子弟，而是祖先同樣來自福建漳州的楊士芳。」〔註65〕

透過上揭文獻及筆者現地調查所得資料，吾人當可得知，宜蘭登瀛書院之前身係由陳宣梓設置之家塾「鑑民堂」，後由其哲嗣陳添壽、陳掄元將之易名爲登瀛書院，並延請當地名士張鏡光（1854～1932）等人執教，本書院除作爲陳氏家塾之外，也作爲當地民眾啓蒙教育之場所，更曾培養出宜蘭境內唯一一位進士楊士芳（1826～1903），後來則轉型爲供奉關帝、呂祖、灶君等「三恩主」之鸞堂「鑑民堂」。〔註66〕

廿二、大觀義學

大觀義學位於淡水廳枋橋街（今新北市板橋區），係清領時期唯一以「義學」爲名之書院。其重要文獻如下：

《淡水廳志》卷六〈典禮志・祠祀〉載：「文昌祠：……一在枋橋街，同治二年，紳士林維讓、維源捐建。」〔註67〕

《臺灣教育碑記》所收莊正撰〈大觀義學碑記〉云：「歲癸亥（同治二年），

〔註65〕《中華民國的書院》，下冊，頁 158～159。

〔註66〕宜蘭縣宜蘭市登瀛書院鑑民堂現地調查，並訪談鑑湖堂文化協會理事長陳文隆先生所得資料（現地調查、訪談日期：2014 年 4 月 8 日）。

〔註67〕〔清〕陳培桂纂：《淡水廳志》（臺北：臺灣銀行經濟研究室，1963 年 8 月），頁 149。

余游寓於茲，思有洗滌而振興之。商諸外兄弟觀察林君維讓、維源，首倡義
貲，創學舍於板橋東北隅，月集諸生考課。余不才，忝司月旦，既砥礪其德
業，亦柔和其心性。遠邇士人，翕然向風。邇來民無競心，士有奮志，恭陋
文風，日振日上，而科名亦遂以踵起，則教學之明驗大效也。……義學之
設，……皆觀察君昆仲捐助勉成。……義學之前，大屯、觀音山對峙焉，故
名大觀。爲屋二，中祀文昌帝君，夯諸生之文明，兼奉濂洛關閩五先生，示
學術之標準。前爲行禮出入之所，兩旁學舍十餘。前後有隙地可擴充，尚遲
有待。余忝倡是謀，且兩登講席，敢不揣固陋而爲之記。其捐貲姓名，另書
他石。同治十有二年癸酉中春，溫陵莊正並書。」〔註68〕

　　透過上揭文獻及筆者現地調查所得資料，吾人當可得知，大觀義學係由
漳裔的林維讓（1818～1878）、林維源（1840～1905）昆仲與妹婿莊正於同治
二年（1863，癸亥）共同成立。起初，林氏兄弟有鑒於漳、泉械鬥之害，遂
將其妹嫁給泉裔舉人莊正，透過聯姻調解糾紛，莊氏復提議由當地紳民徐士
芳、何正榮、廖五福等人捐出部分土地、林氏昆仲出資，成立大觀書社，供
奉文昌帝君神像及倉頡、宋代五夫子神位。其後，由莊正主持學務，召集泉、
漳兩郡移民子弟入學，課以詩文，並於同治十二年（1873，癸酉）擴大規模，
改稱大觀義學。林氏昆仲與莊正復在義學中成立「大觀書社」，透過漳、泉兩
地移民成員每月定期聚會、品騭詩文而促進情感。日據時期，大觀義學成爲
枋橋公學校（今板橋國小）校舍，此義學雖於戰後停辦，但仍於1963年自大
龍峒孔廟分靈孔子神位，成爲臺北縣（今新北市）每年舉辦祭孔典禮之場所。
〔註69〕

廿三、文英書院

　　文英書院位於彰化縣貓霧拺東堡岸裡社（今臺中市神岡區），其重要文獻
如下：

　　《重修臺灣省通志》卷六《文教志‧學校教育篇》引《神岡鄉土志》載：
「文英書院：道光十六年（西元一八三六年），呂世芳組文英社於彰化縣貓霧
拺東堡岸裡社。咸豐五年世芳死，其子呂炳南，字耀初，與文英社諸君於岸

〔註68〕〔清〕莊正撰：〈大觀義學碑記〉，收入臺灣銀行經濟研究室編：《臺灣教育碑
　　　　記》（臺北：臺灣銀行經濟研究室，1959年7月），50～51。
〔註69〕新北市板橋區大觀書社現地調查所得資料（調查日期：2013年7月4日）。

裡社側構祠宇以妥文昌神。同治八年春又與士紳新建文英書院於岸裡社側。」
〔註70〕

　　透過上揭文獻及筆者現地調查所得資料，吾人當可得知，文英書院係三角仔莊（今臺中市神岡區三角里）生員呂炳南（1829～1870）於同治八年（1869，己巳）創建。起初，其父呂世芳（1806～1855）於道光十六年（1836，丙申）組文英社梓潼帝君會，並置學田數百畝，意在興建文昌祠，但其願望尚未達成，即於咸豐五年（1855，乙卯）逝世，遂由呂炳南繼承父志。文英書院創設後，聘請粵東嘉應州籍舉人吳子光（1819～1883）前來講學，該書院之豐碩藏書，亦嘉惠進士丘逢甲（1864～1912）及林文欽（1854～1900）、蔡時超、施士浩（即施士洁，1853～1922，後於光緒二年〔1876，丙子〕成進士，與其父施瓊芳〔1815～1867〕為清代臺灣唯一的父子雙進士）、呂汝修（1855～1889）等舉人四名，唯文英書院於呂汝修過世後，欠缺講學之才，最終在日據時期由呂汝玉（1851～1925）將文英社之社址捐出，改為岸裡公學校（即今神岡區岸裡國小），而昔日文英書院供奉之文昌帝君神像，則移至呂家筱雲山莊附近之三角里瞻雲宮左側奉祀，現今廟內正殿仍懸掛光緒元年（1875，乙亥）文英社同人所獻之「天樞保衡」匾以及光緒十七年（1891，辛卯）舉人何朝章所獻「文運主持」匾。〔註71〕

廿四、超然書院

　　超然書院位於彰化縣大墩街（今臺中市中區），其重要文獻如下：

　　《彰化縣志》卷四〈學校志・社學〉載：「超然社，在大墩街。」〔註72〕

　　《重修臺灣省通志》卷六《文教志・學校教育篇》收有林文龍先生保存之〈超然書院課藝〉乙份。〔註73〕

　　《臺灣地區現存碑碣圖誌：臺中縣市・花蓮縣篇》，收有超然社在同治十三年（1874，甲戌）十一月的〈重修文祠捐題碑記〉拓本，主其事者為生員林鑑平、職員林志芳、生員賴冕榮，捐款者則包括霧峰林家的林奠國（1814

〔註70〕 李雄揮、程大學、司琦編纂：《重修臺灣省通志》卷六《文教志・學校教育篇》（南投：臺灣省文獻委員會，1993年4月），頁131～132。

〔註71〕 臺中市神岡區岸裡國民小學、呂氏筱雲山莊現地調查所得資料（現地調查日期：2014年2月26日）；臺中市神岡區三角里瞻雲宮現地調查及訪談所得資料（現地調查日期：2017年3月19日）。

〔註72〕 《彰化縣志》，頁149。

〔註73〕 《重修臺灣省通志》卷六《文教志・學校教育篇》，頁132。

～1880，舉人林文欽爲其哲嗣）等人，並稱該碑實際保存於臺中市東區東勢里進德北路鄭家的屋後花園左側。〔註74〕

《臺中文獻》第六期的〈日據時期歷史建築——「臺中」的正式登場與殖民者的現代化市區實驗〉所收〈清代臺灣府城內建築轉用彙整表1891~1901〉，認爲位於小北門東南側的孔孟堂，面積約6086坪，在日據初期，被工兵第二中隊接收，迄1901年時，仍作爲營舍使用；〈清代以前歷史建築——未完成的省會臺灣府城計畫〉所收〈清代建築拆除時間表〉則指出，位於今日中山路、自由路交叉口附近的孔孟堂，係在1904至1910年間，因第二次新闢市區道路而拆除，僅有石碑保存於他處。〔註75〕

透過上揭文獻及筆者現地調查所得資料，吾人當可得知，超然書院位於大墩街，又名孔孟堂、東大墩文祠，前身即設立於道光年間之社學「超然社」，該社月課封面則寫爲「超然書院」，可見係以書院爲名之社學。唯其設施，已在日據時期一度改爲工兵第二中隊營舍，又因市街改正而拆毀，原址約在今臺中市中區中山路、自由路口一帶。〔註76〕

廿五、雪峰書院

雪峰書院位於鳳山縣阿里港街（今屏東縣里港鄉），其重要文獻如下：

《鳳山縣采訪冊》載：「雪峰書院：在港西里阿里港街北，縣東北四十里，屋七間，光緒三年職員藍登輝、董事張簡榮、張簡德等建。」〔註77〕

《臺灣私法》載：「雪峰書院：在阿緱廳阿里港街過港仔，光緒三年由職員藍登輝、董事張簡榮及張簡德等首倡，合併禮文及攀桂等四社而設。奉祀文昌帝君，因而又稱文昌祠，日據後充爲里港公學校校舍。本書院專收兒童教授小學，貧困學生免繳學費，可謂書房兼義學，亦補助歲試及鄉試應考者旅費。本書院不受官府監督，置董事一人辦理院務，爐主一人辦四月及十二

〔註74〕〈重修文祠捐題碑記〉，收入何培夫主編：《臺灣地區現存碑碣圖誌：臺中縣市・花蓮縣篇》（1997年12月），頁158～159。

〔註75〕林良哲、袁興言：〈清代以前歷史建築——未完成的省會臺灣府城計畫〉，《臺中文獻》6期（2003年3月），頁45；林良哲、袁興言：〈日治時期歷史建築——「臺中」的正式登場與殖民者的現代化市區實驗〉，《臺中文獻》6期（2003年3月），頁61。

〔註76〕臺中市中區超然書院舊址現地調查所得資料（現地調查日期：2015年10月8日）。

〔註77〕《鳳山縣采訪冊》，頁160。

月的祭祀，皆不限任期。」〔註78〕

　　透過上揭文獻及筆者現地調查所得資料，吾人當可得知，雪峰書院始建於光緒三年（1877，丁丑），由職員藍登輝、董事張簡榮、張簡德等人發起興建，其前身則是禮文、攀桂等四個由民間組成的文社，屬於僅供啟蒙教育的義學性質，故在文獻中未見月課、師課等記載。書院現址於日據時期改為里港公學校（即今里港國小），而昔日書院供奉之文昌帝君、孔子、倉頡等神位，則皆在日據時期移奉里港雙慈宮，校內僅有昔日的惜字亭留存。〔註79〕

廿六、朝陽書院

　　朝陽書院位於鳳山縣港東里潮州庄（今屏東縣潮州鎮），其重要文獻如下：

　　《鳳山縣采訪冊》丁部〈規制・書院〉載：「朝陽書院：在港東潮（外）〔引者案：「外」字當為「州」字之誤〕莊街北，縣東三十里，屋十八間，光緒六年訓導李政純、歲貢陳奎、廩生蔡瀛登等募建。」同書己部〈科目・歲貢〉載：「同治……六年丁卯：陳奎（縣學，原籍饒平）……十二年癸酉：李政純（縣學，原籍同安，有傳）」庚部〈列傳・鄉先正〉又載：「李政純，字少白，號雪軒，邑之港東里潮州莊人，年三十九，以明經貢於廷，……坐擁皋比，采芹食餼者百餘人。……光緒二年，以總辦團練，保舉訓導，未仕而卒，年四十有七。」〔註80〕

　　王啟宗教授《臺灣的書院》載：「朝陽書院創建於光緒六年（一八八〇年），為訓導李政純、歲貢生陳奎、廩生蔡瀛登等募建，故址在鳳山縣港東里潮洲庄北勢頭，即今屏東縣潮洲鎮文化路與富強路交會之地。該書院有屋十八間，石砌基牆，土角厝，似瓦頂，惟建後未久即毀損，今僅見蔓草違章，一片淒涼。」〔註81〕

　　透過上揭文獻及筆者現地調查所得資料，吾人當可得知，朝陽書院係未赴任即逝世的儒學訓導李政純（1830～1876，同治十二年〔1873，癸酉〕縣學貢生）、原籍饒平的歲貢生陳奎（同治六年〔1867，丁卯〕縣學貢生）、廩

〔註78〕　《臨時臺灣舊慣調查會第一部調查第三回報告書：臺灣私法第一卷》，頁 543。
〔註79〕　屏東縣里港鄉雪峰書院遺址、里港鄉里港國民小學現地調查所得資料（現地調查日期：2015 年 5 月 5 日）；里港鄉雙慈宮現地調查所得資料（調查日期：2014 年 3 月 31 日）。
〔註80〕　《鳳山縣采訪冊》，頁 160、249、250、264。
〔註81〕　《臺灣的書院》，頁 68～69。

生蔡瀛登等人倡捐成立。據《鳳山縣采訪冊》本傳所載，李氏應具有當地塾師的身分，方能「坐擁皋比，采芹食餼者百餘人」。然而，《鳳山縣采訪冊》的書院興建年份似有疑慮，蓋若依李氏本傳所載三十九歲入貢，且傳統志書向來不為生人立傳，故《鳳山縣采訪冊》載李氏年四十七卒，其卒年應為光緒二年（1876，丙子），無法參與光緒六年（1880，庚辰）的朝陽書院興建工程。除非在李氏逝世前，即已發起募捐，但直到光緒六年，書院始告竣工。而筆者透過王氏《臺灣的書院》依址尋找，朝陽書院舊址的確僅留下荒煙蔓草，毫無任何指示牌載明該處原有書院存在。

廿七、明新書院

明新書院位於埔裏社廳集集街（今南投縣集集鎮），其重要文獻如下：

《臺灣教育志稿》第二章〈學校志・臺灣縣〉載：「明新書院：集集堡集集街ニ在リ光緒八年創建ス」同章又載「濟濟社：集集堡集集街ニ在リ道光年間設立ス明新書院創建ノ事ヲ謀議計畫セント欲シテ文祠內ニ設ケタル結社ナリ」〔註82〕

《重修臺灣省通志》卷六《文教志・學校教育篇》載：「明新書院：在集集，光緒八年創建。或曰該書院創於光緒十一年（西元一八八五年）於今南投縣集集鎮永昌國小之一旁，殿宇除正屋一間外，只有左右兩廂。」〔註83〕

王啓宗教授《臺灣的書院》載：「明新書院：明新書院位於集集鎮永昌里東昌巷四號，即今永昌國小。光緒初年，集集堡士紳曾組織濟濟社，並建明新書院於柴橋頭庄。光緒九年夏，由陳長江首倡，募款一千八百圓，擬遷建於集集街內，旋舉林光祥為董事主持建築事務。是年十二月二日興工，至光緒十一年十一月竣工。內供文昌帝君、制字先師及紫陽夫子。並推舉陳長江為總理，雇廟祝一人，經費由街舖負擔。光緒二十八年，管理人林天龍將書院所有之田地二十甲餘及廟地捐給集集庄役場，充為集集公學校建設用地。光緒三十四年乃遷建於柴橋頭庄現址。光復後，成立永昌國小迄今。明新書院為清代晚期，漢族於平地開就緒，進入山區發展後而建的教育設施，具有社學性質，規模格局簡單，帶有草萊初闢的簡樸風格，以及漢族移民刻苦不忘子弟教育的傳統精神。」〔註84〕

〔註82〕《臺灣教育志稿》，頁38～39。
〔註83〕《重修臺灣省通志》卷六《文教志・學校教育篇》，頁128。
〔註84〕《臺灣的書院》，頁75。

透過上揭文獻及筆者現地調查所得資料，吾人當可得知，明新書院係由「濟濟社」同人於光緒初年所建，原在柴橋頭庄，後因光緒九年（1883，癸未）濁水溪泛濫之故，地方總理陳長江遂發起募捐，利用販售漂流木所得，將明新書院遷至集集街，迄光緒十一年（1885，乙酉）完工，供奉文昌帝君、倉頡及朱子，明治四十一年（1908），鄉人復將書院遷回原址，改名崇德堂。戰後，國民政府將書院現址一部分作為永昌國民小學之用，書院對外則仍以明新書院為名，並保留崇德堂扶鸞濟世之傳統，後於 1964 年「分靈」至臺南市南區，成立二天府明新書院崇德堂，將文昌帝君、太上老君、孔子、關帝、呂祖奉為另一種「五文昌帝君」之組合。而集集明新書院則於 1985 年 11 月被公告為三級古蹟，2006 年 3 月因應《文化資產保存法》修訂，改為縣定古蹟。〔註85〕

廿八、英才書院

英才書院位於苗栗縣苗栗街（今苗栗縣苗栗市），其重要文獻如下：

《臺灣私法》載：「英才書院：光緒十五年新設苗栗縣時，由知縣林桂芬及舉人謝維岳等創設，當時未建院舍而在縣禮房辦公。本書院不舉行官課，但每月舉辦師課考試縣內的讀書人，並以生員前十名為超等，童生前十名為上取，每人賞給膏伙銀一元。其次以生員二十名為優等，童生二十名為中取，每名賞給紙筆。本書院……學務由禮房承辦。山長由舉人邱某及郭名昌分別兼任，並置董事一人。」〔註86〕

《重修臺灣省通志》卷六《文教志‧學校教育篇》載：「英才書院：在苗栗縣。光緒十五年新設苗栗縣時，由苗栗舉人謝維岳等三十人向知縣林桂芬建議而（設）創設，未建院舍而借厝縣禮房。光緒十八年，暫設文昌祠內，又將番社租銀在苗栗縣轄內者計四百一十八圓四角，提充英才書院作膏伙。然《新竹縣志初稿》謂英才書院『未建』，光緒末年臺南府知府唐贊袞亦以英才書院僅有其名，未延師課。英才書院沒有官課，師課每月兩日，由苗栗縣內士子應試，錄取生員的前十名優秀者定為超等，次二十名為特等；童生前十名定為上取，次二十名為中取。」〔註87〕

〔註85〕南投縣集集鎮明新書院現地調查所得資料（現地調查日期：2011 年 10 月 21日）；臺南市南區二天府明新書院崇德堂現地調查所得資料（現地調查日期：2014 年 11 月 10 日）。

〔註86〕《臨時臺灣舊慣調查會第一部調查第三回報告書：臺灣私法第一卷》，頁 532。

〔註87〕《重修臺灣省通志》卷六《文教志‧學校教育篇》，頁 132。

　　透過上揭文獻及筆者現地調查所得資料，吾人當可得知，光緒十五年（1889，己丑）竹、苗分治，新設的苗栗縣尚未興築縣署，首任知縣林桂芬遂暫於文昌祠內辦公，廩生謝維岳（後於光緒十九年〔1893，癸巳〕中舉）等三十人向林桂芬請願設置書院，遂於文昌祠倉頡廳及左護龍設立英才書院，並由謝維岳擔任山長，負責授課。本書院每月設有師課，考試縣內生員與童生，並視成績發給膏火費用。但旋因日據時期推行新式教育而廢止，僅維持數年。晚近，苗栗縣政府另於後龍鎮興建「閩南書院」，供奉孔子及分靈自四川梓潼七曲山的文昌帝君，並為接續設縣之初的學脈，遂於 2015 年 7 月將閩南書院改稱英才書院。〔註88〕

　　至於其學規及教學內容，林桂芬曾於光緒十七年（1891，辛卯）制定〈英才書院章程〉十條：「款項宜綜核也；課期宜編定也；山長宜延聘也；董事宜選舉也；膏火宜酌定也；帳目宜核實也；僱工宜給值也；盈餘宜核出也；花紅宜酌給也；盤費宜核定也。」〔註89〕均屬於書院行政業務之範疇，未涉及如何教導學子及其效法之目標。但章程第二條「課期宜編定也」，則可窺見當時英才書院舉行月課的規制，其文如次：

> 課期宜編定也：書院有關教化，考課評文，乃知優劣。現議初三、十八兩日為生童考課之期。除正月、十二月停課外，計每年十個月，開課二十期。統計三年之中，有歲、科兩試，自縣試至院試竣；歲、科各停課三個月，共六個月，計十二期。生監仍照舊開課。其遇鄉試年分，停七、八、九三個月，生課六期；有未赴鄉試而仍來應課者，歸入童卷彙取，以節糜費。〔註90〕

透過上揭文獻，吾人當可得知，英才書院以每年二月至十一月的初三、十八作為縣內生員、童生的月課日期，一年共二十期，但因逢童生參加縣、府、院試及歲、科試之緣故，三年共停止考課十二期；生員則因參加鄉試之緣故，在當年七至九月停止考課六期，若生員未參加鄉試，為節省書院支出的膏伙費用，不另分卷，遂將生員、童生之試卷一同批閱。此亦為該書院的特殊之處。

〔註88〕苗栗縣苗栗市文昌祠現地調查所得資料（現地調查日期：2013 年 5 月 17 日）；苗栗縣後龍鎮英才書院現地調查所得資料（現地調查日期：2015 年 7 月 17 日）。

〔註89〕〔清〕沈茂蔭纂輯：《苗栗縣志》（臺北：臺灣銀行經濟研究室，1962 年 12 月），頁 146～149。

〔註90〕《苗栗縣志》，頁 147。

廿九、宏文書院

宏文書院位於臺灣建省後新設之臺灣府臺灣縣治（今臺中市），其重要文獻如下：

《臺灣私法》載：「宏文書院：光緒十五年由林朝棟、吳鸞旂及呂汝玉等首倡，獲臺灣知縣黃承乙協讚設立，預定以二萬元建造院舍於府儒學東旁，但逢割臺而罷。本書院每月實施官課及師課各一次，考試臺灣縣內的讀書人，而生員的超等及特等分別賞給膏伙銀一元二角及八角，童生的上取賞給八角至一元，中取賞給六角。……本書院置山長一人，由知縣任命進士邱逢甲擔任，並支給薪俸。董事亦由知縣任命舉人林文欽及吳鴻藻擔任，皆不支薪俸，另置禮房一人補助山長及董事。本書院奉祀五文昌。」〔註91〕

王啓宗教授《臺灣的書院》載：「宏文書院：宏文書院，創建於光緒十五年（一八八九年）。按巡撫劉銘傳設置臺灣府（附郭臺灣縣）時，命臺灣知縣黃承已、棟字軍統領林朝棟、及臺灣縣紳者吳鸞旂等負責監造府城工事，光緒十七年工事大半完成。其中臺灣府儒學、考棚、宏文書院等重要工事，亦全部峻工。進士丘逢甲曾任該院院長，舉人林文欽、生員吳鴻藻則爲董事。至日據時期，因新築臺中廳舍工事漸次拆除舊廳舍，惟考棚爲昔日人材選用之所，爲永久紀念，將主樓遷建於臺中市公園路和精武路的交叉處。」〔註92〕

透過上揭文獻及筆者現地調查所得資料，吾人當可得知，宏文書院係由道員林朝棟（1851～1904）、貢生吳鸞旂（1862～1922）、呂汝玉等人在光緒十五年（1889，己丑）首倡，並得到時任臺灣知縣黃承乙的支持，預定以二萬元設置於府儒學東側，並規劃由進士丘逢甲擔任山長，舉人林文欽、生員吳鴻藻擔任董事，並供奉五文昌帝君，但建畢不久，即因省會改置臺北而受挫，後又遭逢臺灣割讓而被拆除，其原址則位於今日臺中州廳附近。〔註93〕

三十、育英書院

育英書院位於安平縣漚汪庄（今臺南市將軍區），其重要文獻如下：

《重修臺灣省通志》卷六《文教志·學校教育篇》引用作者在 1991 年 7

〔註91〕《臨時臺灣舊慣調查會第一部調查第三回報告書：臺灣私法第一卷》，頁532。
〔註92〕《臺灣的書院》，頁77。
〔註93〕臺中市中區宏文書院舊址現地調查所得資料（現地調查日期：2015 年 10 月 8 日）。

月進行田野調查所得資料云：「育英書院：臺南縣將軍鄉漚汪的文衡殿，於民國六十年（西元一九七一年）農曆十月五日立石提到有關育英書院曰：『光緒十五年（西元一八八九年），武秀才林崑岡老先生復發起募金改建（文衡殿），并增置文昌祠，創設育英書院，於同年十月開工至二十年三月竣工。』」〔註94〕

透過上揭文獻及筆者現地調查所得資料，吾人當可得知，育英書院係漚汪庄武秀才林碧玉（1832～1895，字爾音，號崑岡，以號行）於光緒十五年（1889，己丑）發起改建文衡殿時所成立之文昌祠。今日文衡殿內，尚保留上、下款爲「光緒壬辰年伍月，董事林崑岡、諸同人仝立」之「文昌祠」匾額，以及上、下款爲「光緒癸巳年菊月敬置，漚汪庄諸同人敬立」之「育英書院」匾額，考光緒壬辰年即十八年（1892），癸巳年即十九年（1893），則此兩方匾額皆於文衡殿改築期間所立，然文衡殿、育英書院竣工不久，即遭逢乙未割臺，林氏爲抵禦日軍而招募義軍反抗，後因中彈而自刎成仁，故育英書院之運作，應僅有一、二年。〔註95〕

卅一、磺溪書院

磺溪書院位於臺灣縣大肚街（今臺中市大肚區），其重要文獻如下：

《彰化縣志》卷四〈學校志・社學〉載：「西雝社，在大肚。」〔註96〕

《臺灣教育志稿》第二章〈學校志・彰化縣〉載：「磺溪書院：大肚下堡養仔尾庄ニ在リ光緒十六年創建ス」〔註97〕

《重修臺灣省通志》卷六《文教志・學校教育篇》載：「磺溪書院：光緒十六年於大肚下堡養仔尾庄創建。年久失修，幾近倒塌，民國七十九年花新臺幣一千四百多萬元修復。現被列爲第三級古蹟。」〔註98〕

王啓宗教授《臺灣的書院》載：「磺溪書院：磺溪書院創建於光緒十三年（一八八七年）。其設置應溯及『西雝社』之創立。乾隆初年（一說嘉慶四年），大肚士紳趙順芳爲提倡文風，招募龍井、福頭崙、塗葛堀、大肚之

〔註94〕《重修臺灣省通志》卷六《文教志・學校教育篇》，頁120。
〔註95〕臺南市將軍區漚汪文衡殿育英書院文昌祠現地調查所得資料（現地調查日期：2014年11月9日）。
〔註96〕《彰化縣志》，頁150。
〔註97〕《臺灣教育志稿》，頁47。
〔註98〕《重修臺灣省通志》卷六《文教志・學校教育篇》，頁131。

漳籍讀書人，成立了西雝社。其後發動社員樂捐，擇地今礦溪村文昌路六十號，籌建文昌祠，而將所餘款項購置田業，以為每年農（歷）〔曆〕二月初三的祭（祠）〔祀〕費用。社員於每年祭日在此遊藝論學、文風昌盛。後為謀子弟教育，大肚趙壁、『紫勝記』蔡翰雲、水裡港張錦上等人，遂於文昌祠內籌組礦溪書院，招募今烏日、大肚、龍井三鄉子弟，實施啟蒙教育。甲午戰後，臺灣割讓日本，該書院一度成為日警駐留所。光緒三十四年（一九〇八年），日本強迫改制，設大肚公學校，後因學生人數增加，大肚公學校遂遷離文昌祠。」〔註99〕

透過上揭文獻及筆者現地調查所得資料，吾人當可得知，礦溪書院之前身，係彰化縣湖日庄（今臺中市烏日區）舉人楊占鰲（1794～1843）與大肚街仕紳趙順芳等人招集漳州裔讀書人共同成立之「西雝社」，供奉文昌帝君，後由大肚街士紳趙壁等人號召西雝社同人，於光緒十三年（1887，丁亥）捐資擴充為礦溪書院，於光緒十六年（1890，庚寅）落成，作為烏日、龍井、大肚等鄰近地區子弟啟蒙教育之場所。日據時期，本書院曾作為警察駐在所及大肚公學校使用，戰後先於1985年11月被公告為三級古蹟，2008年8月因應《文化資產保存法》修訂，先改為縣定古蹟，復因2010年臺中縣、市合併升格，遂改為直轄市定古蹟。〔註100〕

卅二、崇基書院

崇基書院位於基隆廳治嶺腳庄（今基隆市仁愛區），其重要文獻如下：

《臺灣私法》載：「崇基書院：光緒二十一年由舉人江呈輝募得官民義捐建於基隆嶺腳庄，所需經費萬餘元的捐款人主要是眾船行、新義順、公魚量之主育英社、劉氏及採礦者。本書院未及推展學務則逢割臺，而充為基隆兵站病院（後來改為臺北衛戍病院基隆分院）。」〔註101〕

《重修臺灣省通志》卷六《文教志‧學校教育篇》載：「崇基書院：在基隆嶺腳庄，基隆舉人江呈輝募金於光緒十九年建，二十一年竣工，未及推展學務而割臺。日據時充為醫院。」〔註102〕

〔註99〕《臺灣的書院》，頁77。
〔註100〕臺中市大肚區礦溪書院現地調查所得資料（現地調查日期：2015年9月13日）。
〔註101〕《臨時臺灣舊慣調查會第一部調查第三回報告書：臺灣私法第一卷》，頁531。
〔註102〕《重修臺灣省通志》卷六《文教志‧學校教育篇》，頁136。

　　王啓宗教授《臺灣的書院》載:「崇基書院,於光緒十九年(一八九三年),由舉人江呈輝所創建,爲基隆唯一之書院。崇基書院的院址在嶺腳庄,基隆廳通判撥給公帑九千五百兩,以充建築及開辦費用。光緒十九年興工,歷時兩年,至光緒二十一年落成。但因甲午戰爭,清廷戰敗,將臺灣割讓給日本,以致僅及首次日課,崇基書院即告結束。崇基書院的基金大部分均由江呈輝向當地紳董籌集而來,江呈輝即爲該院院長。呈輝,字蘊玉,原籍建永定,世居基隆福德街。人品端正,學問淵博,光緒初首領鄉荐,以文學知名。臺灣割讓日本,挈眷內渡,歷任儒學教諭。」〔註103〕

　　透過上揭文獻及筆者現地調查所得資料,吾人當可得知,崇基書院係由基隆籍舉人江呈輝(1872~1917)於光緒十九年(1893,癸巳)發起設立,院址約在今日仁愛區獅球嶺腳的成功市場大樓附近,另有一說認爲在今成功國小。但書院竣工不久,遭逢乙未割臺,遂僅舉行一次月課,江氏即率眷內渡中國,而院址則被充作衛戍病院使用,書院供奉的孔子、倉頡及宣講時所用「太上感應」等三方聖位牌,被江氏的學生移至附近的基隆慶安宮供奉,直到 2015 年,慶安宮在廟中行政大樓四樓闢建「崇基書院自習中心」,供當地學子溫習學業之用,並將三方聖位牌移至自習中心外安奉,也算是另一種繼承崇基書院未竟志業的方法。〔註104〕

　　此外,加拿大籍的基督教長老教會傳教士馬偕(Rev. George Leslie Mackay,1844~1901)於光緒八年(1882,壬午)在淡水設置「理學堂大書院」(Oxford College),屬於以書院爲名之西式現代化學校,自然不屬於本研究探討清代臺灣儒學之範疇;於晚清擔任臺南府知府的唐贊袞,在《臺陽見聞錄》卷下〈文教·各縣書院〉中,亦載「至僅有其名、未延師課者,臺灣府曰崇道,苗栗曰英才,雲林曰雲臺。」〔註105〕可知今日臺中市境內,另有崇道書院;雲林縣境內,另有雲臺書院,皆爲設置之後,未延請教師並舉行考課制度之書院,但唐氏並未說明這些書院係由官方所建,或由民間設置。且筆者在進行現地調查時,皆未能找尋到這兩座書院之遺跡,故一併附述於此。

〔註103〕《臺灣的書院》,頁 78。
〔註104〕基隆市仁愛區慶安宮現地調查,並訪談慶安宮管理委員會張總幹事所得資料(現地調查日期:2015 年 12 月 11 日)。
〔註105〕〔清〕唐贊袞撰:《臺陽見聞錄》,收入黃哲永、吳福助主編:《全臺文》(臺中:文听閣圖書公司,2007 年 7 月),第五十八冊,頁 129。

第二節　臺灣民間之文昌祠祀結社 〔註106〕

漢民族在臺灣之開發，係由南往北、由西向東逐漸進行，故有「一府二鹿三艋舺」之俗諺，清領時期臺灣民間建置的文昌祠廟、結社及其信仰傳播，亦採取如此途徑。因此，本節將會依據時代先後之結構，考述臺灣在清領時期由民間建造的二十四座文昌祠。此外，由官方主導興建的文昌祠（如艋舺縣丞曹汝霖於嘉慶十八年〔1813，癸酉〕倡建之新莊文昌祠），則不在本節的論述範圍內；又，部分具備書院性質之文昌廟，已於本章第一節臚列說明者，本節亦不再贅述。

筆者先將本節分析之各文昌祠，製成下表，並臚列加以說明。

表 3-1：清領時期臺灣民間興建文昌祠資料一覽表

序號	文昌祠名稱	興建年代及人物	興建地點	備註
一	善化里文昌祠	康熙四十八年鄉人就諸羅縣聖廟舊址改建	臺灣縣目加溜灣社已廢。即今善化區慶安宮。	光緒十四年，生員王提元等人成立聚奎社。
二	前阿仙堂	康熙年間里人何侃募建	鳳山縣前阿社已廢，現址不可考。	
三	大南門敬聖樓	雍正四年拔貢生施世榜捐建	臺灣府大南門外已廢。原址在臺南市永福路一段、樹林街二段交會處。	後改南社書院
四	龍肚莊文昌祠	乾隆二年鄉人公建	鳳山縣右堆瀰濃龍肚莊現存，即今美濃區中華路龍闕文昌宮。	
五	犁頭店街文昌祠	嘉慶二年歲貢生曾玉音等捐建	彰化縣犁頭店街現存，即今南屯區文昌街文昌公廟。	內附騰起社

〔註106〕本節部分內容係引用自拙撰：〈清代臺灣官方與民間之文昌信仰場域及其現況探析〉（於 2016 年 3 月 11 日受邀參加「第二屆海峽兩岸文昌文化學術研討會」〔梓潼：梓潼縣人民政府，2016 年 3 月〕提交發表），並收入梓潼旅遊文化研究中心編：《中華文昌文化——第二屆海峽兩岸學術研究論文集》（成都：成都時代出版社，2016 年 12 月），頁 383～414，以之擴寫而成。

六	楠梓阬街 文昌祠	嘉慶六年 歲貢生黃昌選捐建	鳳山縣楠梓阬街 已廢，現址不可考。	
七	滬尾街 文昌祠	嘉慶九年 仕紳公建	淡水廳滬尾街 已廢。現址在今淡水 區清水街 208 號。	內附振文社 已成民宅。
八	鹿港街 文昌帝君祠	嘉慶十六年 仕紳陳士陶等 捐建	彰化縣鹿港新興街 現存，現址在今鹿港 鎮青雲路、中山南路 口。	
九	大崙腳莊 鍾毓社祠	道光年間 鄉人公建	彰化縣大崙腳莊 已廢，原址不可考。	
十	麥寮街 彰德祠	不可考 鄉人公建	彰化縣麥寮街 已廢，現併入麥寮鄉 中正路拱範宮。	道光十四年，舉人 丁捷三、生員張嘉 言重建。
十一	褒忠莊 萃英祠	道光十五年 監生張克厚等 倡建	彰化縣褒忠莊 現存，現址在今褒忠 鄉三民路萃英宮。	
十二	北港街 文昌廟	道光十九年 貢生蔡慶宗等 倡建	嘉義縣北港街 已廢。戰後重建於北 港鎮民治路聖安宮。	內附聚奎社
十三	芝蘭街 芝山文昌祠	道光二十年 鄉紳潘永清建	淡水廳芝蘭街 已廢，現併入士林區 至誠路二段芝山巖 惠濟宮二樓。	內附義學
十四	新埔街 文昌祠	道光二十三年 舉人陳學光倡建	淡水廳新埔街 原已焚毀，戰後重建 爲新埔鎮成功街文 昌祠。	內附私塾，又稱 「文明書院」。
十五	高柺頭 文昌廟	道光二十六年 鄉人公建	淡水廳高柺頭 現存，即今芎林鄉文 山路、文昌街交界之 文林閣。	內附文林社
十六	海豐厝 文昌祠	道光二十八年 鄉人公建	嘉義縣海豐厝 已廢。現址在今白河 區南 89 鄉道玉豐派 出所對面。	內附學堂

十七	麻豆街文昌祠	咸豐年間地方文人公建	嘉義縣麻豆街現存，現址在今麻豆區忠孝路 31 巷麻豆國小旁。	同治六年，貢生李岩等人倡議捐資重建。
十八	林圯埔街文昌祠	同治元年舉人林鳳池等倡建	彰化縣林圯埔街已廢，現址在今竹山鎮集山路、頂橫街、林圯街一帶之竹山果菜市場。	曾暫作雲林縣儒學聖廟所在。
十九	東勢角街文昌祠	同治二年例貢生王懋昭等倡建	彰化縣東勢角街日據時期遷建文昌前街現址，九二一震災後重建。	原址在今東勢區文化街、鯉魚巷交界處永安宮鯉魚伯公廟附近。
二十	四張犁街文昌祠	同治二年文蔚、文炳二社共建	彰化縣四張犁街現存，現址在北屯區昌平路二段 41 號。	
廿一	桃仔園街文昌祠	同治五年舉人李騰芳等倡建	淡水廳桃仔園街現存，現址在桃園區民權路文昌公園內。	
廿二	鹹菜甕莊文昌廟	光緒四年生員劉耀黎等倡建	淡水廳鹹菜甕莊已廢，戰後重建於關西鎮中山路圖書館樓上。	
廿三	苗栗街文昌祠	光緒八年例貢生林際春等倡建	新竹縣苗栗街現存，現址在今苗栗市中正路、文昌街交會處。	曾暫作苗栗縣儒學聖廟所在。
廿四	大甲街文昌祠	光緒十三年知縣方祖蔭、恩貢生陳肇芳等倡建	新竹縣大甲街現存，現址在今大甲區文武路、雁門路交界處之大甲文昌宮。	

資料來源：筆者就清修方志、日據調查專書及戰後志書進行整理，並搭配個人現地調查所得而成，自行製表而成。

一、善化里文昌祠

善化里文昌祠位於臺灣縣善化里目加溜灣社（今臺南市善化區），根據筆者從事現地調查所得資料，此文昌祠原為荷據時期的「荷語傳習所」，清領初

年，諸羅縣暫設於佳里興（今臺南市佳里區），傳習所舊址一度改建爲諸羅縣儒學聖廟，諸羅縣於康熙四十三年（1704，甲申）奉文歸回縣治諸羅山後，傳習所舊址遂於康熙四十八年（1709，己丑）改建爲文昌祠，並供奉梓潼、關帝、呂祖、魁星、朱衣等「五文昌帝君」。文昌祠後因同治元年（1862，壬戌）大地震而損毀，鄉人遂由祀典大天后宮迎請分靈，並將文昌祠改建爲媽祖廟慶安宮。光緒十四年（1888，戊子），當地生員王提元等人，則組成文社「聚奎社」，負責原奉祀主神五文昌帝君的慶典。至 1982 年，慶安宮復在五文昌之外，增祀曾在善化設帳教導平埔族原住民，有「海東文獻初祖」之譽的明末海外寓賢沈光文（1612～1688），成爲全臺灣唯一奉祀「六文昌」之道教廟宇，其後，又將沈氏神像另奉祀於廂房二樓的沈光文紀念廳內，僅慶典時，才迎請至一樓後殿「武聖殿」，與五文昌帝君一併接受信眾朝拜。〔註107〕

二、前阿仙堂

前阿仙堂位於鳳山縣長治里前阿社（今高雄市路竹區），根據《重修鳳山縣志》卷十一〈雜志·名蹟·寺觀〉所載「仙堂，在長治里前阿社。祀五文昌：梓潼、漢壽亭侯、魁星、朱衣、呂祖；後祀東王公、西王母。康熙年間，里民何侃募眾建。環植竹木，頗有勝致。」〔註108〕可知此「仙堂」係由民間在清領初年募捐興建並主祀五文昌帝君的祠廟。但筆者在進行現地調查時，路竹區已找不到此祠廟的遺址，而方志也缺乏五文昌帝君移祀的記載。

三、大南門敬聖樓

大南門敬聖樓位於臺灣府治（今臺南市）大南門外，係鳳山縣拔貢生施世榜（1671～1743）於雍正四年（1726，丙午）在府治南門外昔日讀書處所建，供奉文昌帝君。此後，敬聖樓被改建爲南社書院，相關資料及論述，詳見本章第一節第一項「南社書院」，不另贅述。

四、龍肚莊文昌祠

龍肚莊文昌祠位於鳳山縣右堆瀰濃龍肚莊（今高雄市美濃區龍山里），據〈美濃鎮龍關文昌宮沿革〉碑記所載，龍肚莊於乾隆二年（1737，丁巳）建

〔註107〕臺南市善化區慶安宮現地調查所得資料（現地調查日期：2014 年 3 月 24 日）。
〔註108〕〔清〕王瑛曾編纂：《重修鳳山縣志》（臺北：臺灣銀行經濟研究室，1962 年 12 月），頁 268。

庄以後，當地即興建文昌祠，但因年久失修而成爲廢墟，後由龍肚庄出身的美濃首屆民選鎮長鍾啓元及地方鄉紳合資興建爲簡易祠廟，此後，復於 1999 年由鍾炳文發起重建爲現貌，並改稱龍闕文昌宮。在筆者現地調查所得資料中，該廟左、右兩殿的楹聯，雖分別以「大成」、「倉頡」冠首，正殿楹聯亦以「魁斗」、「梓潼」相對，但廟中並未供奉孔子、倉頡、魁星等神，是較耐人尋味的現象。〔註109〕

五、犁頭店街文昌祠

犁頭店街文昌祠位於彰化縣犁頭店街（今臺中市南屯區），其重要文獻如下：

《彰化縣志》卷五〈祀典志・祠廟〉載：「文昌帝君祠：……一在犁頭店街（嘉慶二年歲貢曾玉音等捐建）。」〔註110〕同書卷四〈學校志・書院・社學〉又載：「騰起社，在犁頭店文祠內，又一名文林社，一名蘭社。」〔註111〕

透過上揭文獻及筆者現地調查所得資料，吾人可知，犁頭店街文昌祠係由簡姓居民以其先祖名義獻地，歲貢生曾玉音等人於嘉慶二年（1797，丁巳）捐建，廟中設有社學「騰起社」，又名文林社、蘭社，此文昌祠原僅奉祀梓潼、朱衣、魁星等三神像，戰後始增祀關帝與呂祖，成爲今日臺中市南屯區文昌公廟之五文昌組合。值得一提的是，該廟正殿保留清代臺灣首位客籍進士黃驤雲敬獻的匾額與楹聯，亦有湖日莊（今臺中市烏日區）楊占鰲（1794～1843）、貓狸街（今苗栗縣苗栗市）陳學光兩位同榜舉人敬獻的匾額，具有清代臺灣儒學的文化資產價值。〔註112〕

六、楠梓阬街文昌祠

楠梓阬街文昌祠位於鳳山縣觀音里楠梓阬街（今高雄市楠梓區），據《鳳山縣采訪冊》丁部〈規制・祠廟・文昌祠〉所載，此處爲清代鳳山縣唯一主祀文昌帝君之祠廟，係由歲貢生黃昌選始建於嘉慶六年（1801，辛酉），復於道光二十七年（1847，丁未）由郭汾盛重修。在筆者進行現地調查時，已找不到此文昌祠的遺蹟，但當地媽祖廟楠和宮的廟內後殿，則供奉了孔子聖位

〔註109〕〈美濃鎮龍闕文昌宮沿革〉碑記，筆者於 2014 年 5 月 7 日前往現地調查所得。
〔註110〕《彰化縣志》，頁 152。
〔註111〕《彰化縣志》，頁 149。
〔註112〕臺中市南屯區文昌公廟現地調查所得資料（調查日期：2015 年 10 月 8 日）。

及宣講牌，推測或許與文昌祠有關。〔註113〕

七、滬尾街文昌祠

滬尾街文昌祠位於淡水廳滬尾街（今新北市淡水區）。根據前行文獻所載及筆者現地調查所得資料，此文昌祠係當地士紳於嘉慶九年（1804，甲子）所建，嘉慶十七年（1812，壬申）再於祠中設私塾「振文社」，道光二十七年（1847，丁未）曾一度重修祠廟，但因日據時期推行新式教育，喪失科舉功名之外在誘因，導致香火日微，復於戰後遭國府來臺軍隊佔住，幾經讓渡，已成民宅。〔註114〕

八、鹿港街文昌帝君祠

鹿港街文昌帝君祠位於彰化縣鹿港街（今彰化縣鹿港鎮），其重要文獻如下：

《彰化縣志》卷五〈祀典志・祠廟〉載：「文昌帝君祠：……一在鹿港街尾（嘉慶十七年同知薛志亮率紳士陳士陶等捐建）。」〔註115〕同書卷四〈學校志・書院・社學〉又載：「拔社，在鹿港未有文祠之先，諸同人會文之所。」〔註116〕

臺灣府儒學訓導兼署理彰化縣儒學教諭鄭重，在〈重修文武兩祠碑記〉中敘述：「鹿溪文、武兩祠，建之於辛未之春。總理陳士陶暨各董事等，鳩建文祠；□□□士出身司馬薛公諱志亮自題廉俸。……特調臺灣府儒學左堂兼署彰化縣儒學正堂加三級鄭重頓首拜撰。」〔註117〕

孫壽銘〈重修文祠碑記〉云：「庚午仲春，祭文祠，陪祭者謂予曰：『文祠創始歲月，邑乘所不載。嘉慶辛未，陳士陶等重建，司馬薛君為之記。』」〔註118〕

〔註113〕《鳳山縣采訪冊》，頁182；高雄市楠梓區楠和宮現地調查所得資料（現地調查日期：2014年1月10日）。

〔註114〕張建隆：《尋找老淡水》（臺北縣板橋市：臺北縣立文化中心，1996年7月），頁17～18、頁38；林衡道總編審：《臺灣古蹟全集》（臺北：戶外生活雜誌社，1980年5月），第一冊，頁220～221；新北市淡水區文昌祠現地調查所得資料（現地調查日期：2015年12月11日）。

〔註115〕《彰化縣志》，頁152。

〔註116〕《彰化縣志》，頁149。

〔註117〕〔清〕鄭重撰：〈重修文武兩祠碑記〉，收入臺灣銀行經濟研究室編：《臺灣中部碑文集成》（臺北：臺灣銀行經濟研究室，1962年9月），頁25～26。

〔註118〕〔清〕孫壽銘撰：〈重修文祠碑記〉，收入《臺灣中部碑文集成》，頁59～60。

透過上揭文獻及筆者現地調查所得資料，吾人可知，鹿港文昌祠在嘉慶十六年（1811，辛未）由當地仕紳陳士陶等人捐建，時任鹿港同知的薛志亮亦捐俸助建。而在文昌祠興建之前，鹿港當地已形成士子會文的社團「拔社」，文昌祠落成後，也作為當地的義學所在。但是，曾兩度出任鹿港同知的孫壽銘，在同治九年（1870，庚午）所撰的〈重修文祠碑記〉中，則轉述在地人的觀點，認為陳士陶等人只是「重建」文祠，而非「始建」文祠。時隔六十年，在地記憶就產生了不同的觀點，亦頗耐人尋味。戰後，文昌祠曾一度遭國府來臺軍隊佔住，並於 1975 年發生火災受損，1985 年重修後，1999 年又因九二一大地震而受損，幾經修復，始為現貌。〔註 119〕

九、大崙腳莊鍾毓社祠

鍾毓社祠位於彰化縣大坵田東堡大崙腳莊（今雲林縣虎尾鎮），其重要文獻如下：

《雲林縣采訪冊・大坵田東堡・祠》載：「鍾毓社祠：在縣西十七里大坵田東堡大崙腳莊；祀文昌帝君神像。廟宇兩進，左右廊房十間。道光初，署彰化縣楊桂森捐建；收塗庫街荖葉糧稅，以備春、秋兩祭之費。」〔註 120〕

黃傳心〈虎尾沿革概略〉云：「時有過溪仔林高全、舊廍林定寬、陳輪元及各村塾師、地方人士等，提倡文化，發起募捐。集資約六千餘元，即於本鎮三十四番地之間，建築文昌祠，並置田地四甲餘，以供例年春秋二祭之費。而由騷人墨客組立『鍾毓詩社』，主持祭典，並管理該祠財產。……迨至光緒二十二（丙申，日明治二十九）年，日本領臺，……而文昌祠五文昌帝君之聖像，亦被土庫抱去奉祀於順天宮中壇。」〔註 121〕

透過上揭文獻及筆者現地調查所得資料，吾人可知，此文昌祠位於大崙腳莊，始建於道光年間。而楊桂森於嘉慶十八年（1813，癸酉）致仕回鄉後，僅在雲南昆明的書院講課，未曾再赴臺灣，故倪贊元以楊氏為鍾毓社祠的捐建者，有其商榷處，應以黃傳心所述者較為可信。唯現今大崙腳莊鍾毓社祠的五文昌帝君神像，已被移奉至土庫順天宮的文昌殿，已非黃氏所言供奉於正殿的中壇。〔註 122〕

〔註 119〕彰化縣鹿港鎮文祠現地調查所得資料（現地調查日期：2012 年 10 月 17 日）。
〔註 120〕《雲林縣采訪冊》，頁 124。
〔註 121〕黃傳心：〈虎尾沿革概略〉，《雲林文獻》2 卷 2 期（1953 年 6 月），頁 94。
〔註 122〕雲林縣土庫鎮順天宮現地調查所得資料（現地調查日期：2014 年 3 月 18 日）。

十、麥藔街彰德祠

彰德祠位於彰化縣海豐堡麥藔街（今雲林縣麥寮鄉），其重要文獻如下：

《雲林縣采訪冊・海豐堡・祠廟》載：「彰德祠：在麥藔街西北三百餘步。堂宇三楹，前後兩進，旁室五間。年收六成大租銀二百八、九十員，以爲奉祀文昌帝君香火。道光十四年十月，舉人丁捷三、生員張嘉言重建。」〔註123〕

許錦若（1869～1939，名添枝，又名堂，以字行）於昭和十三年（1938）所撰〈天后廟拱範宮改築敘〉碑記云：「復值戊戌年洪水泛濫，護室潰壞，廟宇亦有棟折榱崩之勢。當茲陽九百六之秋，人氣冷靜；凡言重修之事，莫不退縮。時有林仁慈者，平素樂善好施、見義通爲，首先提倡束邀布、海兩堡諸耆老聚會，共議修繕事宜；凡來與會者，悉皆贊成。……連名請願，旋蒙督府許可，……又恐籌款維艱，議將五文昌神像移祀於左護室，而舊文祠之磚石移入本廟，補助建築之用。」〔註124〕

透過上揭文獻及筆者從事《媽祖文化志》編撰工作團隊之現地調查所得資料，吾人可知，彰德祠主祀文昌帝君，但其創設年代已不得而知，曾於道光十四年（1834，甲午），由舉人丁捷三、生員張嘉言等人重建。然而，今日拱範宮文昌殿之門額，仍書寫「彰德祠」三字。由於《雲林縣采訪冊》稱彰德祠位於「麥藔街西北三百餘步」，而拱範宮則位於麥藔街，並非同一廟址。又拱範宮於明治三十三年（1900）增祀五文昌夫子，而光緒十八年（1892，壬辰）取爲縣學生員的許錦若在改築碑誌亦提及「將五文神像移祀於左護室，而舊文祠之磚石移入本廟」之重要線索，若配合日據推行新式教育的外緣因素而推測，則此五文昌夫子應即由昔日彰德祠移奉而來，爲紀念其事，方在門額書寫「彰德祠」三字。〔註125〕

十一、褒忠莊萃英祠

萃英祠位於彰化縣布嶼西堡褒忠莊（今雲林縣褒忠鄉），其重要文獻如下：

《雲林縣采訪冊・布嶼西堡・祠廟》載：「萃英□：在縣西三十二里布嶼

〔註123〕《雲林縣采訪冊》，頁83。

〔註124〕何培夫主編：《臺灣地區現存碑碣圖誌：雲林縣・南投縣篇》（臺北：國立中央圖書館臺灣分館，1996年12月），頁119。

〔註125〕雲林縣麥寮鄉拱範宮現地調查所得資料（現地調查日期：2012年10月13日）。

西堡褒忠莊。堂宇三間，正殿祀文昌帝君；後進三間，左右各二間。道光十五年，監生張克厚、舉人丁捷三、增生張嘉言倡建。……以供香祀。光緒七年，監生張銘玉、附貢生張銘獻捐修。」〔註 126〕

　　透過上揭文獻及筆者現地調查所得資料，吾人可知，萃英祠於道光十五年（1835，乙未）由監生張克厚、舉人丁捷三、增廣生張嘉言等人倡建，主祀文昌帝君。而後，監生張銘玉、附貢生張銘獻復於光緒七年（1881，辛巳）再次捐修。此後，萃英祠曾因興建褒忠鄉公所而一度迫遷，後於 1988 年在曾任第九、十屆鄉長的蘇錫王等地方人士共同努力下，遷回舊址，並改稱褒忠萃英宮。〔註 127〕

十二、北港街文昌廟

　　此文昌廟位於嘉義縣北港街（今雲林縣北港鎮），其重要文獻如下：

　　《雲林縣采訪冊・大槺榔東堡・祠廟》載：「文昌廟：在街西北。堂宇二進，東西兩廊。道光十九年，貢生蔡慶宗倡捐巨資興建，奉祀文昌帝君，以為會文講課之所。光緒元年，貢生陳纓宏等勸捐重修；十三年，里紳蔡慶元等集捐興築垣墻數十丈。」〔註 128〕同書〈大槺榔東堡・社學〉又載：「聚奎社：在街西北文昌廟內，為同社諸生會文之所。藝成，則送品學兼優者第其第次，互相切磋。」〔註 129〕

　　透過上揭文獻及筆者現地調查所得資料，吾人可知，北港街文昌廟係由貢生蔡慶宗於道光十九年（1839，己亥）倡捐興建，奉祀文昌帝君，並作為當地義學所用。道光二十七年（1847，丁未），廟中增設「聚奎社」，作為士子會文場所。然而，光緒二十年（1894，甲午），文昌廟因地震損毀，文昌帝君神像遂被移奉北港朝天宮，後於 1960 年，因文昌帝君在臺灣省水利局職員宿舍乩示顯現神蹟，而使善信在舊址重建廟宇，易名聖安宮，並迎請褒忠鄉馬鳴山鎮安宮五年千歲共同奉祀迄今。〔註 130〕

〔註 126〕《雲林縣采訪冊》，頁 200。
〔註 127〕雲林縣褒忠鄉萃英宮現地調查所得資料（現地調查日期：2014 年 3 月 18 日）。
〔註 128〕《雲林縣采訪冊》，頁 49～50。
〔註 129〕《雲林縣采訪冊》，頁 48～49。
〔註 130〕雲林縣北港鎮朝天宮現地調查所得資料（現地調查日期：2012 年 10 月 20 日）、雲林縣北港鎮聖安宮現地調查所得資料（現地調查日期：2015 年 6 月 30 日）。

十三、芝蘭街芝山文昌祠

芝山文昌祠位於淡水廳芝蘭街（今臺北市士林區），其重要文獻如下：

《淡水廳志》卷十五〈附錄・文徵〉所收傅人偉〈芝山文昌祠記〉云：「己亥東渡，越歲，安硯芝蘭堡，地盡漳人；或言此地亦有芝山，殆不忘其桑梓而名歟？……六月，潘子定民謀建文昌祠於上，俾諸生肄業其中，邀予至焉。」〔註131〕

透過上揭文獻及筆者現地調查所得資料，吾人可知，芝山文昌祠係由芝蘭街的漳籍鄉紳潘定民（即潘永清，1820～1873）出資，於道光二十年（1840，庚子）興建於惠濟宮後方，並於祠內設置義學，並聘泉籍名士傅人偉主其事。此文昌祠所設義學，因培養出潘成清（1844～1905，潘永清六弟）、施贊隆（1843～1888）等二名舉人，遂成為士林地區文教之始。其後，文昌祠在同治十三年（1874，甲戌）與主祀開漳聖王的惠濟宮及主祀觀音菩薩的芝山巖合併，文昌帝君神像改祀於惠濟宮後殿二樓，而義學雖仍持續運作，但卻在日據初期被充作芝山岩學堂，隨即於明治三十年（1896）發生「六氏先生事件」。〔註132〕

十四、新埔街文昌祠

此文昌祠位於淡水廳新埔街（今新竹縣新埔鎮），其重要文獻如下：

《新竹縣志初稿》卷三〈典禮志・祠祀・新埔堡廟宇〉載：「文昌祠：在新埔街，距縣治東北二十二里。道光二十三年建。廟宇一十三坪三合、地基五百六十坪一町九反零五步。年徵穀九十三石。」〔註133〕

透過上揭文獻及筆者現地調查所得資料，吾人可知，新埔街文昌祠係由曾於道光十五年（1835，乙未）受聘在當地擔任塾師的舉人陳學光，在道光二十三年（1843，癸卯）發起倡建。陳氏於道光十七年（1837，丁酉）即有意在設館授課之地興建文祠，供奉文昌帝君，後因陳氏在道光十九年（1839，己亥）恩科鄉試中舉，有感神庥，遂有斯舉。陳氏並在祠內設置私塾，名為「文明書院」。文昌祠落成三十餘年後，因建築老舊，復由貢生陳朝綱（1826

〔註131〕〔清〕傅人偉撰：〈芝山文昌祠記〉，收入《淡水廳志》，頁407～408。

〔註132〕臺北市士林區芝山巖惠濟宮現地調查所得資料（現地調查日期：2014年10月14日）。

〔註133〕鄭鵬雲、曾逢辰纂修：《新竹縣志初稿》（臺北：臺灣銀行經濟研究室，1959年11月），頁116。

～1902）等人在光緒七年（1881，辛巳）發起倡捐重修，迄光緒十五年（1889，己丑）始告竣。新埔文昌祠在日據時期，曾因建築典雅而被臺灣總督府拍攝照片，收入明治四十一年（1908）出版之《臺灣寫真集》書中，而廟內則作為「國語傳習所」與新埔公學校（新埔國小前身）使用。1949 年 3 月清晨，廟宇因香客不慎引燃柴堆而焚毀，直到 1995 年，始在地方有識之士研議下重建，幾經波折，終於在 2001 年 12 月完工，一、二樓作為社區活動中心及學子自習場所，三樓則供奉文昌帝君。〔註 134〕

十五、高梘頭文昌廟

此文昌廟位於淡水廳樹杞林堡高梘頭（今新竹縣芎林鄉），其重要文獻如下：

《新竹縣志初稿》卷三〈典禮志・祠祀・樹杞林堡祠宇〉載：「文昌廟：在高梘頭。道光二十六年建。廟宇五十七坪一合、地基七十二坪。」〔註 135〕

《新竹縣采訪冊》卷五〈碑碣・竹塹堡碑碣〉所收梯雲社於咸豐五年十月吉日所立之〈捐充文昌帝君永租並會課田租碑〉云：「里人鍾寶順施出會課田租六石。溫新來施中元田租四石。郡庠劉維翰施出會課田租八石。貢生張雲龍施出會課田租二石。……分撥十四石以為文昌帝君祭祀之用，……一撥為定，永無加減。……勒石為照。」同卷又收光緒二年十一月所立的〈九芎林文昌祠捐獻地基並祀租碑〉，並載明「在縣東二十二里九芎林文昌祠，一名文林閣。」〔註 136〕

《樹杞林志・學校志・學宮》載：「光緒二年，樹杞林堡內紳士鳩資建築文林閣於九芎林、高梘頭莊，以為鄉人教讀之所，亦當作鄉村中之小學宮云。」〔註 137〕同書〈典禮志・祠祀〉亦載：「文昌祠：一在九芎林高梘頭。」〔註 138〕

透過上揭文獻，並參酌羅烈師教授〈鸞法戒煙：痛苦的覺悟〉、戴淑珍〈百年前鸞書《化民新新》之社會關懷與道德規範〉及筆者現地調查所得資料，

〔註 134〕新竹縣新埔鎮文昌祠現地調查所得資料（現地調查日期：2014 年 3 月 11 日）。

〔註 135〕《新竹縣志初稿》，頁 120。

〔註 136〕〈捐充文昌帝君永租並會課田租碑〉、〈九芎林文昌祠捐獻地基並祀租碑〉，收入〔清〕陳朝龍纂：《新竹縣采訪冊》（臺北：臺灣銀行經濟研究室，1958 年 10 月），頁 188～189。

〔註 137〕林百川、林學源合纂：《樹杞林志》（臺北：臺灣銀行經濟研究室，1960 年 1 月），頁 54。

〔註 138〕《樹杞林志》，頁 65。

吾人可知，高梘頭文昌廟之創建年代有二，一是鄉人於道光二十六年（1846，丙午）捐建；一是參加梯雲社的臺灣府學庠生劉維翰、貢生張雲龍及鄉人鍾寶順、溫新來等人捐田租於咸豐五年（1855，乙卯）興建，以供香燈與月課經費。至光緒二年（1876，丙子），鄉紳彭殿華、生員林學源等人復捐資修建，並改廟名爲文林閣，延請儒者鄧兆熊（1804～1884）設館教學，鄧氏與其學友在廟中結「文林社」，而彭、林等人在日據初期的 1897 年，爲遏止吸食鴉片惡習，遂於 1898 年派人前往廣東省陸豐縣五雲洞請求關帝乩示戒煙，並延請當地鸞生來臺，先在彭宅所設鸞堂「明復堂」扶鸞降示戒煙所用草藥劑量，當順利戒除煙癮後，彭氏等人亦於文林閣設「復善堂」，奉祀關帝、呂祖、灶君等三恩主及神農大帝，並設醫藥部「崇仁院」，救濟貧病。有此陰騭，遂獲感通。不久，即因頭前溪改道，廟產荒地得水利灌溉而成良田，廟中同人更將收益結餘款作爲獎助貧困學子之用，可見文昌帝君之信仰內化。迄 1992 年，又因 60 年前改建之廟體老舊、不堪負荷，遂拆除舊廟而改建爲今貌，至 1996 年完工，一、二樓作爲學子溫習課業及學術活動用途，三樓則是供奉文昌帝君及上述諸聖神之殿宇。〔註 139〕

十六、海豐厝文昌祠

此文昌祠位於嘉義縣白河庄海豐厝（今臺南市白河區海豐里），其重要文獻如下：

《臺南州祠廟名鑑》載：「文昌祠：所在：白河庄海豐厝。……創立：道光二十八年。沿革：沿革不詳なるも海豐厝の開祖等が守護神として祀りたるもの口如し 然るに其後明治三十九年の地震に倒壞したれば部落民協議の上同廟所屬財產の收益より六十五圓を支出して再興せり此の再興に專ら盡力せるは林宰、劉玉來の兩人なりと」〔註 140〕

《白河鎮志・文昌祠》載：「海豐厝既然拓墾得早，迨到清中葉時，已有市集結成，據張昭烈稱，舊市集在今玉豐國小前，當時人文薈萃，於道光二

〔註 139〕羅烈師：〈鸞法戒煙：痛苦的覺悟〉，《客響電子報》26 期（2014 年 9 月 25 日刊載）；戴淑珍：〈百年前鸞書《化民新新》之社會關懷與道德規範〉，《竹塹文獻雜誌》35 期（2005 年 12 月），頁 85～100；新竹縣芎林鄉文林閣現地調查所得資料（現地調查日期：2014 年 3 月 11 日）。

〔註 140〕〔日〕相良吉哉編：《臺南州祠廟名鑑》（臺北縣永和市：臺灣大通書局，2002 年 3 月，影印臺灣日日新報社臺南支局 1933 年 12 月本），頁 137～138。

十八年籌蓋文昌祠，並於祠內附設學堂，以激發地方教育風氣。初，文昌祠規模宏偉，但光緒三十二年大地震時，震塌大半，後經林宰、劉玉來兩人發起重建，但規模不比從前，後又歷經民十九、三十年震災，殘破不堪。但此祠附設學堂，激振本地文風，功效顯著，陸續濡教出不少名士。……現存文昌祠遺址在今玉豐派出所對面，張照烈的舊居，……神壇雖幾番修補，但古風尚存，壇上仍擺有一古拙之圓形香爐，只是煙祀已斷。」〔註141〕

　　透過上揭文獻，吾人可知，此文昌祠的創建者姓名已湮沒，難可稽考，僅知初創於道光二十八年（1848，戊申），並在祠內附設民間社學。此後，歷經明治三十九年（1906）鹽水港大地震、昭和五年（1930）新營大地震、昭和十六年（1941）中埔大地震的侵襲，已殘破不堪，也不再有對外祭祀活動，筆者於 2019 年 2 月現地調查時，該遺址係作為張昭烈先生倉庫使用，而文昌帝君之神位尚存，並仍由張家加以祭祀。

十七、麻豆街文昌祠

　　本文昌祠位於嘉義縣麻豆街（今臺南市麻豆區），其重要文獻如下：

　　《臺南州祠廟名鑑》載：「木廟の祭神は元上帝廟の邊に祭祀せるも同治元年本祠のみを移築したるが偶々震災に倒れたれば土地の有志、讀書人等大に奔走して資金を集め同治六年再興せり改隸後明治三十一年麻豆公學校の設立に依り祠全部を同校に寄附したれば今は同校に於て管理せりと」〔註142〕

　　透過上揭文獻及筆者現地調查所得資料，吾人可知，麻豆街文昌祠原為當地文人所設置的「開文社」，建於咸豐年間，原址位於麻豆北極殿旁，廟中奉祀文昌帝君、倉頡、關帝、呂祖、朱子，後因同治元年（1862，壬戌）地震損壞，後由貢生李岩、增廣生郭黃宗等人倡議捐資，於同治六年（1867，丁卯）重建，並改稱「振文社」。明治三十一年（1898），廟產被新設立的麻豆公學校（今麻豆國小）接收，並改由臺南州知事管理，戰後則一度遭國府來臺軍隊佔住而荒廢，神像由信徒請回家中暫祀，亦曾借祀於鄰近的麻豆文衡殿，直到 1964 年，始遷建於現址。另外，《臺灣地區現存碑碣圖誌：臺南

〔註141〕張溪南總編輯：《白河鎮志》（臺南縣白河鎮：臺南縣白河鎮公所，1998 年 2 月），頁 115～116；海豐厝文昌祠現地調查所得資料（現地調查日期：2019 年 2 月 21 日）。

〔註142〕《臺南州祠廟名鑑》，頁 95。

縣篇》收有保留在麻豆國小的光緒十三年（1887，丁亥）四月所立〈貓求港塭地斷歸振文社文祠公業示告碑記〉拓本，則可推知，麻豆街文昌祠可能亦曾將「振文社」與「文祠」合稱爲「振文社文祠」。〔註143〕

十八、林屺埔街文昌祠

此文昌祠位於彰化縣林屺埔街（今南投縣竹山鎮），其重要文獻如下：

《雲林縣采訪冊・沙連堡・祠廟》載：「文昌祠：在林〔屺〕埔街，距縣二十五里。崇祀文昌帝君、大魁夫子。學社一十餘間，爲沙連閤屬士子講學課文之所。同治年間，紳士倡建；光緒十二年，郁郁社諸同人建置祠租一百餘石，勒碑立石，爲祠內春秋祭祀之費。二十年，興建重修。」〔註144〕

透過上揭文獻及筆者現地調查所得資料，吾人可知，林屺埔街文昌祠係由舉人林鳳池（1819～1866）號召「郁郁社」、「謙謙社」等文社同人及當地仕紳於同治元年（1862，壬戌）出資倡建，奉祀文昌帝君及魁星，並作爲會員課文之所。光緒十三年（1887，丁亥），雲林縣治設於林屺埔而未及興建縣儒學，遂於光緒十五年（1889，己丑）暫以文昌祠瓜代，並增祀孔子，卻因雲林知縣李烇於光緒十九年（1893，癸巳）將縣治遷至斗六街（今雲林縣斗六市）而沒落。1957 年復因設置竹筍市場之故，遷建於「儒宗神教」的克明宮後殿，稱爲文昌桂宮，1999 年更遭逢九二一地震而毀損，直到 2004 年始重建完成，並改稱文昌書院。〔註145〕

十九、東勢角街文昌祠

本文昌祠位於彰化縣東勢角街（今臺中市東勢區），其重要文獻如下：

《東勢鎮志・文化志・勝蹟》載：「該廟位於本鎮東崎街文昌新村五號，創建於清同治二年（西元一八六三年）。供奉文昌帝君、蒼頡先師、昌黎伯韓文公夫子、紫陽朱文公等之神位和塑像。……廟內古物大多遺失，僅殘留若干匾額如下：『佑我迪吉』，光緒二年秋月吉旦，『沐恩鄉進士張覲光敬立』。『輝

〔註143〕何培夫主編：《臺灣地區現存碑碣圖誌：臺南縣篇》（臺北：國立中央圖書館臺灣分館，1994 年 12 月），頁 133；臺南市麻豆區文昌祠、麻豆文衡殿現地調查所得資料（現地調查日期：2014 年 3 月 24 日）。

〔註144〕《雲林縣采訪冊》，頁 159。

〔註145〕南投縣竹山鎮克明宮文昌書院現地調查所得資料（現地調查日期：2014 年 4 月 16 日）。

耀南天』，光緒十年歲次甲申四月吉旦，癸未科進士五品銜四川即用知縣江昶榮敬獻。『斯文主宰』，光緒五年孟秋吉旦，己卯科舉人劉仁海敬立。其對聯：『文化集大成皜皜德輝炳日月，開章演明義諄諄陰騭訓人民。』早期創建，得力於王懋昭（候選縣丞銜），功不可沒。」〔註146〕

　　透過上述文獻及筆者現地調查所得資料，吾人可知，東勢角街文昌祠又稱寮下文祠，始建於同治二年（1863，癸亥），取得彰化縣候選縣丞資格的例貢生王懋昭，曾為創建此文昌祠付出頗大的心力。本文昌祠原址在永安宮鯉魚伯公祠附近，因遭大甲溪水沖毀而在日據時期遷至現址，廟內供奉文昌帝君、倉頡、韓愈與朱子，遷建後，廟中保留光緒九年（1883，癸未）進士江昶榮（1841～1895）、舉人張覲光（後於光緒六年〔1880，庚辰〕成進士）、舉人劉仁海等人敬獻之匾額，然廟體曾因1999年「九二一地震」而全毀，迄2014年始落成，並以濂溪、橫渠、明道、伊川等四夫子，配祀朱子神位；以柳宗元、三蘇、曾鞏等古文大家，配祀韓愈神位，是全臺灣獨一無二的供奉方式。筆者於2016年11月再度前往從事現地調查時，則經由訪談廟方管理委員會得知，上述珍貴匾聯已於九二一地震損毀，頗為可惜。〔註147〕

二十、四張犁街文昌祠

　　本文昌祠位於彰化縣四張犁街（今臺中市北屯區四民里、仁美里一帶），此祠興建於同治二年（1863，癸亥），故未見載於道光十年（1830，庚寅）成書之《彰化縣志》卷五〈祀典志・祠廟・文廟〉中。但是，透過筆者現地調查所得資料，吾人亦可得知，此文昌祠之前身，係本節第五項「犁頭店街文昌祠」中，犁頭店街文昌祠的創建者歲貢生曾玉音，邀集同人於嘉慶三年（1798，戊午）成立之「文蔚社」，以及貢生黃正中、生員林宗衡等人於嘉慶五年（1800，庚申）成立之「文炳社」，由二社共同在道光五年（1825，乙酉）合組之「文昌會」。此文昌會於同治二年建廟，迄同治十年（1871，辛未）竣工，奉祀文昌帝君，並設學教育當地鄉人。就目前所見，廟中尚保留舉人陳肇興（1831～1866？）、邱位南（1821～1876）及貢生黃正中、生員林序鏞等人所撰之楹聯，亦有文蔚、文炳二社同人於同治十年竣工時合獻之「天下文

〔註146〕陳炎正主編：《東勢鎮志》（臺中縣東勢鎮：臺中縣東勢鎮公所，1995年6月），頁404。

〔註147〕臺中市東勢區文昌廟現地調查、訪談所得資料（現地調查日期：2014年2月26日；現地訪談日期：2016年11月26日）。

明」匾額，以及岸裡三角莊舉人呂賡年（即主講岸裡社文英書院之呂汝修〔1855～1889〕）於光緒十四年（1888，戊子）所獻之「誕敷文德」匾額。〔註148〕

廿一、桃仔園街文昌祠

本文昌祠位於淡水廳桃仔園街（今桃園市桃園區），其重要文獻如下：

《淡水廳志》卷六〈典禮志・祠祀・文昌祠〉載：「文昌祠，……一在桃仔園，同治六年，同知嚴金清諭紳董李騰芳、徐玉衡等捐建。」〔註149〕

《新修桃園縣志・宗教禮俗志》載：「文昌廟，又名『孔子廟』、『指南宮』，位於桃園市中心。同治5年間（1866），淡水廳同知嚴金清鑑於桃園開闢未遍，到處蓁莽佈地，藤蘿蔽天，居民稀少，文教不宣，饑饉遍地，盜竊時聞，當地舉人李騰芳及秀才吳永基等人籌措萬緡，於同治6年（1867）首築駕鼇樓。至明治29年（1896），廩生蔡璐、鄭哲仁等復籌建前堂及兩廊，並置桃園文庫供眾閱覽。」〔註150〕

《新修桃園縣志・勝蹟志》亦載：「清同治年間淡水廳同知嚴金清鑑於當時桃園地區開闢未遍，文教未宣，常有盜賊出沒。故與大溪舉人李騰芳、貢生簡銘鐘、秀才吳維邦、顏景廉等人磋商，擬設置『明善堂』、義塾與義倉，以達教化之效。當文昌廟籌措之際，淡水廳同知嚴金清奉命調職，未能實行，故李、簡、吳、顏等人提議創建『文昌廟』。至同治6年（1867），由李騰芳等向桃園一帶漳州人募捐，於今文昌廟址興建樓房一棟，名為『駕鼇樓』，即『駕馭鼇樓，仕第高中』之意，藉以敷張文教。」〔註151〕

透過上揭文獻及筆者現地調查所得資料，吾人可知，本文昌祠原係淡水同知嚴金清於同治五年（1866，丙寅）諭令舉人李騰芳（1814～1879）、貢生簡銘鐘、生員吳維邦、顏景廉及紳董徐玉衡等人，籌設「明善堂」及義塾、義倉，作為宣講聖諭、敷揚文教之所，後因嚴金清調任，李騰芳等人遂變更為興建文昌廟，除供奉文昌帝君，亦可作為鄉民受學之地，因而興建「駕鼇樓」，取其駕馭鼇頭、金榜題名之意，至1896年，前清廩生蔡璐、富紳林隆

〔註148〕臺中市北屯區四張犁文昌廟現地調查所得資料（現地調查日期：2015年10月8日）。

〔註149〕《淡水廳志》，頁149。

〔註150〕賴澤涵總編纂：《新修桃園縣志・宗教禮俗志》（桃園縣桃園市：桃園縣政府，2010年9月），頁154。

〔註151〕賴澤涵總編纂：《新修桃園縣志・勝蹟志》（桃園縣桃園市：桃園縣政府，2010年9月），頁183～184。

發、鄭哲仁等人，復加以擴建，並在一樓設置「桃園文庫」，以供民眾吸收知識，二樓正龕仍供奉文昌帝君，左龕奉祀復、宗、述、亞四聖配，右龕奉祀十二哲，迄戰後的 1964 年，時任桃園縣長陳長壽（1905～1977）另供奉孔子於一樓原「桃園文庫」，並配祀魁星，而地方人士復於 1966 年、2001 年兩度修建，而成今日廟貌。現將文昌帝君及五文昌帝君奉祀於一樓正龕，左、右兩龕配祀太陽、太陰星君，而二樓正龕則奉祀孔子神像，左、右兩龕分別供奉四聖配、十二哲與兩廡從祀先賢先儒之牌位。〔註 152〕

廿二、鹹菜甕莊文昌廟

本文昌祠位於淡水廳鹹菜甕莊（今新竹縣關西鎮），其重要文獻如下：

《新竹縣志初稿》卷三〈典禮志・祠祀・新埔堡廟宇〉載：「文昌廟：在鹹菜甕嵌腳莊，距縣治東四十里。光緒五年建。廟宇二十四坪七合三勺、地基八十一坪四合。」〔註 153〕

《新竹文獻會通訊》第五號〈關西鎮文獻採訪錄・名勝古蹟〉載：「文祠遠眺：祠在溪北高地，可遠眺南岳與溪流曲折之勝。光緒初年，秀才劉耀黎、書生吳壬華等倡首興建，光緒八年竣成，崇祀文昌帝君、蒼頡至聖、大成至聖先師孔子、魁斗星君、朱衣星君、關聖帝君諸神位。祠前左榜有六角形之惜字塔一座，額曰：蒼聖遺蹟。聯文：寅賓留聖蹟，丙舍啓文風。」〔註 154〕

關西在地的書法家羅際鴻（1954～）於 1993 年 5 月所撰〈關西文昌祠重建誌〉云：「竹塹地區本有四座文昌帝廟，……關西文昌祠至民國五十三年全倒，信徒將廟中神明請至太和宮暫祀。……清初開墾時期，竹塹文風鼎盛，關西文人詩詞見長。道光時人先於舊咸菜甕新街西側，今關西國民小學旁，建惜字亭焚祭字紙，額曰『蒼聖遺蹟』，是尊重文字紙張之體現。光緒四年，吳鵬雲經理建造文昌祠完成於惜字亭旁，土地由蒼聖嘗會經理人鄭慶根及嘗內人等提供，奉祠至聖先師孔子、文昌帝君、蒼頡先師、魁斗星君、朱衣星

〔註152〕桃園縣桃園市文昌廟現地調查所得資料（現地調查日期：2013 年 10 月 30 日）
　　　　案：因桃園在現地調查當時尚未改制，故註腳稱「桃園縣桃園市」，而正文則寫作「桃園市桃園區」。
〔註153〕《新竹縣志初稿》，頁 117。
〔註154〕烈：〈關西鎮文獻採訪錄〉，《新竹文獻會通訊》五號（1953 年 8 月），頁 4。
　　　　案：此「烈」為作者之筆名，但目前難以確知其本名為何，故仍以原題款標註之。

君等我國儒教尊神，成爲當時教育與宏揚中華傳統文化重要場所。」〔註155〕

透過上揭文獻及筆者現地調查所得資料，吾人可知，本文昌廟由鄉紳吳鵬雲、生員劉耀藜等人於光緒四年（1878，戊寅）倡捐興建，土地則由民間結社「蒼聖嘗會」經理鄭慶根及會員提供，奉祀孔子、文昌帝君及魁星、倉頡、朱衣神，迄光緒八年（1882，壬午）完工。至戰後的 1964 年，因建築老舊而全倒，信徒遂將神像移奉關西太和宮右殿暫祀。1989 年，蒼聖嘗會成員一致同意，亦得到地方政府及信徒的支持，遂於原址興建三層樓建築，一、二樓作爲圖書館，三樓則爲文昌祠，於 1991 年 4 月動工，1993 年 5 月告竣，並由關西鎮公所負責維護事宜，現祠中仍供奉孔子、文昌帝君、魁星、倉頡、朱衣神之神位，而太和宮右殿亦同樣供奉上揭列聖之神位。〔註156〕

廿三、苗栗街文昌祠

本文昌祠位於新竹縣苗栗街（今苗栗縣苗栗市），其重要文獻如下：

《苗栗縣志》卷十〈典禮志・祠廟・文昌廟〉載：「文昌廟：一在縣治南門外苗栗街，距城一里。光緒八年，董事例貢生林際春、幫董廩生陳萬青、生員黃文龍、監生邱蘊常、監生范炳輝等倡捐，延請地師監生王東海主經建造。共一十六間。大湖墾戶吳定連年捐穀三十石，十石作香祀、二十石爲生童考課經費。祀田一處，在楝榔埔。先年，江、陳二姓因債務爭訟，斷充作淡廳文昌祠經費。光緒十六年苗栗分治，恩貢生劉廷珍等僉請知縣林桂芬詳准：撥歸苗邑文昌廟作香祀經費。除錢糧外，年收實銀一十五圓。又一處，在蛤子市斗涵頭。光緒十四年，江德興與武生劉建勳爭訟，經新竹知縣方祖蔭斷充作苗栗街文昌廟香祀之費。年收穀一十八石。」〔註157〕

《苗栗市誌・勝蹟・文昌祠》載：「文昌祠位於苗栗市中正路南苗市場南側，祠內奉祀文昌帝君、至聖先師孔子神位，並配祀倉頡聖人和昌黎伯韓夫子之神位。文昌祠由貢生林際春和廩生陳萬青等仕紳，於光緒八年（一八八三〔引者案：應爲一八八二〕）募款創建。」同書又載「文昌祠位於本市綠苗里南苗派出所對面，於光緒八年（一八八二）創建後，十一年祠宇落成，建祠經理林際春等人自新竹背負文昌帝君神像入祠安座。該祠正殿主祀文昌帝君外，並配祀魁星爺，左殿祀倉頡聖人，右殿祀韓愈夫子。光緒十五年（一

〔註155〕新竹縣關西鎮文昌祠現地調查所得資料（現地調查日期：2014 年 3 月 11 日）。
〔註156〕關西鎮太和宮現地調查所得資料（現地調查日期：2014 年 3 月 11 日）。
〔註157〕《苗栗縣志》，頁 159。

八八九）英才書院在此設立後，增列至聖先師孔子牌位。」〔註158〕

　　透過上揭文獻及筆者現地調查所得資料，吾人可知，本文昌祠係由例貢生林際春、廩生陳萬青、生員黃文龍、監生邱蘊常、監生范炳輝等人，於光緒八年（1882，壬午）倡捐成立，並於光緒十一年（1885，乙酉）完工。同年，林際春自新竹背負文昌帝君神像入祠安座，並於左、右兩龕奉祀倉頡、韓愈。後因光緒十五年（1889，己丑）竹、苗分治，未及興築縣署，首任知縣林桂芬遂暫於文昌祠內辦公，迄縣署完工始遷出。光緒十八年（1892，壬辰），復於祠內倉頡廳及左護龍設立英才書院，由光緒十九年（1893，癸巳）科舉人謝維岳擔任山長，負責授課，但旋因日據時期推行新式教育而廢止，僅維持數年。至於有關英才書院之始末，筆者已於本章第二節第廿四項「英才書院」說明，此處不復贅述。〔註159〕

廿四、大甲街文昌祠

　　本文昌祠位於新竹縣大甲街（今臺中市大甲區），其重要文獻如下：

　　《苗栗縣志》卷十〈典禮志・祠廟・文昌祠〉載：「文昌廟：……一在大甲街，距城五十五里。光緒十一年，新竹知縣方祖蔭、恩貢生陳肇芳等倡捐建造；例貢生謝裳華捐充地基。共一十八間。」〔註160〕

　　《大甲鎮志・教育篇・文祠》載：「同治元年（1862）尚為生員的何清霖申請建文昌祠（文祠），內設義塾，雖已獲准但仍因經費及廟地無法齊備，而暫予作罷。……光緒11年（1885）臺灣建省，當時巡撫劉銘傳特重文教，力奏增加臺省科舉名額，各地紛紛興建書院、學堂等文教機構。於是有識之士，恩貢生陳肇芳與新竹知縣方祖蔭再度申請興建文教之所，終獲淡水廳同知批准。」〔註161〕

　　透過上揭文獻及筆者現地調查所得資料，吾人可知，本文昌祠是清領時期最後一座建造完成的文昌祠。起初，生員何清霖曾於同治元年（1862，壬

〔註158〕黃鼎松總編輯：《苗栗市誌》（苗栗縣苗栗市：苗栗縣苗栗市公所，1998年2月），頁112、頁321。

〔註159〕苗栗縣苗栗市文昌祠現地調查所得資料（現地調查日期：2013年5月17日）；苗栗縣後龍鎮英才書院現地調查所得資料（現地調查日期：2015年7月17日）。

〔註160〕《苗栗縣志》，頁159。

〔註161〕廖瑞銘總編纂：《大甲鎮志》（臺中縣大甲鎮：臺中縣大甲鎮公所，2009年1月），下冊，頁926～927。

戌）申請建立文昌祠及義塾，因欠缺經費、場地而作罷，俟何氏於同治六年（1867，丁卯）中舉，再倡建義學於大甲鎮瀾宮，得到淡水同知嚴金清撥義倉穀作為經費，但僅至同治九年（1870，庚午），即告荒廢。此後，因臺灣於光緒十一年（1885，乙酉）初步建省（光緒十三年〔1887，丁亥〕始完成建省），新竹知縣方祖蔭、恩貢生陳肇芳（1839～1908）等人遂提議倡建文昌祠，獲嚴金清同意後，由陳肇芳主其事，大甲五十三庄總理林鳳儀（1831～1890）出資，謝耀炎、王俊捐助建地及建材，於光緒十三年（1887，丁亥）興建，翌年竣工，並供奉文昌帝君及孔子、倉頡、韓愈神位，以及林鳳儀、陳肇芳與捐地者王、謝二氏之先祖王崑崗、謝國佐之祿位。戰後曾一度遭國府來臺軍隊佔住，後由行政院文化建設委員會認定為三級古蹟，於 2001 年整修完畢。唯現今已改稱大甲文昌宮，當地人則習稱孔子廟。〔註162〕

　　除上揭二十四座由民間發起興建、兼具教育功能的文昌祠、廟之外，尚有由儒林人物發起、以「神明會」組織方式存在的民間文昌結社，並未見載於清領時期所纂修之方志內，但卻被日據、戰後兩階段的調查報告、方志記錄下來。茲略舉數例以明之。

（一）桃園大園文昌公會

　　《新修桃園縣志·大事記》載：「同治元年（1862），大坵園莊進士陳登元發起興建『文昌公會』」〔註163〕然而，同書《人物志》本傳則未載其發起興建文昌公會之事蹟。且陳登元（1840～？）係於光緒二年（1876，丙子）登賢書，光緒十六年（1890，庚寅）成進士〔因病未赴殿試，迄光緒十八年（1892，壬辰）始補行殿試，得二甲第五十名〕，則同治元年時，陳氏是否已具生員或童生之身分，仍有疑問。

（二）臺中石岡文魁會

　　《石岡鄉志·宗教禮俗篇》載：「道光四年七月七日現管理人的祖先劉淯川倡議得九名讀書人贊同，各出若干金（額不詳），貸與他人，咸豐二年本息購買會田。」〔註164〕且此九名讀書人皆為居住該鄉土牛地區的廣東籍，可知

〔註162〕臺中市大甲區文昌宮現地調查所得資料（現地調查日期：2014 年 4 月 20 日）。
〔註163〕賴澤涵總編纂：《新修桃園縣志·志首》（桃園縣桃園市：桃園縣政府，2010年 9 月），頁 98。
〔註164〕王時萍總編纂：《石岡鄉志》（臺中縣石岡鄉：臺中縣石岡鄉公所，2009 年 5月），頁 626。

係客屬的廣義文昌（民間常將魁星奉爲「五文昌」之一）結社。

（三）臺南西社、北社

《臺南州祠廟名鑑》載：「祭神：五文昌帝君；會員：九十人（市內在住讀書人有志）；創立：嘉慶三十二年；……沿革及經理：創立當時學生及專門研究者が集まりた創立せろもの其所屬財產貸金三百五十圓其年利八十四圓を以て祭事費に充て口居ろ」〔註165〕可知此結社係昔日臺灣府、縣士子奉祀五文昌帝君的團體，且西社今日仍保存於祀典武廟之中。〔註166〕

此外，《新修桃園縣志‧宗教禮俗志》記載，「明治 28 年（1895）乙未抗日時，本宮（龍潭龍元宮）與位於西龍路之文昌廟均毀於兵燹，明治 29 年由本地士紳募捐修復，同時將文昌爺神像恭請至本宮奉祀。」〔註167〕可知清領時期的龍潭，亦曾有文昌廟存在，但未能確知係由官方或民間主導興建，其始建年代亦不可考。《臺灣地區現存碑碣圖誌：臺南縣篇》則引用《南瀛文獻》資料，收有原保留在大排竹街（今臺南市白河區大竹里）的〈喜助碧溪社文祠祀業碑記〉〔註168〕，該碑記爲道光四年（1824，甲申）八月所立，可知當地亦曾設置文祠，但缺乏文祠發起人之相關資料。《臺南縣鄉土史料》亦記載，光緒十五年（1889，己丑）時，原在諸羅縣署東側之文昌祠年久失修而倒塌，地方人士將神像移奉佳里震興宮〔註169〕，然因未能得知該文祠之始建年代及係由官方或民間主導興建，故亦一併附載於此。

第三節　臺灣之惜字亭及其敬字觀

對於文字的創造與演進，先民有著極爲重視、崇敬的態度。舉凡《易‧繫辭下傳》的「上古結繩而治，後世聖人易之以書契。」〔註170〕抑或《淮南

〔註165〕《臺南州祠廟名鑑》，頁 289。

〔註166〕臺南市中西區祀典武廟現地調查所得資料（現地調查日期：2013 年 4 月 15 日）。

〔註167〕《新修桃園縣志‧宗教禮俗志》，頁 226。

〔註168〕《臺灣地區現存碑碣圖誌：臺南縣篇》，頁 321。

〔註169〕臺灣省文獻委員會採集組編校：《臺南縣鄉土史料》（南投：臺灣省文獻委員會，2000 年 7 月），頁 261；臺南市佳里區震興宮現地調查所得資料（現地調查日期：2019 年 2 月 22 日）。

〔註170〕〔魏〕王弼注，〔唐〕孔穎達疏，盧光明、李申整理：《周易正義》（北京：北京大學出版社，2000 年 12 月），頁 356。

子‧本經訓》所云「昔者，蒼頡作書而天雨粟，鬼夜哭。」〔註171〕皆可見其端倪。及至清代，在民間社會因爲宣講善書而大量風行的勸善類經典《關聖帝君覺世眞經》、《文昌帝君陰騭文》中，亦有「穢溺字紙，……近報在身，遠報兒孫」〔註172〕及「勿宰耕牛，勿棄字紙」〔註173〕的行文，更加深了社會大眾對印有文字之紙張的尊敬。於是，民間時常有自發或僱人撿拾字紙並於特定場所焚燒，進而定期將這些焚化後的「聖蹟」藉由流水「過化存神」的行爲。這些焚燒字紙的特定場所，即被稱作「惜字亭」或「敬字亭」、「聖蹟亭」。

有關清領時期臺灣惜字亭的興建，在專書、期刊論文、學位論文等方面，皆已有一定的產出與貢獻，筆者已於第一章加以回顧，不另贅引。而筆者在從事本書之撰寫，及爲講授「臺灣民間宗教與社會」、「清代臺灣儒學與文化」兩門課程的備課期間，除閱讀前行文獻外，亦親自前往現存惜字亭進行現地調查。茲將現地調查所得成果，依照清領時期一府（臺灣）四縣（臺灣、嘉義、鳳山、彰化）三廳（淡水、澎湖、噶瑪蘭）的行政區域分布，臚列於次。

一、淡水廳

在臺北尚未設府之前，清領時期的淡水廳，包括今日的臺北、新北、基隆、桃園、新竹、苗栗等縣市，最南端則爲今日的臺中市大甲區。經筆者歸納清修方志、行政檔案、戰後志書及田野調查專書，並配合現地調查成果，將淡水廳轄內民間設置的惜字亭資料臚列說明於下。

（一）臺北市士林區神農宮惜字亭碑記

神農宮位於臺北市士林區舊街，透過該廟現存的施百鍊（舉人施贊隆曾孫）所撰〈士林最早的廟——神農宮〉一文指出，此廟始建於康熙四十八年（1709，己丑），原奉祀福德正神，後因乾隆六年（1741，辛酉）洪水氾濫而遷建至現址，改名芝蘭廟。後因嘉慶八年（1803，癸亥）淡水同知胡應魁巡視地方，認爲不宜單獨奉祀福德正神，遂在嘉慶十七年（1812，壬申）修建完成後，改以神農大帝爲主祀神。而據筆者現地調查所得資料得知，神農宮

〔註171〕何寧撰：《淮南子集釋》（北京：中華書局，1998 年 10 月），中冊，頁 571。
〔註172〕參《覺世經註證》，收入胡道靜等主編：《藏外道書》（成都：巴蜀書社，1994年 12 月），第四冊，頁 120。
〔註173〕參〔清〕朱珪校，〔清〕蔣予蒲重訂：《陰騭文註》，收入《藏外道書》，第十二冊，頁 419。

的廟旁辦公室，現仍保存二方分別為嘉慶二十五年（1820，庚辰）及道光五年（1825，乙酉）的〈敬字亭碑記〉。除載明捐款者姓名及金額之外，後者並清楚標識「以供拾字工資，以振文風」。透過這兩方碑記，吾人可知，在潘永清設置芝山巖義學並延請傅人偉執教之前，芝蘭街一帶的民眾雖缺乏教育機構，但已有敬惜字紙、振興文風的觀念。〔註174〕

另外，在施順生教授〈臺北市的敬字亭及其恭送聖蹟之儀式〉的調查成果中，臺北市在清領時期亦曾存在數座惜字亭，茲一併附述於此，並說明筆者現地調查成果。〔註175〕

芝山巖惠濟宮敬字亭：據施教授前揭文的訪談資料，此敬字亭是曾任士林鎮長的郭欽智先生在擔任惠濟宮總幹事時，考量廟中供奉文昌帝君，應設置惜字亭而新增的建築，在此之前，該廟並無惜字亭的設置。〔註176〕

大龍峒保安宮惜字亭：據施教授前揭文所調查，此亭可能與廟中曾創設樹人書院文昌祠的歷史有關，唯已在1950～60年代拆除。筆者從事現地調查時，在該廟後殿前方，的確存在兩座惜字亭，但皆為1995年重新設置。〔註177〕

登瀛書院惜字亭：據施教授前揭文之調查，登瀛書院惜字亭的建造時間斷限，可能在光緒十六年（1890，庚寅）至光緒二十一年（1895，乙未），且明治四十一年（1908）尚存。唯今日書院建築早已改為他用，惜字亭更是渺然無存。〔註178〕

西門惜字亭：據施教授前揭文所研判，西門惜字亭應在光緒十年（1884，甲申）臺北建城之後完成，並在明治三十八年（1905）市街改正時拆除，而光緒十六年的《點石齋畫報》刊登西門外「惜字文社」曾有三年一度恭送聖蹟的活動，可能與該亭有關。

（二）新北市泰山區明志書院敬文亭

明志書院位於新北市泰山區，其相關資料，筆者已於本書第二章〈清領時期臺灣官方儒學設施與教學內容〉第三節〈官設書院及其學規、教學進程〉

〔註174〕臺北市士林區神農宮現地調查所得資料（現地調查日期：2014年10月14日）。

〔註175〕施順生〈臺北市的敬字亭及其恭送聖蹟之儀式〉，《中國文化大學中文學報》24期（2012年4月），頁63～98。

〔註176〕臺北市士林區芝山巖惠濟宮現地調查所得資料（現地調查日期：2014年10月14日）。

〔註177〕臺北市大龍峒保安宮現地調查所得資料（現地調查日期：2013年7月7日）。

〔註178〕臺北市中正區登瀛書院舊址現地調查所得資料（現地調查日期：2014年6月16日）。

第十六項「明志書院」載明，不另贅述。在筆者現地調查所得資料中，明志書院前方有一新建惜字亭，而書院內的展場，則保存一方同治十三年（1874，甲戌）的敬文亭石碑，載明捐款者姓名及金額；而在《重修臺灣省通志》卷六《文教志·社會教育篇》中，亦記載「同治十三年十一月，八里坌保首事鄧合源、徐萃如、余文成等倡建敬文亭於新莊義學（舊明志書院）前」，可知在清領時期，明志書院確實曾有惜字亭的設置。〔註179〕

（三）新北市樹林區潭底公園聖蹟亭

此聖蹟亭位於新北市樹林區潭底公園，據兩種《樹林市志》及筆者現地調查所得資料，吾人可以得知，樹林聖蹟亭始建於同治十一年（1872，壬申），原位於潭底山麓，係由鄉人簡煉發起募捐設置。光緒元年（1875，乙亥），生員王作霖（1850～1921）邀同人十八人創「文炳社」，每年在聖蹟亭舉行祭典，迄日據時期的昭和年間，該活動始被廢除。後因 1989 年興建潭底公園，遂移置現址，並於 2005 年 4 月由臺北縣政府公告為歷史建築。而《重修臺灣省通志》卷六《文教志·社會教育篇》則載「同治十一年，海山保潭底莊文炳社儒士募建聖蹟亭於濟安宮前，額鐫『聖蹟』二字。」認為該聖蹟亭即是文炳社所創，起初位置亦不同，故附載於此。〔註180〕

（四）新北市新莊區文昌祠敬字亭

此文昌祠位於新北市新莊區，係由時任淡水廳艋舺縣丞的曹汝霖，於嘉慶十八年（1813，癸酉）倡建，位於慈祐宮後殿右側，後於光緒元年（1875，乙亥）由艋舺縣丞傅端銓及士紳陳式璋等人捐資遷建現址。因此，雖然《新莊市志》未載明此文昌祠內敬字亭的建造年代，筆者進行現地調查時，廟內亦未設置載明建造年代的碑誌或告示，而張志遠《臺灣的敬字亭》則將之繫於光緒元年。〔註181〕

〔註179〕 林文龍、程大學、胡鍊輝編纂：《重修臺灣省通志》卷六《文教志·社會教育篇》（南投：臺灣省文獻委員會，1993 年 6 月），頁 165；新北市泰山區明志書院現地調查所得資料（現地調查日期：2013 年 10 月 30 日）。

〔註180〕 樹林市志編審及諮詢委員會編：《樹林市志》（臺北縣樹林市：臺北縣樹林市公所，2001 年 7 月），頁 540；樹林市志編審及諮詢委員會編：《樹林市志》（臺北縣樹林市：臺北縣樹林市公所，2010 年 10 月），頁 618～620；新北市樹林區聖蹟亭現地調查所得資料（現地調查日期：2014 年 7 月 18 日）；《重修臺灣省通志》卷六《文教志·社會教育篇》，頁 165。

〔註181〕 新莊市志編輯委員會編：《新莊市志》（臺北縣新莊市：臺北縣新莊市公所，1998 年 2 月），頁 352；新北市新莊區敬字亭現地調查所得資料（現地調查日

（五）桃園市中壢區新街聖蹟亭

此聖蹟亭位於桃園市中壢區延平路新街國小前方福德祠旁，在筆者現地調查所得資料中，當地並未設置任何載明創設年代的碑誌或告示。而《中壢市發展史》敘述該亭的建造經過時，認為「由於中壢地區的發展日漸隆盛，復以教育學子的風氣日盛以及私人興學，所以當地的文風漸起；光緒元年（1875）中壢住民感於字紙不能隨意丟棄，乃於新街（仁海宮媽祖廟左側）築亭爐以焚燒字紙，藉以助長文風，由新街建聖蹟亭（惜字亭）一事便可見中壢民間尊重讀書的風氣。」〔註182〕又，張志遠《臺灣的敬字亭》則認為，由於道光十二年（1832）中壢新街築一土城，吸引原居住老街的商賈、士人遷徙至此，故將此亭的始建年代繫於道光年間，而現存建築則係日據時期重建。〔註183〕

（六）桃園市龍潭區聖蹟亭

此聖蹟亭位於桃園市龍潭區聖亭路，是臺灣現存規模最大的聖蹟亭建築群。據筆者現地調查所得資料可知，該亭保留了〈亭序〉、〈重建聖蹟亭前賢記〉及〈重建聖蹟亭誌〉碑刻，載明始建年份為光緒元年（1875，乙亥），主其事者為分屬「文光社」、「崇文社」、「拿雲社」等三處民間結社的監生古象賢、楊鳳翔、庠生鄧觀奇、廩貢生鄧逢熙、廩生楊鳳池、鄉紳黃龍蟠等人。其中，鄧觀奇即是本章第二節第十五項「高梘頭文昌廟」於廟中設館教學的鄧兆熊，而鄧逢熙不僅是其哲嗣，也是有「臺灣歌謠之父」美譽的鄧雨賢（1906～1944）之祖父。後曾在光緒十八年（1892，壬辰）、大正十四年（1925）及1978年、1995年四度重修，也於1985年8月被內政部公告為三級古蹟。〔註184〕

（七）桃園市蘆竹區南崁五福宮聖蹟亭

此聖蹟亭位於桃園市蘆竹區南崁五福宮旁，《臺灣地區現存碑碣圖誌：臺北市‧桃園縣篇》收有〈五福宮建造敬字亭捐題碑記〉拓本兩種，內文雖未

期：2013年6月3日）；張志遠：《臺灣的敬字亭》（臺北縣新店市：遠足文化事業股份有限公司，2006年5月），頁64～65。

〔註182〕謝瑞隆、林德隆總編纂：《中壢市發展史》（桃園縣中壢市：桃園縣中壢市公所，2009年6月），頁269～270。

〔註183〕桃園市中壢區聖蹟亭現地調查所得資料（現地調查日期：2014年7月18日）；《臺灣的敬字亭》，頁81～82。

〔註184〕桃園市龍潭區聖蹟亭現地調查所得資料（現地調查日期：2014年7月18日）。

言及設置的緣由，但皆作「敬惜字亭」，捐款者身分則包括職員、監生、童生、業主、緣首、鄉賓等。據筆者現地調查所得資料，此亭始建於同治六年（1867，丁卯），係由李榮裕、賴向榮、趙順膠、游永泉等人在重修五福宮之後所增建。原位於廟前廣場，因不便於廟會進香活動，故在 2005 年 3 月徵得桃園縣政府同意後，遷建至現址。但是，《蘆竹鄉志》及《新修桃園縣志‧宗教禮俗志》則提出不同看法，認為「為紀念當年鄭氏軍隊在此紮營駐軍，乃於其地建一塔，上有『聖蹟』二大字，此即今『聖蹟亭。』」則此亭的建造，是否以敬惜字紙為出發點？抑或以紀念鄭氏軍隊渡臺為出發點？猶未可知。〔註185〕

此外，據《臺灣地區現存碑碣圖誌：臺北市‧桃園縣篇》所載，位於桃園市大溪區老街的福仁宮，保存光緒二年（1876，丙子）十月的〈建造敬字亭碑記〉，其中有「知敬字紙者，即所以敬聖賢；敬聖賢者，即所以興文運」之敘述，而捐款者則包括當地舉人李騰芳等人。但筆者從事現地調查時，廟中執事者表示，該亭已在舊廟改建時拆除，渺無遺蹟。〔註186〕

又，《大溪鎮志》及《新修桃園縣志‧勝蹟志》記載，大溪齋明寺後方山坡，亦有一建造於同治五年（1866，丙寅）的敬字亭，是齋明寺建築群最古老之建物，係由戴寶村教授及其學生於 1995 年 7 月發現，但設立者姓名已因石壁風化而難以辨識，且未載明設置原因，而筆者進行現地調查及電話訪談時得知，該敬字亭所處山坡較陡，且周圍雜草叢生，故係在附近設置解說牌，若要前往，需以乾燥的天氣較為妥切。〔註187〕

（八）新竹縣關西鎮文昌祠敬聖亭

有關關西文昌祠之始末，筆者已於本章第二節第廿二項「鹹菜甕莊文昌廟」說明，不另贅述。又據〈關西鎮文獻採訪錄〉所載，在文昌廟左側興建

〔註185〕桃園市蘆竹區南崁五福宮聖蹟亭現地調查所得資料（現地調查日期：2013 年 5 月 10 日）；何培夫主編：《臺灣地區現存碑碣圖誌：臺北市‧桃園縣篇》（臺北：國立中央圖書館臺灣分館，1999 年 3 月），頁 294～297；張正昌主纂：《蘆竹鄉志》（桃園縣蘆竹鄉：桃園縣蘆竹鄉公所，1995 年 1 月），頁 781；《新修桃園縣志‧宗教禮俗志》，頁 196。

〔註186〕《臺灣地區現存碑碣圖誌：臺北市‧桃園縣篇》，197～199；桃園市大溪區福仁宮現地調查所得資料（現地調查日期：2013 年 5 月 10 日）。

〔註187〕吳振漢總編纂：《大溪鎮志》（桃園縣大溪鎮：桃園縣大溪鎮公所，2004 年未題月份），頁 173；《新修桃園縣志‧勝蹟志》，頁 114～115；桃園市大溪區齋明寺敬字亭遺址現地調查所得資料（現地調查日期：2016 年 12 月 3 日）；桃園市大溪區齋明寺電話訪談所得資料（電話訪談日期：2016 年 12 月 12 日）。

的惜字塔，並有當地人楊贊元所撰碑文，渠云「壹郡人文蔚起，凡通都大邑，稍知禮教者，無不崇修敬聖亭，誠懼褻之也。我美里庄，開闢幾五十年，凡鬼神之有功德於民者，固皆建造廟宇，崇奉得宜矣。而於聖亭獨闕如，文教未興，職此之由。予有志而未逮者久矣，甲辰秋，鄉中父者等有知此道者，慨然倡捐銀元，度地創建，朞月而亭成，屬予紀之。予欣然曰：『吾庄斯文有主矣』。父老頷之。因橐筆而爲之記。道光二十四年歲次甲辰孟秋月吉旦，里人楊贊元敬撰立。」〔註188〕由於美里庄係關西在鹹菜甕之前的舊名，則可知在文昌廟興建之前的道光二十四年（1844，甲辰），當地即已設置敬聖亭，作爲焚燒字紙之用。

又，《樹杞林志‧典禮志》記載「敬聖亭：一在龜山頂、一在富興莊、一在月眉蛇仔崙、一在九芎林街尾、一在九芎林高梘頭、一在樹杞林街尾。」〔註189〕可知新竹縣竹東鎮及其週遭的北埔、峨眉、芎林等鄉的民眾，在清領時期亦曾設置六座敬聖亭。

此外，據《重修臺灣省通志》卷六《文教志‧社會教育篇》所載，光緒七年（1881，辛巳）新竹縣竹北二堡的監生張濟川等人，亦自行設立惜字亭，僱人撿拾廢紙，進而向行政官員奏請「字爲天地之靈氣，古今之至寶，聖賢之面目，……廣惜字之化，以興文教；行惜字之風，以崇聖蹟」提倡惜字風氣。翌年得到福建巡撫岑毓英（1829～1889）及新竹知縣徐錫祉的同意。筆者檢索「淡新檔案」資料庫後，的確發現有〈臺竹二保新埔街監生張濟川等爲不敬字紙有傷風化乞准嚴禁褻慢奏咨頒行出示勒碑以崇聖蹟以昭久遠事〉及〈新竹縣正堂徐爲錄批轉飭知照事〉兩份官方檔案，呈奏者除張濟川外，另包括貢生蔡景熙、職員潘清漢、陳朝綱、廩生藍彰、劉錦標、生員張德煊、彭桂培、監生蘇錦榮、林鵬飛、林大椿、張元清等人，則可知新埔街（今新竹縣新埔鎮）在光緒年間，亦曾由張濟川等人發起設置惜字亭，唯今日新埔鎮已遍尋不到昔日惜字亭遺蹟。〔註190〕

〔註188〕烈：〈關西鎮文獻採訪錄〉，《新竹文獻會通訊》五號，頁4。

〔註189〕林百川、林學源合纂：《樹杞林志》（臺北：臺灣銀行經濟研究室，1960年1月），頁65。

〔註190〕《重修臺灣省通志》卷六《文教志‧社會教育篇》，頁140；國立臺灣大學圖書館「淡新檔案」資料庫（網址：http://dtrap.lib.ntu.edu.tw/DTRAP/browse?corpus=%E6%B7%A1%E6%96%B0%E6%AA%94%E6%A1%88，最後查詢日期：2016年10月1日）。

（九）新竹縣新豐鄉扶雲社孔聖亭

此孔聖亭位於新竹縣新豐鄉後湖派出所附近的 117 縣道 1.7 公里處，筆者進行現地調查時，當地設置「萃豐庄綠圳道：孔聖敬字亭」解說牌，記載此亭原位於大湖口番仔湖莊（今新竹縣湖口鄉），係由生員傅萬鐘（1854～1917）、何騰鳳等人於光緒三年（1877，丁丑）發起成立「扶雲社」時所建，因 1979 年設置湖口工業區徵收土地，遂遷至現址，今日之建築，則是 1984 年重建，僅部分構造為原貌。至於扶雲社之相關資料，可參《新豐鄉志》專節之介紹。〔註 191〕

（十）苗栗縣苗栗市文昌祠惜字亭

此惜字亭位於苗栗市文昌祠照壁旁。有關該文昌祠之始末，筆者已於本章第二節第廿三項「苗栗街文昌祠」說明，不另贅述。在筆者現地調查時，該惜字亭旁並無任何標示建造年代的碑誌或告示，《苗栗市誌》亦未載明該惜字亭的相關資料，至於張志遠《臺灣的敬字亭》，則認為該亭建造年代不詳，並曾在 1997 年重修。〔註 192〕

（十一）苗栗縣西湖鄉宣王宮敬聖亭

此敬聖亭位於苗栗縣西湖鄉宣王宮（前身為雲梯書院、修省堂）左側。有關雲梯書院之始末，筆者已於本章第一節第卅二項「雲梯書院」說明，不另贅述。在筆者現地調查時，當地雖有西湖鄉公所設置的「西湖鄉觀光導覽圖」，並指稱「宣王宮最具保存價值的古物，位於外庭左側的『惜字亭』」，但並未說明其建造年代。而在《西湖鄉誌》有關宣王宮的論述處，僅載「劉永義……擴建學堂，並往廣東省惠州府，奉請分祀至賢先師孔夫子為主祀暨五文昌夫子合祀，稱為『雲梯書院』，尊師重道，傭工拾字，廣興文教，崇振儒風。」因此，張志遠《臺灣的敬字亭》遂將此亭的建造年代，繫於雲梯書院初建的道光二十年（1840，庚子）。〔註 193〕

〔註 191〕新竹縣新豐鄉扶雲社孔聖亭現地調查所得資料（現地調查日期：2015 年 6 月 10 日）；吳聲祥總編輯：《新豐鄉志》（新竹縣新豐鄉：新竹縣新豐鄉公所，2009 年 3 月），頁 657～659。

〔註 192〕苗栗縣苗栗市文昌祠惜字亭現地調查所得資料（現地調查日期：2013 年 5 月 10 日）；《苗栗市誌》，頁 111～112、頁 321～322；《臺灣的敬字亭》，頁 88。

〔註 193〕苗栗縣西湖鄉宣王宮現地調查所得資料（現地調查日期：2014 年 4 月 19 日）；陳運棟總編輯：《西湖鄉誌》（苗栗縣西湖鄉：苗栗縣西湖鄉公所，1997 年 2 月），頁 475；《臺灣的敬字亭》，頁 93。

（十二）苗栗縣通霄鎮土城惜字亭

此惜字亭位於苗栗縣通霄鎮城北里土城福德祠旁，據《通霄文史專輯：歷史建築＆白沙屯沿革》所載，此亭相傳爲道光年間的鄉人張存銀所建。張氏在籌建福德祠時，有感於一般居民皆爲文盲，常有捐棄、糟蹋字紙的行爲。爲引導民眾飲水思源、敬重學術，遂在福德祠旁興建惜字亭。並在所奉祀的倉頡、關帝、呂祖、魁星等聖誕時，擴大舉行祭典，將平日焚燒的字紙灰燼，以陣頭護送至通霄港放流，稱作「送聖人」。這項祭典由張氏子孫維持下來，直到戰後才結束。〔註194〕

（十三）臺中市大甲區文昌祠聖蹟亭

此聖蹟亭位於臺中市大甲區文昌祠前庭右側。有關大甲文昌祠之始末，筆者已於本章第二節第廿四項「大甲街文昌祠」說明，不另贅述。在筆者現地調查時，當地並無任何標識建造年代的碑誌或告示，且《大甲鎮志》言及文昌祠處，亦未涉此亭之建造年代，僅以「外埕簡樸的『敬字亭』建築是其特色之一」帶過；而張志遠《臺灣的敬字亭》則推估現況應爲1996年修復文昌祠廂房時一併重建。〔註195〕

二、彰化縣

清領時期的彰化縣，涵括今日的臺中、彰化、南投等縣市，最南端則爲雲林縣虎尾溪以北。經筆者歸納清修方志、戰後志書及田野調查專書，並配合現地調查成果，將彰化縣轄內民間設置的惜字亭資料臚列說明於下。

（一）彰化縣和美鎮道東書院敬字亭

此敬字亭位於彰化縣和美鎮道東書院西廡山牆前方。有關道東書院之始末，筆者已於本章第一節第二十項「道東書院」說明，不另贅述。在筆者現地調查時，該敬字亭旁並無任何標示建造年代的碑碣或告示，且昭和六年（1931）鐫刻於書院三川門右壁的黃文鎔所撰〈道東書院沿革誌〉及許逸漁所撰〈道東書院沿革敘〉同樣未載設置惜字亭之事，《和美鎮志》提及道東書院處，亦未載該亭之建造年代。至於林文龍先生《臺灣史蹟叢論》所收〈記

〔註194〕王春風編著：《通霄文史專輯：歷史建築＆白沙屯沿革》（苗栗縣苗栗市：苗栗縣文化局，2002年12月），頁122。

〔註195〕臺中市大甲區文昌祠聖蹟亭現地調查所得資料（現地調查日期：2014年4月20日）；《大甲鎮志》，頁1641；《臺灣的敬字亭》，頁181。

臺灣的敬惜字紙民俗〉，則將此亭的建造年代，繫於光緒十三年（1887，丁亥）道東書院重建竣工之時。〔註196〕

（二）彰化縣員林市興賢書院敬聖亭

此敬聖亭位於彰化縣員林市興賢書院後側。有關興賢書院之始末，筆者已於本章第一節第十項「興賢書院」說明，不另贅述。筆者於 2012 年從事現地調查時，書院前方的〈興賢書院沿革簡述〉碑誌，並未記載該亭的建造年代，兩種《員林鎮志》提及興賢書院及文昌祠處，也未敘述該亭之建造年代，僅提及該亭曾在 1957 年修繕。筆者於 2017 年再次進行現地調查時，該亭雖已放置簡介，但亦僅說明係「民國46 年（西元 1957 年）修建迄今」，並未考訂其始建年代。至於前引林文龍先生〈記臺灣的敬惜字紙民俗〉一文，則認為該亭應是光緒十七年（1891，辛卯）由興賢社內士子共同捐資所建。〔註197〕

（三）彰化縣鹿港鎮龍山寺惜字亭

此惜字亭位於彰化縣鹿港鎮龍山寺前庭右側。筆者從事現地調查時，該惜字亭旁並無任何標示建造年代之碑碣或告示，亭上字跡亦已風化，未能辨識。且《臺灣地區現存碑碣圖誌：彰化縣篇》所收道光十一年（1831，辛卯）二月的〈重修龍山寺記〉拓本，僅提及該寺殿宇設置及供奉神祇，並未敘及寺前有一惜字亭。至於林文龍先生前揭文，則認為鹿港敬惜字紙風氣始於「敬義園」，並指出鹿港在清領時期曾有九座惜字亭，龍山寺該亭沿革不詳，判斷應為咸豐年間翻修時一併建造。筆者檢閱《彰化縣志》卷十二〈藝文志〉所收魏子鳴〈敬義園碑記〉有「癸巳，東渡臺陽寄足郡治，有時出郊，見字紙穢褻，骸骨暴露，及道路橋梁之難行，每怦怦動念也。……於是拾字紙、收遺骸、置義塚、修橋梁、平道路，鳩工興事，次第具舉。」又《臺灣地區現存碑碣圖誌：彰化縣篇》所收昭和十一年（1936）許逸漁撰〈敬義園記念碑

〔註196〕彰化縣和美鎮道東書院敬字亭現地調查所得資料（現地調查日期：2014 年 1 月 9 日）；黃開基纂修：《和美鎮志》（彰化縣和美鎮：彰化縣和美鎮公所，1990 年 3 月），頁 1019～1025；林文龍編著：《臺灣史蹟叢論》（臺中：國彰出版社，1987 年 9 月），上冊，頁 143。

〔註197〕彰化縣員林鎮（市）興賢書院敬聖亭現地調查所得資料（現地調查日期：2012 年 12 月 20 日、2017 年 2 月 26 日）；張義清總編輯：《員林鎮志》（彰化縣員林鎮：彰化縣員林鎮公所，1990 年 2 月），頁 185、頁 240；中華綜合發展研究院應用史學研究所總編纂：《員林鎮志》（彰化縣員林鎮：彰化縣員林鎮公所，2010 年 12 月），頁 423～425、頁 601～602、頁 767～768；《臺灣史蹟叢論》，上冊，頁 142。

記〉亦載明敬義園的善行爲「施棺木、掩骸骼、置義塚、祭孤魂、合修橋平路諸端」，則林氏認爲鹿港惜字風氣始於敬義園，是合理的看法，但龍山寺該惜字亭的建造年代，是否確爲咸豐年間，容或需要更多有力證據。〔註198〕

（四）南投縣草屯鎮登瀛書院敬字亭

本敬字亭位於南投縣草屯鎮登瀛書院照壁前方。有關草屯登瀛書院之始末，筆者已於本章第一節第十八項「登瀛書院」說明，不另贅述。筆者從事現地調查時，該書院設置由前臺灣省文獻委員會主任委員簡榮聰先生所撰的〈登瀛書院碑記〉，提及「院設敬聖亭，院丁擔籮拾字，過化存神，寓教育於生活。日據……」可知該書院的敬聖亭，應爲清領時期所設，但並未載明確切年代。至於張志遠《臺灣的敬字亭》，則直接將此亭的建造年代，繫於道光二十七年（1847，丁未），未詳其據。〔註199〕

（五）南投縣集集鎮明新書院惜字亭

此惜字亭位於南投縣集集鎮明新書院照壁左方。有關明新書院之始末，筆者已於本章第一節第廿三項「明新書院」說明，不另贅述。筆者進行現地調查時，該書院僅在惜字亭上張貼金亭的指示方向，標示兩者非同一功能，但並未設置任何與該亭建造年代有關的碑碣或告示。至於張志遠《臺灣的敬字亭》，則直接將該亭建造年代繫於光緒八年（1882，壬午），未載依據所在。〔註200〕

（六）南投縣竹山鎮社寮武德宮敬聖亭

此敬聖亭位於南投縣竹山鎮社寮里武德宮左側，即《雲林縣采訪冊・沙連堡・祠廟・聖蹟亭》所載之「聖蹟亭：又一在社寮街前，爲紳士倡建；光緒己卯年，童生陳大成捐貲重修。」又透過《臺灣地區現存碑碣圖誌：雲林縣・南投縣篇》所收臺灣府學庠生游鳳鳴撰文之〈始建聖蹟亭碑記〉拓本，

〔註198〕彰化縣鹿港鎮龍山寺惜字亭現地調查所得資料（現地調查日期：2015 年 5 月 14 日）；〔清〕周璽纂輯：《彰化縣志》（臺北：臺灣銀行經濟研究室，1962 年 11 月），頁 471；何培夫主編：《臺灣地區現存碑碣圖誌：彰化縣篇》（臺北：國立中央圖書館臺灣分館，1997 年 5 月），頁 161～162，頁 175～176；《臺灣史蹟叢論》，上冊，頁 142。

〔註199〕南投縣草屯鎮登瀛書院敬字亭現地調查所得資料（現地調查日期：2015 年 4 月 7 日）；《臺灣的敬字亭》，頁 189～190。

〔註200〕南投縣集集鎮明新書院惜字亭現地調查所得資料（現地調查日期：2014 年 1 月 8 日）；《臺灣的敬字亭》，頁 188～189。

則可得知該亭始建於咸豐十一年（1861，辛酉），係由社寮莊人陳子竣所倡建，並得到舉人林鳳池、職員陳再裕、監生陳江立、廩生陳貞元等人與當地鄉紳、商號共同捐資建造。筆者從事現地調查時，該亭旁設置〈臺閩地區第三級古蹟竹山社寮敬聖亭修復碑記〉，說明該亭曾於 1992 年 8 月由內政部公告為三級古蹟，因九二一震災受損而加以修復之經過。〔註201〕

此外，《雲林縣采訪冊‧沙連堡‧祠廟‧聖蹟亭》記載「聖蹟亭：在林屺埔福德廟前。高丈餘，寬五尺，四圍環立欄杆。咸豐辛酉年，郁郁社教職陳希亮、廩生陳貞元諸生等捐建。又一在天后宮廟壁。一在東埔蚋延平郡王廟右畔。咸豐八年三月，生員劉漢中倡建；光緒庚寅年正月，郁郁社諸生捐貲重修。一在大坪頂新寮街，規模一如林屺埔聖蹟亭式。同治十年，彬彬社諸生捐建，童生黃時中董其事。」〔註202〕除新寮聖蹟亭屬於今日鹿谷鄉境內，將於下一目說明之外，可知清領時期的竹山境內，尚有三座聖蹟亭，茲一併附述於此。位於街區頂福戶福德廟前的聖蹟亭，由竹山當地四郁郁社塾師陳希亮、廩生陳貞元等人於咸豐十一年（1861，辛酉）捐建；位於連興宮媽祖廟旁的聖蹟亭，不詳其始末，但業已毀壞；位於沙東宮右側的聖蹟亭，由生員劉漢中於咸豐八年（1858，戊午）倡建，光緒十六年（1890，庚寅）復由郁郁社同人重修，但也已毀損。

（七）南投縣鹿谷鄉新寮聖蹟亭

此聖蹟亭位於南投縣鹿谷鄉中正路二段 270 號旁，即《雲林縣采訪冊‧沙連堡‧祠廟‧聖蹟亭》所載之「聖蹟亭：一在大坪頂新寮街，規模一如林屺埔聖蹟亭式。同治十年，彬彬社諸生捐建，童生黃時中董其事。」又據林文龍先生前引文所載，此亭係由新寮莊彬彬社的陳宗器、林濟川、許清源、葉承澤、黃時中、陳慶祥、林新科等人共同捐資，於同治十年（1871，辛未）興建，並由童生黃時中總理其事。而在筆者從事現地調查時，該亭旁已設置〈臺閩地區第一級古蹟鹿谷聖蹟亭修復碑記〉，載明該亭曾於 1987 年 4 月受內政部以「八通關古道——鹿谷聖蹟亭」為名，公告為一級古蹟，後因遭人

〔註201〕南投縣竹山鎮社寮武德宮敬聖亭現地調查所得資料（現地調查日期：2014 年1 月 8 日）；〔清〕倪贊元編纂：《雲林縣采訪冊》（臺北：臺灣銀行經濟研究室，1959 年 2 月），頁 160；何培夫主編：《臺灣地區現存碑碣圖誌：雲林縣‧南投縣篇》（臺北：國立中央圖書館臺灣分館，1996 年 12 月），頁 150～152。
〔註202〕《雲林縣采訪冊》，頁 160。

駕車損毀而重新修復之始末。〔註203〕

（八）雲林縣西螺鎮振文書院字紙亭

此字紙亭位於雲林縣西螺鎮振文書院左側。有關振文書院之始末，筆者已於本章第一節第八項「振文書院」說明，不另贅述。筆者進行現地調查時，該書院雖有設置歷史沿革的解說告示牌，但並未提及該字紙亭的建造年代；《西螺鎮志》介紹振文書院時，雖亦言及字紙亭，但僅表示該書院的兩座字紙亭，一座焚燒金紙，另一座則專爲焚燒字紙之用，並未考述其建造年代。至於張志遠《臺灣的敬字亭》則推測該亭大約建造於嘉慶十八年（1813，癸酉），但並未說明其依據。〔註204〕

三、臺灣府、臺灣縣

清領時期的臺灣府、臺灣縣，即今日的臺南市，並包括高雄市部分地區。經筆者歸納清修方志、戰後志書及田野調查專書，並配合現地調查成果，將臺灣府、臺灣縣轄內民間設置的惜字亭資料臚列說明於下。

（一）臺南市中西區祀典武廟惜字亭

此惜字亭位於臺南市中西區祀典武廟旁，即《續修臺灣縣志》卷三〈學志〉所載「一在武廟前」的惜字亭，係由韋啓億等人召集興建。可惜，由於土地產權爭議，已於2014年遭地主毀損拆除，2019年2月現地調查時，已重新建造一座惜字亭。

此外，《續修臺灣縣志》卷三〈學志〉載「乾隆三十九年，陳朝樑捐存生息銀一百員。經郭紹芳以興修餘貲並此項置業出息，合供魁星祭費。砌磚爲爐……一在關帝廟祿位祠前、一在紅毛樓前、一在龍王廟街、一在總爺街、一在府口、一在彌陀寺前，凡七所，皆韋啓億等鳩眾建。又其一在大西城邊，李廷宮造。其一在東升巷內，一在開山宮前，一在三官堂邊，一在頂打石街，一在大上帝廟邊、一在天公埕、一在禾藔街後，凡七所，俱街眾鳩造。」〔註205〕

〔註203〕南投縣鹿谷鄉新寮聖蹟亭現地調查所得資料（現地調查日期：2014年4月16日）；《雲林縣采訪冊》，頁160；《臺灣史蹟叢論》，上冊，頁140。

〔註204〕雲林縣西螺鎮振文書院字紙亭現地調查所得參料（現地調查日期：2013年4月22日）；程大學總主編：《西螺鎮志》（雲林縣西螺鎮：雲林縣西螺鎮公所，2000年2月），第四篇，頁113～121；《臺灣的敬字亭》，頁196～197。

〔註205〕〔清〕謝金鑾、鄭兼才合纂：《續修臺灣縣志》（臺北：臺灣銀行經濟研究室，1962年6月），頁161。

則可知清領時期的臺南市區，除了祀典武廟旁的惜字亭之外，亦曾經由韋啓億、李廷宮及地方民眾等人建造十四座惜字亭，但今日皆已湮沒無存。

（二）臺南市中西區永華宮惜字亭

此惜字亭位於臺南市中西區永華宮廟前廣場，永華宮現址在清領時期，曾是進士許南英（1855～1917）之父許廷璋在東安坊馬公廟後的舊居「窺園」，許廷璋並在住所內設館教學，並在當地留存一座金爐。筆者進行現地調查時，永華宮的執事人員表示，該金爐有可能是許氏當年建造的惜字亭，且臺灣最後一位進士汪春源（1869～1923）的後人汪毅夫教授，也曾前往當地探訪，認為該金爐應是許氏父子當年設置的惜字亭。筆者因而檢索汪氏相關論著，在其〈臺灣府城訪古記〉文中，的確提及「在永華宮門前右側，我們發現了一座『惜字亭』，并推斷該『惜字亭』為窺園遺物。我們的推斷得到永華宮管理人員的認同，據他告知，當地民間口碑亦做如是說。作為學舍（私塾）的附屬之物，該『惜字亭』的歷史應該可以上溯到許氏特齋公在窺園開館授徒的清代咸豐年間。」〔註206〕由是，可知該惜字亭應是許南英父子教學、讀書期間所設置。

（三）臺南市中西區澎湖試館內敬字亭

據《澎湖廳志》卷四〈文事・學校・賓興試館〉載：「澎湖試館，在臺灣郡治（土名二府口），乾隆間，前廳胡建偉解任後，在臺捐建。內兩進各一廳二房，右邊護厝房五間，額曰『澎瀛書院』，為應試諸生公寓・內祀前廳黎溶。……光緒五年，增生陳維新添建敬字亭。」〔註207〕可知曾任澎湖通判的胡建偉，於乾隆三十八年（1773，癸巳）擔任臺灣府北路理番同知時，曾捐建澎瀛書院作為赴府治參加府試、院試的澎湖籍學子公寓。光緒五年（1879，己卯），澎湖籍的臺灣府學增廣生陳維新，又在該試館內增建敬字亭一座。唯筆者在二府口從事蕭氏節孝坊現地調查時，當地已缺乏澎湖試館遺址，更遑論地處試館內的敬字亭了。

（四）臺南市中西區德化堂惜字亭

此惜字亭位於臺南市中西區德化堂內，據張志遠《臺灣的敬字亭》研判，

〔註206〕臺南市中西區永華宮惜字亭現地調查所得資料（現地調查日期：2014 年 11 月 9 日）；汪毅夫：〈臺灣府城訪古記〉，《炎黃縱橫》2010 年 2 期，頁 7～8。

〔註207〕〔清〕林豪纂修：《澎湖廳志》（臺北：臺灣銀行經濟研究室，1964 年 6 月），頁 110。

係建造於道光十八年（1838，戊戌），但並未說明其根據。〔註208〕

（五）臺南市歸仁區敦源聖廟敬字亭

此敬字亭位於臺南市歸仁區敦源聖廟正殿中庭右側，筆者進行現地調查時，當地並無設置與該亭建造年代相關之碑碣或告示。不過，據《臺南州祠廟名鑑》所調查，敦源聖廟原爲明治十八年（即光緒十一年〔1885，乙酉〕）創立的敦源社，供奉五文昌帝君及孔子。又據《臺灣地區現存碑碣圖誌：臺南縣篇》所收〈敦源社惜字局捐資置產碑記〉載：「敦源社惜字局之設也，起於癸未年。前董事經修月緣，尚剩凡百餘金；迨至甲午，月緣星散，幾於廢墜。後董事共爲贊襄，捐資置產。此社得以重興，千秋弗替，是皆聖蹟之靈也。」之敘述，則該聖廟前身，應爲光緒九年（1883，癸未）成立的敦源社，係民間的惜字組織。此外，張志遠《臺灣的敬字亭》則推測該敬字亭的今貌，應爲1998年重修時所完成。〔註209〕

四、鳳山縣

清領時期的鳳山縣，即今日的高雄市、屏東縣。經筆者歸納清修方志、戰後志書及田野調查專書，並配合現地調查成果，將鳳山縣轄內民間設置的惜字亭資料臚列說明於下。

（一）高雄市鳳山區鳳儀書院敬字亭遺蹟

此敬字亭遺蹟位於高雄市鳳山區鳳儀書院講堂前方左側。有關鳳儀書院之始末，筆者已於本書第二章〈清領時期臺灣官方儒學設施與教學內容〉第三節〈官設書院及其學規、教學進程〉第廿二項「鳳儀書院」說明，不另贅述。有關該敬字亭的建造，《臺灣教育碑記》所收候選儒學訓導張廷欽於道光三年撰文之〈敬字亭木碑記〉云：「敬字亭之設，始於嘉慶庚申歲（五年）奮社諸同人醵金倡建。每歲傭工撿拾字紙，暈化於爐。正月之吉，乃送而投諸海焉。維時恭祀奎星、倉聖神位，尚未有祠以妥之。越甲戌（嘉慶十九年），廷欽承明府樸莽吳公創建書院爰是並建文昌祠，即以二神合祀，而復造敬字亭於講堂之左。既蕆事，遂泐石以志之。」可知在鳳儀書院設置敬字亭之前，

〔註208〕《臺灣的敬字亭》，頁201～202。

〔註209〕臺南市歸仁區敦源聖廟敬字亭現地調查所得資料（現地調查日期：2014年5月19日）；《臺南州祠廟名鑑》，頁298；《臺灣地區現存碑碣圖誌：臺南縣篇》，頁193～195；《臺灣的敬字亭》，頁203。

當地文人結社「奮社」已在嘉慶五年（1800，庚申）建造敬字亭，迄嘉慶十九年（1814，甲戌）建鳳儀書院時，張廷欽復在書院講堂左方造敬字亭一座。筆者於 2016 年 10 月 23 日受邀前往高雄市政府民政局主辦之「第三屆全國扶鸞大會筆」活動，進行專題演講〈淺述扶鸞與儒學的密切關聯〉〔註210〕時，曾再度前往鳳儀書院進行現地調查，見園方已在修復時發現之敬字亭遺蹟處設置告示牌，說明根據《鳳山縣采訪冊》記載，該書院設有聖蹟庫，並建敬字亭於講堂之左的事蹟。〔註211〕

（二）高雄市美濃區瀰濃庄敬字亭

此敬字亭位於高雄市美濃區中山路一段與永安路交叉口，筆者進行現地調查時，該亭旁設置解說牌，載明係由當地仕紳梁啓旺發起瀰濃庄人共同捐資，於乾隆四十四年（1779，己亥）興建，用以倡導文風，後曾於嘉慶末年、光緒十五年（1889，己丑）、光緒二十一年（1895，乙未）三度重修，並於 1991 年 5 月公告為古蹟，現仍維持焚燒字紙、迎送聖蹟的活動。至於張志遠《臺灣的敬字亭》，則敘述梁氏提議之後，由時任右堆總理的林長熾率先倡資，並向庄人勸募。完工之後，林長熾又組成字紙會，由各庄輪流負責奉祀亭中神位。〔註212〕

此外，《臺灣的敬字亭》又記載龍肚庄曾在清領時期仿造瀰濃庄建造敬字亭，作為保護風水、協助地方發展之用，因在 1971 年已殘破不堪，遂由鄉紳陳安元發起重建，迄 1978 年始竣工，成為五層樓的鋼筋水泥塔廟，稱作龍肚庄龍亭。筆者進行現地調查時，在龍亭前方，亦設置焚燒聖蹟的字爐，但因已屬戰後建造，且龍肚庄建造敬字亭之事，張氏未載詳細依據，而其用意係作為鎮壓風水，與一般設置惜字亭的振文崇道精神較不相侔，故僅附述於此。〔註213〕

（三）屏東縣里港鄉雪峰書院敬聖亭

此敬聖亭位於屏東縣里港鄉里港國民小學中庭。有關雪峰書院之始末，

〔註210〕李建德：〈淺述扶鸞與儒學的密切關聯〉，收入《2016 丙申年第三屆全國扶鸞觀摩大會鸞文彙集 福建東山伏魔聖者聖駕巡禮影像紀實》（高雄：高雄意誠堂關帝廟，2017 年 4 月），頁 268～283。

〔註211〕臺灣銀行經濟研究室編：《臺灣教育碑記》（臺北：臺灣銀行經濟研究室，1959 年 7 月），頁 37；高雄市鳳山區鳳儀書院敬字亭遺蹟現地調查所得資料（現地調查日期：2016 年 10 月 23 日）。

〔註212〕高雄市美濃區瀰濃庄敬字亭現地調查所得資料（現地調查日期：2014 年 5 月 7 日）；《臺灣的敬字亭》，頁 100。

〔註213〕高雄市美濃區龍肚庄龍亭現地調查所得資料（現地調查日期：2014 年 5 月 7 日）；《臺灣的敬字亭》，頁 104～105。

筆者已於本章第一節第廿二項「雪峰書院」說明，不另贅述。筆者進行現地調查時，該亭週遭雖未設置任何標識建造年代的碑碣或告示，但里港國小曾爲慶祝建校百週年而印製明信片組，即以該亭作爲主要取景之標的，可見校方對作爲歷史建築的該亭之重視。至於張志遠《臺灣的敬字亭》，則直接將該亭的建造年份，繫於雪峰書院創立的光緒三年（1877，丁丑），未詳其據。〔註214〕

（四）屏東縣佳冬鄉六根庄敬聖亭

此敬聖亭位於屏東縣佳冬鄉啓南路東柵門旁，筆者進行現地調查時，該亭旁設置〈敬字亭亭身拱形爐口兩側泥塑對聯字跡修復說明〉告示牌，記載該亭興建於光緒十六年（1890，庚寅），但並未說明發起興建者的身分。而《臺灣地區現存碑碣圖誌：屏東縣・臺東縣篇》收錄監生林祖培、庠生羅錫恩於光緒十六年一月所撰〈更新敬聖亭碑記〉，則記載「我庄敬聖亭者，溯厥當初，係秋樓蕭先生倡首營建者也。」秋樓蕭先生即佳冬蕭宅的建造者蕭清華（1801～1872），曾於道光三十年（1850，庚戌）擔任重修佳冬東柵門的總理，而此敬聖亭位於東柵門旁，有可能係當時所建；至於張志遠《臺灣的敬字亭》，亦同樣未載其倡建者姓名。〔註215〕

（五）屏東縣佳冬鄉東埔庄聖亭

此聖亭位於屏東縣佳冬鄉東昌路 36-2 號對面。筆者進行現地調查時，該亭並未設置任何解說的碑碣或告示，但據行政院客家委員會「臺灣客庄文化數位典藏」資料庫所載，該亭始建於光緒三年（1877，丁丑），但已難以得知倡建者的確切資料，現況則爲 1988 年重建。〔註216〕

（六）屏東縣萬巒鄉萬巒庄敬聖亭

此敬聖亭位於屏東縣萬巒鄉萬巒社區公園內。據「臺灣客庄文化數位典

〔註214〕屏東縣里港鄉雪峰書院敬聖亭現地調查所得資料（現地調查日期：2015 年 5 月 5 日）；《臺灣的敬字亭》，頁 170～171。

〔註215〕屏東縣佳冬鄉佳冬村敬聖亭現地調查所得資料（現地調查日期：2014 年 5 月 7 日）；何培夫主編：《臺灣地區現存碑碣圖誌：屏東縣・臺東縣篇》（臺北：國立中央圖書館臺灣分館，1995 年 12 月），頁 194～195；《臺灣的敬字亭》，頁 164～165。

〔註216〕屏東縣佳冬鄉昌隆村東埔庄聖亭現地調查所得資料（現地調查日期：2014 年 5 月 7 日）；行政院客家委員會「臺灣客庄文化數位典藏」資料庫（網址：http://archives.hakka.gov.tw/category_detail.php?id=TA1310000207&ver=1，最後查詢日期：2016 年 10 月 1 日）。

藏」資料庫所載，該亭始建於乾隆五十四年（1789，己酉），現況係黃金郎、林阿德於 1959 年重新整修而成，後因涉及土地產權問題，遂於 2009 年由村民共同遷至萬巒社區公園內安置。〔註217〕

（七）屏東縣枋寮鄉水底寮敬字亭

此敬字亭位於屏東縣枋寮鄉中華路、福東路交叉路口，筆者進行現地調查時，當地並無任何標識建造年代之碑碣或告示，且該亭位處私人果園內，四週以鐵絲網圍住，一般民眾無法進入。比較特別的是，該亭上方有一「文琳社」題款，可能是當初發起建造該亭的地方文人結社之名稱。至於張志遠《臺灣的敬字亭》，則推測該亭為晚清所建，現貌則為 1970 年所重建。〔註218〕

（八）屏東縣枋寮鄉石頭營聖蹟亭

此聖蹟亭位於屏東縣枋寮鄉玉泉路、青山路交叉路口，當地在清領時期被稱為石頭營，筆者進行現地調查時，該亭週遭並無任何標識建造年代之碑碣或告示。而《重修屏東縣志・民間信仰卷》認為該亭建於光緒元年（1875，乙亥），是清領時期臺灣唯一一座建造於軍營內的惜字亭。至於張志遠《臺灣的敬字亭》則指出，福靖左營總兵張其光在元緒元年奉分巡臺灣兵備道夏獻綸命令，在軍營附近設立「番學社」，教導原住民兒童學習漢文及日常禮儀，因而在軍營旁建造該聖蹟亭，除焚燒公文、祭祀倉頡外，亦可達到使原住民兒童崇文敬字的目標。因此，此亭雖由官方設置，但因涉及原住民教育，故一併附述於此。〔註219〕

（九）屏東縣車城鄉福安宮敬聖亭碑記

據《臺灣南部碑文集成》所收〈建造敬聖亭碑記〉所載，李天富等人曾在咸豐五年（1855，乙卯）發起興建敬聖亭，捐資者多為商號，進士施瓊芳（1815～1867）為此事撰上揭碑記，而該碑則保存於屏東縣車城鄉福安宮。但筆者進行現地調查時，廟內並未見到這方碑記，也未能尋找到敬聖亭遺址，

〔註217〕行政院客家委員會「臺灣客庄文化數位典藏」資料庫（網址：http://archives.hakka.gov.tw/category_detail.php?id=TA1205000039&ver=1，最後查詢日期：2016 年 10 月 1 日）。

〔註218〕屏東縣枋寮鄉水底寮敬字亭現地調查所得資料（現地調查日期：2014 年 5 月7 日）；《臺灣的敬字亭》，頁 172～173。

〔註219〕屏東縣枋寮鄉石頭營敬字亭現地調查所得資料（現地調查日期：2014 年 5 月7 日）；戴文鋒著：《重修屏東縣志・民間信仰卷》（屏東縣屏東市：屏東縣政府，2014 年 11 月），頁 146；《臺灣的敬字亭》，頁 173～174。

不過，由於該宮供奉了文昌帝君、倉頡、孚佑帝君、魁星等四位與文教有關的神衹，或可作為曾設置惜字亭的輔證，故一併附述於此。〔註220〕

五、噶瑪蘭廳

清領時期的噶瑪蘭廳，即今日的宜蘭縣。經筆者歸納清修方志、戰後志書及田野調查專書，並配合現地調查成果，將噶瑪蘭廳轄內民間設置的惜字亭資料說明於次。

（一）宜蘭縣宜蘭市登瀛書院惜字亭

此惜字亭位於宜蘭縣宜蘭市登瀛書院中庭右側。有關登瀛書院之始末，筆者已於本章第一節第三十項「登瀛書院」說明，不另贅述。在筆者進行現地調查時，該亭週遭並無設置任何說明建造年代的碑碣或告示，正廳懸掛的〈登瀛書院簡介〉亦未提及該亭。而施順生教授〈臺灣宜蘭陳姓鑑湖堂及登瀛書院惜字亭〉一文，則引用《陳姓鑑湖堂導覽手冊》所載資料，唯並未說明其建造者之確切身分與建造年代。〔註221〕

六、澎湖廳

清領時期的澎湖廳，即今日的澎湖縣。經筆者歸納清修方志、戰後志書及田野調查專書，並配合現地調查成果，將澎湖廳轄內民間設置的惜字亭資料說明於下。

（一）澎湖縣馬公市文石書院惜字亭

此惜字亭之遺址，位於澎湖縣馬公市孔子廟。馬公市孔子廟之前身，即清領時期的文石書院，有關該書院之始末，筆者已於本書第二章〈清領時期臺灣官方儒學設施與教學內容〉第三節〈官設書院及其學規、教學進程〉第十八項「文石書院」說明，不另贅述。據《澎湖廳志》卷四〈文事‧書院〉所載：「光緒元年，董事生員蔡玉成，邀同紳士陳維新、許樹基、黃步梯、蔡榮賢等重議修建，……至二年冬落成；規制宏敞，棟宇一新。……其講堂中廳，祀制字倉聖。又於外庭建惜字亭。」可知文石書院曾在光緒元年（1875，

〔註220〕《臺灣南部碑文集成》，頁 307～309；屏東縣車城鄉福安宮現地調查（現地調查日期：2013 年 8 月 1 日）。

〔註221〕宜蘭縣宜蘭市登瀛書院惜字亭現地調查所得資料（現地調查日期：2014 年 4 月 8 日）；施順生：〈臺灣宜蘭陳姓鑑湖堂及登瀛書院惜字亭〉，《閩臺文化交流》2010 年 2 期，頁 71～78。

乙亥）重修時，由生員蔡玉成及鄉紳陳維新等人建造惜字亭於書院外庭。但筆者進行現地調查時，孔子廟內已找尋不到該亭的相關殘蹟。〔註222〕

此外，據《澎湖續編》卷上〈人物紀・鄉行〉所載，奎璧澳湖西社出身的舉人辛齊光「又建敬聖亭，廣拾字紙」〔註223〕，但並未詳載辛氏所建敬聖亭之確切位置及建造年代，故一併附述於此。

第四節　臺灣各式旌表及其價值觀

自從儒家在漢代取得官方的話語權之後，經過千百年的濡染，其推崇孝道、盡忠、行善等價值觀，逐漸內化在常民大眾的日常生活。元皇慶以來，程朱理學受到官方揄揚，小程子回答學生提問孀婦是否可再嫁的「餓死事極小，失節事極大」〔註224〕，更成為明清兩代官方鼓吹婦女守節甚至殉死的「指導原則」。因此，在清領時期的212年間，臺灣常有因忠義、孝友、節孝、義行等行為而得到朝廷頒贈的各式旌表，甚至為之立專祠，或入祀聖廟所附各祠之中，而在本時期纂修的臺灣方志中，亦常將具備上揭行為的人物，納入志書，使其流芳百世。

在上揭各種行為中，由於「忠義」係指涉對清朝廷盡忠，故常出現在因朱一貴、林爽文、戴潮春、張丙、陳周全、蔡牽等事變而殉國、殞命的文官、將領、儒者、常民身上，並建有昭忠、忠烈、旌義、忠義、義民等祠，但因容易涉及論述立場之爭議。例如：三大民變究竟是「叛逆」抑或是「官逼民反」？是「反清復明」或是「民族革命」？是以不論。因此，本節僅針對孝友、節孝、義行等三概進行討論。

筆者在從事本書之撰寫，及為講授「臺灣民間宗教與社會」、「清代臺灣儒學與文化」兩門課程的備課期間，除閱讀前行文獻外，亦親自前往現存旌

〔註222〕澎湖縣馬公市孔子廟現地調查所得資料（現地調查日期：2013年6月21日，2015年8月1日）；《澎湖廳志》，頁111。

〔註223〕〔清〕蔣鏞撰：《澎湖續編》（臺北：臺灣銀行經濟研究室，1961年8月），頁25。

〔註224〕《河南程氏遺書》卷二十二下〈伊川先生語八下・附雜錄後〉云：「問：『孀婦於理似不可取，如何？』曰：『然。凡取，以配身也。若取失節者以配身，是己失節也。』又問：『或有孤孀貧窮無託者，可再嫁否？』曰：『只是後世怕寒餓死，故有是說。然餓死事極小，失節事極大。』」參〔宋〕程顥、程頤著，王孝魚點校：《二程集》（北京：中華書局，1981年7月），頁301。

表之設置地點，進行現地調查。茲將現地調查所得成果，依照清領時期一府
（臺灣）四縣（臺灣、嘉義、鳳山、彰化）三廳（淡水、澎湖、噶瑪蘭）的
行政區域分布，臚列於次。

一、淡水廳

在臺北尚未設府之前，清領時期的淡水廳，包括今日的臺北、新北、基
隆、桃園、新竹、苗栗等縣市，最南端則爲今日的臺中市大甲區。經筆者歸
納清修方志、戰後志書，並配合現地調查成果，將淡水廳轄內的旌表祠廟及
牌坊資料臚列說明於下。

（一）黃氏節孝坊

此節孝坊位於臺北市中正區二二八紀念公園內，係爲表彰淡水縣儒者王
家霖妻子黃器娘（1820～1893）守節四十六年而設立。《淡水廳志》卷十〈列
女・節孝〉記載：「黃器娘，艋舺士黨女，監生王家霖妻。年二十八寡，現年
五十一。子三，天賜監生。」黃氏十六歲適夫，二十八歲孀居，守節期間事
奉翁姑、撫育遺孤，於同治九年（1870，庚午）受朝廷旌表，賜金三十兩，
並聽其本家建坊，復建節孝祠。光緒八年（1882，壬午），其子王天錫始籌建
牌坊於臺北府城東門內，臺北知府陳星聚（1817～1885）、前任署理淡水廳同
知何恩綺、署理艋舺營參將鄭榮及臺北府儒學教授兼任掌教登瀛、學海二書
院之進士陳季芳等人，爲之撰聯頌美。而節孝祠則迄光緒二十一年（1895，
乙未）始竣工，旋因日人徵地官用而遷建圓山公園。明治三十四年（1901），
節孝坊亦因日人建造官舍而遷至新公園（今二二八紀念公園）內。1985 年 8
月，由內政部公告爲古蹟。〔註225〕

（二）周氏節孝坊

此節孝坊位於臺北市北投區豐年路一段 36 號前方，係爲表彰淡水廳人陳
玉麟妻子周絹（1788～1846）守節三十二年而設立。周氏廿七歲孀居，守節
期間，奉養公婆至孝，並撫育遺孤成人。周氏於道光二十六年（1846，丙午）
逝世後，陳維英等人爲其呈請旌表，道光三十年（1850，庚戌）閩浙總督劉
韻珂等人遂奏準建坊，咸豐十一年（1861，辛酉）竣工，舉人陳維英、陳霞

〔註225〕臺北市中正區黃氏節孝坊現地調查所得資料（現地調查日期：2015 年 7 月 22
日）；《淡水廳志》，頁 291；楊遠浪、詹德隆編纂：《臺北市志》卷八《文化
志・勝蹟篇》（臺北：臺北市政府，1988 年 6 月），頁 69。

－203－

林（1834～1891）及任官布政司經歷的周氏女婿楊春瑞等人，爲之撰聯頌美。曾因明治三十年（1897）大地震而毀損，於 1985 年 8 月由內政部公告爲三級古蹟，並於 1992 年由市政府復原整修。〔註 226〕

（三）急公好義坊

此牌坊位於臺北市中正區二二八紀念公園內，係爲表彰淡水縣貢生洪騰雲（1819～1899）於光緒十三年（1887，丁亥）捐獻土地與資金作爲臺北府興建考棚及行署（即今日的舊市議會大樓一帶）之用，由臺灣巡撫劉銘傳奏請立坊表彰。翌年竣工，臺北知府雷其達、臺北府儒學教授馮夢辛、淡水知縣汪興禕、淡水縣儒學教諭蔣學瀛等人，爲之撰聯頌美。該坊原位處石坊街（今衡陽路），日據時期遷建於現址，並於 1985 年 8 月由內政部公告爲三級古蹟。〔註 227〕

（四）陳門雙烈牌坊

據《臺北市志》卷九《人物志‧賢德篇》記載，大龍峒舉人陳維英長子鷹升之妻徐媛，於咸豐八年（1858，戊午）飲鴆殉夫；鷹升從弟鷥升繼室鄭好，於光緒十二年（1886，丙戌）自經殉夫。臺北知府雷其達爲二人奏請旌表，合建牌坊於大龍峒。雷其達、進士陳登元各撰聯語一對，舉人張忠侯、歲貢生周鏘鳴、恩貢生陳儒林、職員張望星、廩生李秉鈞、吳培芳、生員張春濤、黃敔、陳繼和等人，則同獻聯語二對。後該牌坊於日據時期傾圮，未能加以修復。〔註 228〕

（五）淡水廳聖廟節孝祠

據《淡水廳志》卷六〈祠祀〉記載：「名宦、鄉賢、昭忠、節孝四祠，在學宮左畔。名宦、鄉賢、昭忠共祠。一座三間，節孝祠一座亦三間。……總豎一崇祀門樓。道光九年，同知李慎彝建。……節孝祠祀林門楊氏牌位。」又《新竹縣志初稿》卷三〈典禮志‧祠祀〉記載：「名宦、鄉賢、昭忠、節孝、孝友五祠：在學宮左畔。總豎一『崇祀』門樓，……名宦、鄉賢、昭忠合一

〔註 226〕臺北市北投區周氏節孝坊現地調查所得資料（現地調查日期：2015 年 8 月 12 日）；《臺北市志》卷八《文化志‧勝蹟篇》，頁 68。
〔註 227〕臺北市中正區急公好義坊現地調查所得資料（現地調查日期：2014 年 8 月 29 日）；《臺北市志》卷八《文化志‧勝蹟篇》，頁 69；王國璠編纂：《臺北市志》卷九《人物志‧賢德篇》（臺北：臺北市政府，1988 年 9 月），頁 86～88。
〔註 228〕《臺北市志》卷九《人物志‧賢德篇》，頁 107～108。

祠，……節孝祠，祀林門楊氏、余門林氏、鄭門江氏、鄭門張氏、吳門蘇氏各牌位。光緒十七年，另建節孝祠於旁；將原建節孝祠改爲孝友祠，祀李聯超、張首芳、張輝耀、林文蘭、陳紫垣、陳清准、陳大器、潘榮光、潘清溪。」可知淡水廳聖廟之節孝祠，係由同知李愼彝於道光九年（1829，己丑）建造，原先僅奉祀下文將敘述的林熾妻子楊居娘牌位；後陸續奉祀下文將敘述的余榮長未笄妻林春娘、鄭琳妻子江擔娘、鄭用錦妻子張棗娘及吳國步妻子蘇氏等四人牌位。此後，光緒十七年（1891，辛卯），另建節孝祠於一旁，原節孝祠則改爲孝友祠，奉祀李聯超、張首芳、張輝耀、林文蘭、陳紫垣、陳清准、陳大器、潘榮光、潘清溪等九人之牌位。但戰後新建的新竹孔廟中，目前僅設有奉祀王世傑、鄭崇和、徐立鵬、鄭用錫、鄭用鑑、林占梅、辛志平等七人牌位之鄉賢祠，未設節孝、孝友二祠，是較可惜之處。〔註 229〕

（六）蘇氏節孝坊

此節孝坊位於新竹市北區，係爲表彰淡水廳儒士吳國步妻子蘇氏守節四十四年而設立。《淡水廳志》卷十〈列女・節孝〉記載：「蘇氏，竹塹吳國步妻・年二十六寡，卒年七十。」蘇氏廿六歲孀居，守節期間，教養其子吳士敬（1826～1886）成才，於同治九年（1870，庚午）鄉試中舉，其後，於光緒六年（1880，庚辰）題准建坊。光緒十五年（1889，己丑），臺灣巡撫劉銘傳又爲吳士敬題請旌表，入祀孝悌祠，母節子孝，被地方傳爲美談。其後，於 1985 年 8 月由內政部公告爲三級古蹟。〔註 230〕

（七）張氏節孝坊

此節孝坊位於新竹市北區湳雅街，係爲表彰淡水廳學附生鄭用錦（1799～1828）妻子張棗娘（1800～1877）守節四十九年而設立。《淡水廳志》卷十〈列女・節孝〉記載：「張棗娘，竹塹炳女，適水田鄉賢鄭崇和之子庠生用錦。年二十九寡，現年七十一。子如蘭庠生，同治六年旌。」張氏守節期間，事親至孝，育子成才，於同治五年（1866，丙寅）題准建坊，並於同治十年（1871，辛未）建坊於湳雅萬年橋旁，後於 1985 年 8 月由內政部公告爲三級古蹟。〔註 231〕

〔註 229〕《淡水廳志》，頁 150～151；《新竹縣志初稿》，頁 110～111；新竹市東區新竹孔子廟現地調查所得資料（現地調查日期：2015 年 6 月 10 日）。
〔註 230〕新竹市北區蘇氏節孝坊現地調查所得資料（現地調查日期：2015 年 6 月 10 日）；《淡水廳志》，頁 279。
〔註 231〕新竹市北區張氏節孝坊現地調查所得資料（現地調查日期：2015 年 6 月 10 日）；《淡水廳志》，頁 290。

（八）楊氏節孝坊

此節孝坊位於新竹市北區石坊街 4 號，係爲表彰淡水廳人林熾妻子楊居娘守節二十一年而設立。《淡水廳志》卷十〈列女‧節孝〉記載：「楊居娘，竹塹林熾妻。年二十四寡，卒年四十五。子德元監生，孫元會庠生。嘉慶年間旌。」楊氏十七歲適夫，二十四歲孀居，守節期間，育子林德元成才，嘉慶二十四年（1819，己卯）由彰化縣儒學教諭朱開垣、彰化縣儒學訓導張夢麟等人向上呈報，請得旌表並題准建坊，並於道光四年（1824，甲申）竣工，舉人郭成金（1780～1836）及林文斗等人爲之撰聯頌美。其後，於 1985 年 8月由內政部公告爲三級古蹟。〔註 232〕

（九）江氏節烈坊

此節烈坊曾存在於東大路、水田街交叉路口，係爲旌表淡水廳儒士鄭琳妻子江擔娘（1791～1816）殉夫行爲，而於同治五年（1866，丙寅）設立。據《淡水廳志》卷十〈列女‧節烈〉記載：「江擔娘，竹塹瑞女，東勢莊鄭琳妻。夫病年餘，侍藥罔懈。及卒，待殮畢，亦投繯死。年二十六。道光十七年旌。」該坊後於 1950 年代遭毀壞而拆除。〔註 233〕

（十）李錫金孝子坊

此孝子坊位於新竹市東區明湖路 443-1 號，係爲表彰李錫金（1786～1865）之孝行，由新竹縣廩生林鵬霄等人於光緒五年（1879，己卯）呈請旌表，並於光緒七年（1881，辛巳）題准建坊，光緒八年（1882，壬午）建坊於於縣城北門外湳仔莊，福建按察使分巡臺灣兵備道張夢元（1825～1896）、臺北知府陳星聚、內閣中書王慶霖、翰林院編修林紹年（1845～1916）等人，爲之撰聯頌美。後於 1961 年遷至現址。〔註 234〕

（十一）賴氏節孝坊

此節孝坊位於苗栗縣苗栗市貓狸山公園內，係爲表彰新竹縣貓狸街人劉金錫妻子賴四娘（1806～1888）節孝行爲而設立。《苗栗縣志》卷十四〈列女‧節孝〉對賴氏旌表始末，有詳細記載。賴氏與舉人劉獻廷長子劉金錫係指腹

〔註 232〕新竹市北區楊氏節孝坊現地調查所得資料（現地調查日期：2015 年 6 月 10日）；《淡水廳志》，頁 281～282。

〔註 233〕《淡水廳志》，頁 293。

〔註 234〕新竹市東區李錫金孝子坊現地調查所得資料（現地調查日期：2015 年 6 月 10日）。

為婚之關係，十四歲喪夫而無嗣，劉獻廷次子舉人劉翰將長子世熙過繼為嗣，守節期間，教養嗣子如親，於光緒九年（1883，癸未）題准建坊，臺灣兵備道劉璈、臺北知府陳星聚、新竹縣儒學訓導劉鳴盛等人為之撰聯頌美。該節孝坊原位於苗栗街文昌祠旁，後因明治四十二年（1909）市區道路改正而遷建於天雲廟旁，1979年又因天雲廟擴建，遂遷建於現址，其後，於1985年8月由內政部公告為三級古蹟。另外，在節孝坊旁，有一方同治七年（1868，戊辰）旌表節孝婦黃楊氏的「天旌節孝」碑文，亦一併附述於此。〔註235〕

（十二）林氏貞孝坊

此貞孝坊位於臺中市大甲區順天路與光明路交叉路口，係為表彰淡水廳人余榮長未笄妻林春娘（1778～1864）貞孝行為而設立。《淡水廳志》卷十〈列女‧貞孝〉對林氏行為有詳細的敘述。林氏係余家童養媳，十二歲時，未婚夫赴鹿港經商遭逢船難而溺死。林氏拒絕生父命其返家改嫁的要求，奉養孀居婆母至孝，並立族人余致祥為嗣，復為其娶吞霄街（今苗栗縣通霄鎮）巫氏為妻。後因余致祥病死，巫氏二十九歲孀居，林氏婆媳遂共同撫育幼孫，經劉獻廷等人於道光十三年（1833，癸巳）報請旌表，於道光十六年（1836，丙申）題准建坊、入祠，因其家貧，延至道光二十八年（1848，戊申），始在各官紳協助募款下，建坊於大甲街南門。同治元年（1862，壬戌），戴潮春事變爆發，大甲城遭王和尚、林日成三度包圍而斷水，眾人請貞女林氏出面祈雨而奏效，有節孝感動天地之美譽。林氏死後，鄉人為其建專祠、雕神像奉祀，尊稱為「貞節媽」，後因明治三十八年（1905）大甲市街改正而拆除，鄉人將神像迎祀鎮瀾宮，迄今仍奉祀於觀音殿內，與媽祖、鄭成功合稱「大甲三神」，昭和八年（1933），大甲苦旱，鄉民請出貞節媽神像祈雨有驗，遂合資整修牌坊，並將之遷建於現址。而《淡水廳志》卷十〈列女‧節孝〉亦記載林氏媳巫氏守節三十四年，與婆母並稱一門雙節。〔註236〕

除上揭立坊旌表的黃氏、蘇氏、張氏、楊氏、江氏、林氏之外，《淡水廳志》卷十〈列女〉尚記載淡水廳轄內貞孝女子二人、節孝婦女一八三人、節烈婦女二十人；《苗栗縣志》卷十四〈列女〉所載黃賡娘、巫梅娘、江氏、詹

〔註235〕苗栗縣苗栗市賴氏節孝坊現地調查所得資料（現地調查日期：2015年7月17日）；《苗栗縣志》，頁211。

〔註236〕臺中市大甲區林氏貞孝坊現地調查所得資料（現地調查日期：2014年4月20日）；臺中市大甲區鎮瀾宮現地調查所得資料（現地調查日期：2015年8月13日）；《淡水廳志》，頁278、頁288；《大甲鎮志》，頁1333～1334。

有娘、黃奔娘、湯順娘、陳粉娘等節孝婦女七人及節烈婦女張賡娘；《樹杞林
志‧列傳‧列女》所載羅新昭、吳昭妹、蕭緞妹、賴靜妹、范錫娘、鄭足娘、
王春昭、胡順妹等節孝婦女八人，以及《臺北市志》卷九《人物志‧賢德篇》
所載謝巧娘、陳氏、連氏婦等三人，皆未見載於《淡水廳志》卷十〈列女〉
者，皆一併附記於此。至於《新竹縣志初稿》卷四〈節烈〉記載受旌表並入
祀節孝祠之節烈婦女黃鶴娘、江擔娘，皆已見於《淡水廳志》卷十〈列女‧
節烈〉，故不另贅述。〔註237〕

二、彰化縣

清領時期的彰化縣，涵括今日的臺中、彰化、南投等縣市，最南端則為
雲林縣虎尾溪以北。經筆者歸納清修方志，並配合現地調查成果，將彰化縣
轄內的旌表祠廟及牌坊資料臚列說明於下。

（一）彰化節孝祠

此節孝祠於彰化縣彰化市公園路一段51號，奉祀臺中（北至清水，東至
東勢）、彰化（南至北斗）、南投（東至埔里，南至竹山、鹿谷）、雲林（西至
西螺、崙背、二崙）等五縣市的節孝婦女牌位。起初，《彰化縣志》雖已登載
節孝婦女名錄數十人，但彰化縣聖廟內，卻並未設置節孝祠。因此，擔任白
沙書院山長的進士蔡德芳與拔貢生林淵源，遂於同治十二年（1873，癸酉）
赴中部上揭各地採錄節孝婦女名單一百二十位；其後，貢生吳德功又與擔任
白沙書院山長的進士丁壽泉、彰化縣儒學訓導劉鳳翔等人，於光緒十二年
（1886，丙戌）採錄節孝婦名錄一百六十位。因此，臺灣知府程起鶚、陳文
騄及彰化知縣李嘉棠遂於同年奏請禮部允准建祠，並由蔡德芳、吳德功、吳
鴻藻、呂汝玉等人發起倡捐。翌年，核准建祠，並於光緒十四年（1888，戊
子）竣工，位於縣城隍廟東側。後因光緒二十一年（1895，乙未）戰爭波及
而受損。大正八年（1919），吳德功將昔日採訪所得節孝名錄重新輯校，遂成
《彰化節孝冊》一書。大正十二年（1923），彰化市街改正，節孝祠遂遷建於
現址，並於1985年11月由內政部公告為三級古蹟。〔註238〕

〔註237〕《淡水廳志》，頁278～296；《苗栗縣志》，頁211～212；《樹杞林志》，頁93
～95；《臺北市志》卷九《人物志‧賢德篇》，頁106、頁108、頁111。
〔註238〕彰化縣彰化市節孝祠現地調查所得資料（現地調查日期：2015年11月7日）；
吳德功纂輯：《彰化節孝冊》（臺北：臺灣銀行經濟研究室，1961年5月）。

（二）《彰化縣志》、《雲林縣采訪冊》所載彰化縣境內節孝、節烈婦女

由於清領時期的彰化縣境內，現今並未有旌表節孝、節烈之牌坊留存，因此，吾人可透過《彰化縣志》卷八〈人物志・列女・節孝〉、〈人物志・列女・節烈〉及《雲林縣采訪冊》所載資料，瞭解當時彰化縣境內的節孝、節烈婦女。

經筆者統計，《彰化縣志》卷八〈人物志・列女・節孝〉共記載曾習輝妻子洪氏等節孝婦女 37 人，汪家婆媳劉氏、余氏等節烈婦女 8 人，與《彰化節孝冊》所言「其節孝載諸縣志者數十名」相符。而《雲林縣采訪冊》係採取各堡分別記錄的方式，在西螺堡部分，記載了節烈婦李王氏與節婦詹廖氏、李鄒氏、廖林氏、葉沈氏、葉沈氏、蕭劉氏等七人，均未旌表；大坵田東堡部分，潮洋厝莊節孝婦陳王氏，已於光緒十八年（1892，壬辰）受旌表而未建牌坊，塗庫街節孝婦陳黃氏、陳黃氏、吳林氏等三人，則均未受旌表；沙連堡部分，林屺埔街吳茂水之未婚妻錦娘，於光緒十八年（1892，壬辰）由雲林知縣謝壽昌訪得貞節實行，並贈「矢志堅金」匾，而節孝婦劉蕭氏、陳盧氏、陳洪氏等三人，則均未旌表；至於布嶼西堡部分，節烈婦吳陳氏、張黃氏等二人，則均已由廣東請旌。〔註239〕

（三）《彰化縣志》、《雲林縣采訪冊》所載彰化縣境內受褒獎義行人士

前揭淡水廳境內，洪騰雲因捐助考棚、行署的義行而受朝廷旌表，立「急公好義」牌坊。然而，清領時期的彰化縣境內，現今並未有旌表義行之牌坊留存。因此，吾人可透過《彰化縣志》卷八〈人物志・行誼〉及《雲林縣采訪冊》所載資料，瞭解當時彰化縣境內因義行而受官府褒獎的人士。

經筆者統計，《彰化縣志》卷八〈人物志・行誼〉共記載因義行受褒獎之歲貢生吳洛（受頒「儒林模楷」、「史首世家」、「清時碩彥」、「名士風流」等四匾額）、例貢生楊志申（入祀臺灣縣聖廟孝悌祠）、林文濬（按察使銜分巡臺灣兵備道兼提督學政糜奇瑜〔1762～1827〕頒「績佐撫綏」匾額）、例貢生劉章仁（受頒「克紹前徽」、「海甸瑚璉」、「偉望清標」等匾額）等四人，而

〔註239〕《彰化縣志》，頁 268～277；《雲林縣采訪冊》，頁 108～109、頁 127、頁 162、頁 166～168、頁 202。

歲貢生施世榜、歲貢生翁國敏、歲貢生吳道東、生員曾日襄、歲貢生曾玉音等五人，雖未載受頒匾額之事，但其義行亦足堪稱道。至於《雲林縣采訪冊》，在斗六堡部分，記載林內莊總董鄭綿昌（受頒「家傳尚義」、「尚義急公」等匾額）；在西螺堡部分，記載廖才禪受頒「好義急公」匾額；在布嶼西堡部分，則有留文生受頒「善人致福」匾額。〔註240〕

　　此外，尚有以商號或地方集體從事義行，而獲得官府褒獎的情況。《雲林縣采訪冊‧海豐堡》即記載道光十二年（1832，壬辰）張丙事變爆發，海豐、布嶼二堡的鄉紳召募鄉勇，守護地方安寧，因而得到臺灣府北路理番鹿仔港海防捕盜同知王蘭佩頒給「集義可風」匾額一事；又載道光十四年（1834，甲午）彰化糧食短缺，林日茂、隆榮號、榮盛號、豐盛號、林文樓、蘊玉堂、裕源號、隆源號、豐泰號、曾捷元、洽榮號、萬順號、錦榮號、豐茂號、吳應中等出穀平糶，得到按察使銜分巡臺灣兵備道劉鴻翔、臺灣府北路理番鹿仔港海防捕盜同知陳盛韶、彰化知縣李廷璧聯合頒給「義濟民天」匾額之事。〔註241〕

（四）《彰化縣志》、《雲林縣采訪冊》所載彰化縣境內孝行人士

　　前揭淡水廳境內，李錫金因孝行而受朝廷旌表，立下臺灣現存唯一的「孝子坊」。然而，彰化縣境內，現今同樣未有旌表孝行之牌坊留存。因此，吾人可透過《彰化縣志》卷八〈人物志‧行誼〉及《雲林縣采訪冊》所載資料，瞭解當時彰化縣境內因孝行而受官府褒獎的人士。

　　經筆者統計，《彰化縣志》卷八〈人物志‧行誼〉所記載前揭之吳洛、楊志申、吳道東、曾玉音、林文濬及縣學庠生王紹文等六人，均有孝行事蹟。至於《雲林縣采訪冊》，在沙連堡部分，則記載恩貢生張煥文曾受臺灣知府周彥於道光十三年（1833，癸巳）頒「孝德維風」匾額之事。〔註242〕

三、嘉義縣

　　清領時期的嘉義縣，涵括今日的嘉義縣市及雲林縣、臺南市部分地區。經筆者歸納清修方志，並配合現地調查成果，將嘉義縣轄內的旌表祠廟及牌坊資料臚列說明於下。

〔註240〕《彰化縣志》，頁242～247；《雲林縣采訪冊》，頁21、頁107、頁201～202。
〔註241〕《雲林縣采訪冊》，頁83～84。
〔註242〕《彰化縣志》，頁242～247；《雲林縣采訪冊》，頁162。

（一）嘉義縣聖廟烈女節婦祠

據《重修福建臺灣府志》卷九〈典禮志・祠祀・諸羅縣〉記載：「烈女節婦祠：在學舍傍。祀羅萬倉妾蔣氏，係臺變殉難，奉旨建，有司致祭。」可知在原諸羅縣聖廟各附屬祠廟中，並未設置「節孝祠」，而係設置「烈女節婦祠」，且係於雍正元年（1723，癸卯）奉旨所建，僅奉祀於朱一貴事變中殉難的參將羅萬倉妾蔣氏牌位。蔣氏事實，則見載於同書卷十七〈人物・節烈〉。然而，在筆者現地調查所得資料中，戰後新建的嘉義孔廟，並未設置節孝祠或烈女節婦祠。〔註243〕

（二）清領、日據時期纂修方志所載嘉義縣境內節孝、節烈婦女

由於清領時期的嘉義縣境內，現今並未有旌表節孝、節烈之牌坊留存。因此，吾人可透過《諸羅縣志》、《續修臺灣府志》、《清一統志臺灣府》、《雲林縣采訪冊》、《嘉義管內采訪冊》等志書所載資料，瞭解當時嘉義縣境內的節孝、節烈婦女。茲就上揭志書所收嘉義縣境內節孝、節烈婦女統計於次。

由於纂修的時代較早，因此，《諸羅縣志》卷九〈人物志・列女・烈婦〉僅收善化里歐預妻子王氏一人。王氏於康熙五十三年（1714，甲午）殉死後，諸羅知縣周鍾瑄親自致祭，並以「節義凌霜」旌其門。〔註244〕

其後，《續修臺灣府志》卷十二〈人物・列女〉記載陳振揚妻吳氏、趙越妻嚴氏等守節、貞烈婦女二人事蹟。〔註245〕

再者，《重修福建臺灣府志》卷十七〈人物・節孝〉記載陳仲卿妻王氏、原住民大治賦妻大南蠻等二人守節事蹟。〔註246〕

而《清一統志臺灣府・列女》，則載節孝婦吳慶榮妻高氏、劉源由妻江氏、蕭世華妻李氏及烈婦蘇智妻林昭娘等四人事蹟，且均於乾隆、嘉慶年間受旌表。〔註247〕

〔註243〕〔清〕劉良璧纂輯：《重修福建臺灣府志》（臺北：臺灣銀行經濟研究室，1961年3月），頁313、頁461；嘉義市東區嘉義孔子廟現地調查所得資料（現地調查日期：2015年7月1日）。

〔註244〕〔清〕周鍾瑄編纂：《諸羅縣志》（臺北：臺灣銀行經濟研究室，1962年12月），頁187。

〔註245〕〔清〕余文儀纂修：《續修臺灣府志》（臺北：臺灣銀行經濟研究室，1962年4月），頁488。

〔註246〕《重修福建臺灣府志》，頁454～455、頁457。

〔註247〕臺灣銀行經濟研究室編：《清一統志臺灣府》（臺北：臺灣銀行經濟研究室，1960年2月），頁43。

至於《雲林冊采訪冊》，在斗六堡部分，已獲旌表的節孝婦有水碓莊陳韓氏一人；尚未獲旌表的節孝婦，則有水碓莊陳黃氏、溝仔背莊陳高氏、斗六街陳謝氏、溝仔背莊陳楊氏、斗六街吳林氏等五人。在大榤榔東堡部分，已獲旌表的節婦，有北港街蔡吳氏一人；已獲旌表的節孝婦，有北港街蔡楊氏一人；尚未獲旌表的節婦，有北港街蔡王氏、蔡楊氏、蔡陳氏等三人；尚未獲旌表的節孝婦，有北港街許吳氏、蔡劉氏、李黃氏、蔡楊氏、蔡王氏、鄭林氏、蔡張氏等七人；尚未獲旌表的節烈婦，則有馬吳氏、王張氏、楊張氏等三人。在他里霧堡部分，節婦陳張氏、陳劉氏、陳黃氏等三人，節孝婦黃方氏、吳陳氏等二人，皆未獲得旌表。在白沙墩堡部分，元長莊節孝婦陳李氏，尚未獲得旌表。在打貓東堡部分，尚未獲得旌表的節孝婦，有廍亭尾莊張葉氏、嵌頭厝莊范韓氏、苦嶺腳莊邱謝氏等三人。在布嶼西堡部分，褒忠崙莊之烈婦張沈氏，則已獲旌表。〔註248〕

此外，纂修於日據初期的《嘉義管內采訪冊》，在打貓西堡部分，已獲旌表的節婦有新港街林許氏一人；已獲旌表的節孝婦，則有新港街節孝婦林邱氏、林陳氏等二人。在打貓南堡部分，已獲旌表的節婦，有打貓街王謝氏、雙援莊何張氏等二人；未獲旌表的節婦，則有田中央莊魏何氏、橋頭堡何黃氏等二人。在打貓東堡部分，尚未獲得旌表的節婦，則有樟湖莊陳劉氏一人。〔註249〕

四、臺灣府、臺灣縣

清領時期的臺灣府、臺灣縣，即今日的臺南市，並包括高雄市部分地區。經筆者歸納清修方志，並配合現地調查成果，將臺灣府、臺灣縣轄內的旌表祠廟及牌坊資料臚列說明於下。

（一）臺灣府聖廟節孝祠、孝子祠

在清領時期的方志中，臺灣府聖廟並未設置節孝祠、孝子祠，至光緒十四年（1888，戊子），因裁撤臺灣府儒學訓導，遂將舊有的訓導署改為節孝祠。其後，日據時期，位於東安坊的臺灣縣聖廟（即改制後的安平縣儒學）遭徵

〔註248〕《雲林縣采訪冊》，頁 37～38、頁 52～57、頁 98～99、頁 116、頁 179、頁 205～208。

〔註249〕臺灣銀行經濟研究室編：《嘉義管內采訪冊》（臺北：臺灣銀行經濟研究室，1959 年 9 月），頁 6～7、頁 32～33、頁 65。

作他用，其節孝祠、孝悌祠所奉祀之神位，改奉祀於臺灣府聖廟節孝祠中，而鎮北坊的烈女節婦祠亦遭廢，其牌位亦採同樣方式改祀。在筆者現地調查所得資料中，現今的臺南孔子廟節孝祠中，正、左、右三龕合計奉祀節孝、貞烈婦女二百餘位（部分牌位採二人合祀的情況），而孝子祠則僅奉祀侯瑞珍一人，未見臺灣縣聖廟孝悌祠中的楊志申。〔註250〕

（二）臺灣縣聖廟節孝祠、孝悌祠

據《重修福建臺灣府志》卷九〈典禮・祠祀・臺灣縣〉所載：「烈女節婦祠：在鎮北坊。雍正元年，奉旨建。祀烈女紀氏險娘、節婦余氏預娘、節婦袁氏、孝行張氏、節婦趙氏、節婦郭氏、孝行林氏、節婦陳氏、烈女黃器娘。以上俱奉旨旌表，有司春、秋致祭。」可知烈女節婦祠係雍正元年（1723，癸卯）奉旨所建，原單獨存在，並供奉獲得朝廷旌表的紀險娘等九位節孝、貞烈婦女。而透過《重修臺灣縣志》卷六〈祠宇志・節孝祠〉與《續修臺灣縣志》卷三〈學志・崇祀・忠義孝悌祠〉記載，則可知道，在乾隆十六年（1751，辛未）時，臺灣縣學廩膳生侯世輝曾捐資重修聖廟內的節孝祠，當時該祠已奉祀獲得旌表的節孝、貞烈婦女十五人。其後，《福建通志臺灣府・壇廟・臺灣縣》記載：「節孝祠舊在東安坊諸羅崎頂。嘉慶十二年，改建於縣學文昌祠左，祀十八人（祔祀廳左十九人、廳右四人）。」吾人可知，至嘉慶十二年（1807，丁卯），臺灣縣聖廟的節孝祠，再度遷建到文昌祠左側，奉祀獲得朝廷旌表的節孝、貞烈婦女，已有十八位，而兩旁另有二十三人，屬於尚未正式獲得朝廷旌表而先行入祀，或鄭氏祖孫三代領臺時期的節孝、貞烈婦女。另外，透過《重修臺灣縣志》卷六〈祠宇志・忠義孝悌祠〉及《續修臺灣縣志》卷三〈學志・崇祀・忠義孝悌祠〉的記載，可知臺灣縣聖廟中，亦設有忠義孝悌祠，位於聖廟大成門右側，原僅奉祀侯瑞珍、楊志申二人。至嘉慶十二年時，先改建於崇聖祠左方，迄道光元年，又改建於文昌祠左方。〔註251〕

（三）重道崇文坊

此牌坊位於臺南市北區公園路 356 號臺南公園內燕潭旁，係為表彰臺灣

〔註250〕臺灣銀行經濟研究室編：《安平縣雜記》（臺北：臺灣銀行經濟研究室，1959
　　　　年 8 月），頁 42；臺南市中西區臺南孔子廟現地調查所得資料（現地調查日
　　　　期：2012 年 10 月 21 日、2015 年 8 月 3 日）。

〔註251〕《重修福建臺灣府志》，頁 309；《重修臺灣縣志》，頁 186；《福建通志臺灣府》，
　　　　頁 106；《續修臺灣縣志》，頁 155。

縣歲貢生林朝英（1739～1816）於嘉慶九年（1804，甲子）獨力捐資修建縣學聖廟之善行而設置。林氏此項善行，經官方奏報後，於嘉慶十八年（1813，癸酉）獲得旌表，並賜「重道崇文」匾，允准建坊。嘉慶二十年（1815，乙亥）建坊於府治寧南坊龍王廟前，臺灣知府楊廷理、福建水師提督王得祿、前任臺灣知縣之鹿港同知薛志亮、前任臺灣縣儒學教諭之舉人鄭兼才等人為之撰聯頌美。迄昭和九年（1934），始因市街改正而遷建至現址，後由內政部公告為三級古蹟。〔註252〕

（四）蕭氏節孝坊

此節孝坊位於臺南市中西區府前路一段 304 巷 3 號，係為表彰臺灣縣監生沈耀汶妻子蕭良娘守節四十年而設置。《續修臺灣縣志》卷三〈學志・列女〉載其節孝事蹟。蕭氏二十一歲適夫，二十七歲孀居，育有二子，且幼子為遺腹子。守節期間，善事婆母，並教養二子成才，遂於嘉慶二年（1797，丁巳）受旌表，嘉慶五年（1800，庚申）建坊於西定坊分府署（俗稱「二府口」）東側，前任臺灣知縣署理臺灣知府兼南路理番同知周祚熙為之撰聯頌美。〔註253〕

（五）辜婦媽廟

此廟位於臺南市中西區青年路 206 巷 14 弄 6 號，係奉祀臺灣縣人辜湯純妻子林氏及烈女黃寶姑的祠廟。據《重修福建臺灣府志》卷十七〈人物・節孝〉記載：「林氏，臺灣人；辜純湯〔引者案：應為辜湯純〕妻、明經南金嫂。湯卒，林年二十二。無子，撫其姪二子為己子。事姑孝；姑病篤，刲股和藥，籲天減算以益姑壽；病果痊，延五年乃卒。里閭稱為辜孝婦，知縣李中素書『節孝』獎之。雍正五年，詳請祀節孝祠。」可知節孝婦辜林氏除於雍正五年（1727，丁未）入祀節孝祠之外，亦由鄉人單獨建廟奉祀。在筆者從事現地調查所得資料中，該廟配祀的烈女黃寶姑，則是因未婚夫在戴潮春事變中客死他鄉，黃氏父母意圖將之另字他人，黃氏不從，遂投水自盡以守貞節。鄉人感其貞節，遂迎奉至辜婦媽廟配祀。〔註254〕

〔註252〕臺南市北區重道崇文坊現地調查所得資料（現地調查日期：2014 年 3 月 26 日）。

〔註253〕臺南市中西區蕭氏節孝坊現地調查所得資料（現地調查日期：2014 年 5 月 19 日）；《續修臺灣縣志》，頁 237。

〔註254〕《重修福建臺灣府志》，頁 454；臺南市中西區辜婦媽廟現地調查所得資料（現地調查日期：2015 年 8 月 3 日）。

（六）清修領時期纂修志書記載但已被拆除之旌表牌坊

據《續修臺灣縣志》卷三〈學志・坊表〉記載：「貞烈坊：一在十字街，康熙六十一年為陳越琪未婚妻黃氏建。一在大南門內，乾隆十年為張金生妻蔡氏建。一在東安坊，乾隆十三年為貞女呂氏建。」又載「節孝坊：一在上橫街，乾隆十一年為侯孟富妻劉氏暨男瑞珍女林妙妻侯氏建。一在大南門外，乾隆十一年為庠生李時燦妻黃氏建。一在西定坊分府署東，嘉慶五年為監生沈耀汶妻蕭氏建。」〔註255〕可知臺灣縣在清領時期，除今日尚存的蕭氏節孝坊之外，尚曾設置五座旌表貞烈或節孝之牌坊。

黃氏貞節坊：《重修福建臺灣府志》卷十七〈人物・列女・貞烈〉載：「黃氏器娘，黃勉女；臺邑武定里人。幼許郡治儒生陳越琪。聞琪病，即為減饍祈禱。迨琪死，父母秘不與言；氏密察得實，遂自縊；夫家舁琪柩與氏柩會於路，合葬魁斗山。官為上其事，康熙六十一年旌表建坊十字街。」〔註256〕可知該牌坊建於康熙六十一年（1722，壬寅）的十字街，係為自經而死的陳越琪未婚妻黃器娘所設置。

蔡氏貞節坊：《重修臺灣府志》卷十二〈人物・列女〉載：「蔡氏偕娘，臺灣人；蔡丁女，許張金生為妻。年二十五歲于歸，甫五月而金生即臥病。氏奉侍湯藥，朝夕無倦容。迨病危，多方延醫調治，願以身代，目不交睫、食不下咽者兩月。乾隆九年三月初六日，金生死；氏泣謂其母曰：『兒上無姑嫜、下無子嗣，義不得獨生』。視殮畢，即於是夜從容自縊；死後，顏色如生。」〔註257〕可知該牌坊建於乾隆十年（1745，乙丑）的大南門內，係為乾隆九年（1744，甲子）自經殉夫之張金生妻子蔡偕娘而設置。

呂氏貞節坊：《重修臺灣縣志》卷十一〈人物志・列女・貞烈〉載：「東安坊民呂昭之女諧娘，年十八，未許嫁，有鄰人胡寵戲之；諧娘羞忿自盡。知縣李閶權審詳，照例旌表。」〔註258〕可知該牌坊建於乾隆十三年（1748，戊辰）的東安坊，係為未婚遭人調戲遂自盡守貞的呂諧娘而設置。

劉氏節孝坊：《重修福建臺灣府志》卷十七〈人物・節孝〉載：「劉氏尾

〔註255〕《續修臺灣縣志》，頁243。
〔註256〕《重修福建臺灣府志》，頁460。
〔註257〕〔清〕范咸撰：《重修臺灣府志》（臺北：臺灣銀行經濟研究室，1961年11月），頁390。
〔註258〕〔清〕王必昌纂輯：《重修臺灣縣志》（臺北：臺灣銀行經濟研究室，1961年11月），頁384～385。

娘，臺灣人；侯孟富妻。生二男一女。孟富卒，氏年二十有八。男女俱幼，門無戚屬，矢志守孤。勤女紅，以供衣食。子瑞珍成立，眼見五代孫。年八十有五，卒。女罔娘，適林妙；妙早卒，亦能完節。劉苦操，子瑞珍以孝稱，女罔娘又以節著，人以爲『侯之門，節孝存』云。」〔註259〕可知該牌坊建於乾隆十四年（1749，己巳）的上橫街，係爲表揚侯孟富妻子劉尾娘在丈夫過世之後，獨力教育子女成人，且其子侯瑞珍孝行卓著，其女侯罔娘亦能守節的事蹟而設置。

　　黃氏節孝坊：《重修臺灣縣志》卷十一〈人物志・列女・節孝〉載：「庠生李時燦妻黃氏，東安坊人。年二十三歲燦歿，一子甫四歲，家貧如洗，藉針黹以度食。常攜數歲兒之海濱拾蜊蛤奉姑，鄰里感嘆。姑久病不能坐立，奉侍兩載，夜常不眠。乾隆十五年，奉旨旌表。現年七十有七。」可知該牌坊建於乾隆十一年（1746，丙寅）的大南門外，係爲庠生李時燦妻子黃氏在丈夫過世後，上事婆母、下撫幼子的事蹟而設置。〔註260〕

（七）清領時期纂修志書所載臺灣府、臺灣縣之節孝、貞烈婦女

　　除上揭獲朝廷旌表並建坊表節其節孝或貞烈事蹟之婦女外，在清領時期纂修的《臺灣縣志》、《臺灣府志》、《重修福建臺灣府志》、《重修臺灣縣志》、《續修臺灣府志》、《續修臺灣縣志》、《清一統志臺灣府》等志書中，亦陸續登載臺灣府、臺灣縣境內節孝、貞烈婦女之事蹟。經筆者去其複重後，茲臚列於次。

　　首先，在《臺灣縣志》卷八〈人物志・貞烈〉中，記載李宋妻趙氏、曾國妻郭氏、鄭斌昇妻陳氏、楊茂仁妻余氏、吳使未婚妻紀氏等五位守節或殉死之婦女事蹟。〔註261〕而《臺灣府志》卷八〈人物志・貞節〉，則記載洪之廷妻子張氏之守節事蹟。〔註262〕

　　其次，《重修福建臺灣府志》卷十七〈人物・節孝〉載鄭哲飛妻朱氏、洪思齊未婚妻蕭氏、黃聲集妾好官及婢銀娘、范文質妻林氏、陳邦棟妻蔡氏等六人守節事蹟，同卷〈人物・節烈〉則載楊軫妻王氏、陳景昭未婚妻莊氏、

〔註259〕《重修福建臺灣府志》，頁456～457。
〔註260〕《重修臺灣縣志》，頁381。
〔註261〕〔清〕陳文達編纂：《臺灣縣志》（臺北：臺灣銀行經濟研究室，1961年6月），頁199～201。
〔註262〕〔清〕高拱乾纂輯：《臺灣府志》（臺北：臺灣銀行經濟研究室，1960年7月），頁215。

莊宗未婚妻高氏、貞女莊勸娘、魯定公妻袁氏等殉夫、出家、未嫁之五位節烈婦女事蹟。〔註263〕

　　再者，《重修臺灣縣志》卷十一〈人物志‧列女‧節孝〉載林妙妻侯氏、謝仕家妻陳氏、李朝珪妻陳氏、監生蔡朝麟妻王氏、郭張文妻董氏、鄭元妻林氏、洪似珍妻王氏、林生妻顏氏、吳來之妻李氏、劉爻生未婚妻黃氏、王晉光未婚妻吳氏等節孝婦女十一人事蹟。〔註264〕

　　其後，《續修臺灣府志》卷十二〈人物‧列女〉，登載節孝婦女張光華妻洪氏一人。〔註265〕《續修臺灣縣志》卷三〈學志‧列女〉則記載周蔭妻陳氏、謝沛妻李氏、徐光庭妻董氏、陳應祖妻蘇氏、王廷樞妻曾氏、戴誠實妻吳氏、李元恩妻鄭氏、陳開興妻許氏、沈元美妻陳氏、黃信妻陳氏、張玉麟妻郭氏、例貢生蔡國定妻吳氏、吳丕謨妻李氏、黃珪璋妻石氏、蘇坂妻陳氏、蔡全英妻陳氏、蔡為妻潘氏、楊霸光妻郭氏、劉國傳妻韓氏、鄭景運妻王氏、林佛恩妻郭氏、郭啓妻張氏、監生沈廷機妻黃氏、韓仕貴妻曾氏、邵啓明妻陳氏、黃天妻邵氏、生員潘友德妻朱氏、生員吳炳才妻潘氏、徐茂臻妻吳氏等二十九位節孝婦女之事蹟。〔註266〕至於《清一統志臺灣府‧列女》，則載袁氏女殉夫之事。〔註267〕

　　透過上揭志書，可知臺灣府、臺灣縣境內，除已獲准單獨建造牌坊者之外，尚有五十九位節孝、貞烈婦女，而這些婦女的牌位，皆入祀於今日臺南市孔子廟之節孝祠。

五、鳳山縣

　　清領時期的鳳山縣，即今日的高雄市、屏東縣。經筆者歸納清修方志，並配合現地調查成果，將鳳山縣轄內的旌表祠廟及牌坊資料臚列說明於下。

（一）鳳山縣聖廟節孝祠

　　據《重修鳳山縣志》卷五〈典禮志‧壇廟‧烈女節婦祠〉記載：「烈女節婦祠：在縣治北門內。康熙四十八年，知縣宋永清建坊。雍正元年，奉旨建祠，春秋致祭。內祀阮氏蔭娘、鄭氏月娘、黃氏棄娘；乾隆十五年，增祀

〔註263〕《重修福建臺灣府志》，頁454～461。
〔註264〕《重修臺灣縣志》，頁380～382。
〔註265〕《續修臺灣府志》，頁486
〔註266〕《續修臺灣縣志》，頁237～242。
〔註267〕《清一統志臺灣府》，頁42。

李黃氏。」可知鳳山縣原僅有旌表節孝、貞烈婦女的牌坊，係鳳山知縣宋永清於康熙四十八年（1709，己丑）所建，至雍正元年（1723，癸卯），始奉旨在縣治北門內建立專祠，表彰節孝、貞烈婦女，當時所奉祀者，計有阮蔭娘、鄭月娘、黃棄娘等三人，而後，乾隆十五年（1750，庚午）始再增祀李黃氏。而《鳳山縣采訪冊》丁部〈祠廟〉記載：「節孝祠，在舊治城內（興隆），縣西十五里，屋二間，光緒三年鳳山縣儒學黃而康、葉滋東重修。」可知鳳山縣的行政中心雖遷移到新縣治（今高雄市鳳山區），但該縣聖廟及附設祠廟，仍留在舊治，並未遷建，至光緒三年（1877，丁丑），鳳山縣儒學教諭黃而康、儒學訓導葉滋東，復再度重修。而在筆者現地調查所得資料中，鳳山縣聖廟目前僅存崇聖祠被保留在左營區舊城國小內，戰後興建的高雄市孔子廟，則僅設置文昌、名宦、鄉賢三祠（未對外開放參觀），但並未設置節孝祠。〔註268〕

（二）阿侯街烈女祠

據《鳳山縣采訪冊》丁部〈祠廟〉記載：「烈女祠，在阿侯街（港西），縣東二十里，屋三間，光緒十一年生員江元徵、陳鳴陽董建。」可知今日的屏東縣屏東市曾於光緒十一年（1885，乙酉）由生員江元徵、陳鳴陽負責興建烈女祠。在筆者現地調查所得資料中，這座烈女祠現在雖已遍尋不到遺蹟，但屏東市慈鳳宮媽祖廟的祖師堂中，則供奉了《鳳山縣采訪冊》登載的節烈婦蘇玖郎未婚妻張雲娘、節孝婦藍媽帕妻唐碧娘及該采訪冊未載的節孝婦鄭儒林妻李氏等三位節孝、貞烈婦女的牌位，當可視爲阿侯街烈女祠的部分存續。〔註269〕

（三）清領時期纂修方志所收節孝、貞烈婦女

除上揭奉祀節孝、貞烈婦女的祠廟外，在清領時期纂修的《鳳山縣志》、《重修福建臺灣府志》、《續修臺灣府志》、《清一統志臺灣府》、《清一統志臺灣府》、《重修鳳山縣志》、《鳳山縣采訪冊》、《恒春縣志》等志書中，亦陸續登載鳳山縣境內節孝、貞烈婦女之事蹟。經筆者去其複重後，茲臚列於次。

〔註268〕《重修鳳山縣志》，頁154；《鳳山縣采訪冊》，頁190；高雄市左營區舊城國民小學崇聖祠現地調查所得資料（現地調查日期：2015年6月16日）；高雄市左營區高雄孔子廟現地調查所得資料（現地調查日期：2015年6月16日）。
〔註269〕《鳳山縣采訪冊》，頁190；屏東縣屏東市慈鳳宮現地調查所得資料（現地調查日期：2012年11月9日）。

首先，在編纂年代最早的《鳳山縣志》卷八〈人物志・貞節〉中，記載貞烈婦女王尋妻紀氏、王曾儒妻鄭氏等二人事蹟。〔註270〕

其次，《重修福建臺灣府志》卷十七〈人物・節孝〉，則收錄金仁妻黃氏之事蹟。〔註271〕《續修臺灣府志》卷十二〈人物・列女〉，登載黃研妻王氏、黃尚志妻吳氏、李鳳妻董氏、黃忠妻成氏、盧從妻曾氏等五人事蹟。〔註272〕而《清一統志臺灣府・列女》則載烈婦嚴氏於乾隆時獲得旌表之記錄。〔註273〕

再者，《重修鳳山縣志》卷十〈人物志・列女〉，登載黃獎妻李氏、曾亨觀妻黃氏、謝乞老妻楊氏等三人事蹟。〔註274〕而《鳳山縣采訪冊》辛部〈列女〉則記載陸續采訪所得的蘇玖郎未婚妻張氏等節孝、貞烈婦女一二七人之事蹟。〔註275〕

至於最晚纂修的《恆春縣志》卷二十〈節壽・節婦〉，則僅記載待旌表之車城人董仙義妻子廖氏一人。〔註276〕

六、噶瑪蘭廳

清領時期的噶瑪蘭廳，即今日的宜蘭縣。經筆者歸納清修方志、日據文獻，並配合現地調查成果，將噶瑪蘭廳轄內的旌表祠廟及匾額、牌坊資料臚列說明於下。

（一）宜蘭縣聖廟節孝祠

由於《噶瑪蘭志略》、《噶瑪蘭廳志》兩書纂修之時，該廳尚未獨自設學，仍附於淡水廳，因此，直到光緒二年，由楊士芳、李望洋等人捐資興建的宜蘭縣聖廟始竣工。李望洋於日據初期「揚文會」所作〈旌表節表（孝子、節婦、忠婢、義僕）議〉中，提到宜蘭縣節孝祠之建造源由。其文云：「宜蘭於光緒四年改縣後，在明倫堂左畔，縣主邱峻南倡建節孝祠一所，中祀節孝婦

〔註270〕〔清〕陳文達編纂：《鳳山縣志》（臺北：臺灣銀行經濟研究室，1961 年 11 月），頁 131～132。

〔註271〕《重修福建臺灣府志》，頁 455。

〔註272〕《續修臺灣府志》，頁 486～487。

〔註273〕《清一統志臺灣府》，頁 43。

〔註274〕《重修鳳山縣志》，頁 262。

〔註275〕《鳳山縣采訪冊》，頁 282～336。

〔註276〕〔清〕屠繼善纂輯：《恆春縣志》（臺北：臺灣銀行經濟研究室，1960 年 5 月），頁 297。

木牌一十六位，春秋時守土官委員致祭。」〔註277〕可知宜蘭縣節孝祠係由知縣邱峻南於光緒四年（1878，戊寅）倡議建置，初建於聖廟明倫堂左側，祠內共祀所轄節孝婦女十六位。

　　然而，對於節孝祠的始建者、供奉數量、存廢狀態，不同作者在此篇策議中，亦有不同陳述。如歲貢生李葆英認爲「蘭之文蘭左畔曾置一祠，祠中設位不下數十名，今幾人？……蓋本城堡林裕之祖母陳氏、林元弼之祖母李氏，均可以正婦道，挽頹風，自足千古者也。」而廩膳生林拱辰則持論「廳治東文廟左畔，建一節孝祠，查祠中設位約三十餘，係二十年前由馬明府詳請轉奏，均許旌表入祠，藉以勵風俗，維名教。……自該祠改爲衛戍病院，位置既忘，併姓氏而俱忘之矣。爲稽蘭《志》所載，則修志在先，詳請在後，志中僅登旌表諸例，頗乏其人；且修志之日，去開蘭時未遠，間或有之，又以年例未符，不能強索爲憾，留待後賢，故書闕有閒耳。」〔註278〕李葆英認爲，宜蘭縣聖廟節孝祠中，供奉了林裕祖母林陳氏、林元弼祖母林李氏等數十位節孝婦女，而林拱辰則認爲該節孝祠共供奉三十餘位，係馬桂芳於光緒六年（1880，庚辰）任署理宜蘭知縣時，所奏請奉祀。但日據初期，不僅節孝祠被改作衛戍病院使用，所供祀者之姓名、相關資料，亦已消失。

　　而《南瀛佛教》13卷3期所收〈寺廟祭神一覽（二）：臺北州之部（下）‧宜蘭郡〉有「孔子廟：宜蘭街巽門一二，孔子」及「節孝祠：巽門一二，節婦孝子」兩目，可見宜蘭舊孔廟之節孝祠於1935年曾一度恢復，且雖爲清領時期宜蘭縣聖廟之附屬祠廟，但卻被日人視爲獨立存在的設置。至於在筆者進行現地調查所得資料中，戰後新建的宜蘭孔子廟，祠內則供奉節婦陳景瑞妻蔡氏等二十七位縣籍節孝、貞烈婦女之牌位，可見從清領時期到日據、戰後，雖一度失去供祀者之姓氏、資料，但後續亦將具節孝事蹟之婦女入祀其中。〔註279〕

（二）宜蘭縣受旌表之義行、孝子

　　清領時期，宜蘭境內曾受旌表之孝子，有自淡水廳金包裏社（今新北市

〔註277〕臺灣總督府編：《揚文會策議文集》，收入黃哲永、吳福助主編：《全臺文》（臺中：文听閣圖書公司，2007年7月），第卅一冊，頁416。

〔註278〕《揚文會策議文集》，《全臺文》，第卅一冊，頁431、頁470。

〔註279〕不題撰人：〈寺廟祭神一覽（二）：臺北州之部（下）〉，《南瀛佛教》13卷3期（昭和十年〔1935〕3月），頁38；宜蘭縣宜蘭市孔子廟現地調查所得資料（現地調查日期：2016年8月28日）。

金山區一帶）奉母遷居宜蘭的陳奠邦一人。柯培元於《噶瑪蘭志略》卷十〈人
物志・義俠〉中，載陳氏事蹟云：「陳奠邦，……未開蘭，屬淡水金包裡社，
與貢生柯有成、民人何繪相善，有事必相諮訪，然諾不諉。嘉慶十二年，洋
逆朱濆滿載農具，將以蘭爲巢穴，居人或有與爲聲息者；奠邦獨遣人走郡告
急，……遂促柯有成諸人募領鄉勇、番頭目協同泉籍義首，引導官兵水陸夾
攻，賊潰。事聞於朝，有旨追賞緞袍褂料各一副，五兩重銀牌各一面。時奠
邦已奉母入蘭，爲街坊總理，閭里以爲榮。……大抵遇地方事，皆知向前自
效，毫無因循觀望之態。其處鄉里也，貧則周之，少則撫之，排難解紛，居
然烈士也。聞知事母猶出摯性，內外初無間言。通判高大鏞旌其廬曰『純孝
性成』。里中曾疏舉其行於廳，而未及核報，會奠邦死，後嗣大不振，家亦中
落。」〔註280〕

　　而晚清歲貢生李挺枝於〈旌表節表（孝子、節婦、忠婢、義僕）議〉中，
對陳奠邦孝親之詳情，所述益明：「原蘭未改縣之前，有任三籍總理者，家
住西后街，陳其姓，奠邦其名。每於親之糞，非無奴婢可遣，而陳必躬自淨
除；親之屨，非無婦女可勞，而陳必親爲浣曝，歷寒暑而不變，依歲月而皆
然。故宰通判之高公細詳上請，特旌匾額曰『純孝性成』，至今尤膾炙人口。」
〔註281〕

　　由此可見，陳奠邦在外能抗拒盜匪、協助官方興修城池，在內則能孝事
尊親，內外一如，亦濁世之君子也。可惜後嗣未能紹述其志，遂致家道中落。

七、澎湖廳

　　清領時期的澎湖廳，即今日的澎湖縣。經筆者歸納清修方志，並配合現
地調查成果，將噶瑪蘭廳轄內的旌表祠廟及牌坊資料臚列說明於下。

（一）澎湖廳節孝祠

　　清領時期，澎湖廳並未獨立設學，因此，該廳境內，不像臺灣其他府、
縣一般，有聖廟節孝祠的設置。然而，澎湖廳境內的節孝祠，卻更爲特別。

　　根據《澎湖廳志》卷二〈規制・節孝祠〉所載：「節孝祠：在天后宮西室。
道光十八年正月署通判魏彥儀設。內祀：《紀略》所載十一人，《續編》所載

〔註280〕〔清〕柯培元撰：《噶瑪蘭志略》（臺北：臺灣銀行經濟研究室，1961年1月），
　　　　頁。
〔註281〕《揚文會策議文集》，《全臺文》，第卅一冊，頁425。

百二十人，於春秋行祭天后禮畢後，同日附祭。同治六年，道憲吳檄行臺、澎所屬廳、縣舉報節孝，援照福州之例，彙案請旌。時臺灣有《闡幽錄》，而澎湖訖無應者。咸豐間，有奸民將節孝祠為捐輸局，祠內碑記、聯匾皆被毀棄；幸諸生方景雲仗義力爭，卒得申理，逐出奸民並罰項三百緡充為祭費，聞者快之。景雲歿後，是項竟入強有力者之橐，而祠中廢墜如故。光緒五年，媽宮澳商民黃學周、黃鶴年籌貲重修。」透過這段文獻，吾人可知，澎湖廳的節孝祠，係署理臺灣府糧補海防通判魏彥儀於道光十八年（1838，戊戌）所建，位於媽宮天后宮（即今日馬公市之開臺澎湖天后宮）西室，奉祀《澎湖紀略》及《澎湖續編》所登錄的節孝、貞烈婦女牌位一三一人，並於媽祖春、秋兩祭之後，一併進行祭祀。其後，生員方景雲曾將侵佔節孝祠者逐出，但方氏死後，該祠一度荒廢。迄光緒五年，始由黃學周、黃鶴年募資重修。而在筆者現地調查所得資料中，澎湖天后宮西室節孝祠正中，係供奉「澎湖全島歷代節孝者暨過去現在未來之節婦烈婦烈女貞女諸女士一同牌位」，屬於「總牌」的性質，兩側各有一座大型牌位，登載入祀之節孝、貞烈婦女姓名，而前方復有四座小型牌位。〔註282〕

（二）清領時期纂修方志所收節孝、貞烈婦女

誠如上引《澎湖廳志》所言，吾人亦可透過清領時期纂修方志所載，得知澎湖廳當時的節孝、貞烈婦女。因此，在《澎湖紀略》、《澎湖續編》、《澎湖廳志》中，筆者先去其複重，並臚列於次。

首先，在《澎湖紀略》卷五〈人物紀‧列女〉中，共登載許裕妻林氏、顏舜妻陳氏、張嘯妻王氏、陳意妻許氏、蔡欽妻謝氏、辛仁妻盧氏、翁君千妻陳氏、李喬妻顏氏、薛千祿妻李氏、黃廣生未笄妻林氏、郭克誠妻林氏等十一位節孝、貞烈婦女之事蹟。〔註283〕

其次，在《澎湖續編》卷上〈人物紀‧列女〉中，收錄貞女呂旺未婚妻高氏、許天俊未婚妻劉氏等二人，貞烈女李葵未婚妻顏氏一人，節孝婦李國魁妻等一一五人，節烈婦呂振寬妻薛氏、顏達妻陳有等二人，合計一二〇人。〔註284〕

〔註282〕《澎湖廳志》，頁 59；澎湖縣馬公市開臺澎湖天后宮節孝祠現地調查所得資料（現地調查日期：2015 年 7 月 31 日）。

〔註283〕〔清〕胡建偉纂輯：《澎湖紀略》（臺北：臺灣銀行經濟研究室，1961 年 7 月），頁 109～112。

〔註284〕《澎湖續編》，頁 31～51。

　　至於《澎湖廳志》卷八〈人物・列女傳〉中，則收錄顏光眼妻許氏、郭妙妻王氏等烈婦二人，蕭春色養媳吳氏等貞烈婦一人，劉登財妻林氏等節孝婦一八〇人，共登錄一八三位節孝、貞烈婦女之事蹟。〔註285〕

第五節　小結

　　筆者在本章的範圍中，運用清修志書、日人調查、戰後學者撰作專書及個人現地調查成果，先一一說明清領時期臺灣民間興建的書院始末及其相關制度；其次，再對臺灣民間於清領時期產生的文昌信仰祠廟與結社，進行個別敘述；進而就清領時期社會教育的層面切入，先觀照於文昌信仰內化而成的「敬惜字紙」風尚所產生之敬字亭，並依當時各行政區的劃分，展開討論；而後，再就儒學立場在社會教育層面所表彰、崇尚的價值觀——「旌表」加以討論，說明臺灣各行政區在當時陸續出現的節孝、貞烈、義行、善舉、孝友等旌表牌坊與受旌表人物之數量。

　　透過本章的分析與論述，吾人當可對於清領時期 212 年間，儒學在臺灣民間以學校教育、信仰文化及社會價值取向三種管道呈現之面貌，有較為詳細之理解，亦可得知臺灣儒學在民間的普遍落實。

〔註285〕《澎湖廳志》，頁 256～300。